डा० अम्बेडकर और एक मनुवादी विश्लेषण

डा० अम्बेडकर और एक मनुवादी विश्लेषण

प्रो० परमानन्द सिंह यादव
डा० प्रमोद कुमार

Publications
कल्पज़ पब्लिकेशन्स
दिल्ली-110 052

डा० अम्बेडकर और एक मनुवादी विश्लेषण

मूल्य : 540

ISBN : 81-7835-111-0

2005 में भारत में प्रकाशित
कल्पज़ पब्लिकेशन्स
C–30, सत्यवती नगर
दिल्ली–110052
ई मेल : kalpaz@hotmail.com
टंकण: वर्षा ग्राफिक्स, दिल्ली
मुद्रण: मेहरा ऑफसैट प्रैस, दिल्ली

बहुजन हिताय, बहुजन सुखाय

अरूण शौरी कृत 'वर्सिपिंग फाल्स गाड'
अर्थात 'नकली देवताओं की उपासना'
नामक पुस्तक के विश्लेषण
के साथ डा० अम्बेडकर
के दार्शनिक विचारों
की व्याख्या

विषय सूची

भूमिका

'नकली देवताओं की आराधना' नामक पुस्तक के प्रस्तावना में लेखक ने सर्व प्रथम खेद व्यक्त किया है कि राष्ट्र पहले अपनी कल्पना में, अपने पवित्र ग्रन्थों में, लकड़ी में, पत्थर में जिनके देवत्व की कल्पना करता है, जिनको स्वरूप प्रदान करता है, जिनमें बल और शौर्य आरोपित करता है, वे राष्ट्र के संचित अनुभव होते हैं । भविष्य द्रष्टाओं की अन्तर्दृष्टि प्रतिबिम्बित करते हैं तथा राष्ट्र की आवश्यकताओं के उत्तर होते हैं । पश्चात् जब राष्ट्र भौतिक रूप से गुलाम होते हैं, बौद्धिक एवं अध्यात्मिक रूप से शक्तिहीन होते हैं, तब उन व्यक्तियों को भूल जाते हैं । कालान्तर में शर्मिन्दित भी होते हैं तथा अपने देवताओं, अपनी परम्पराओं, अपने इतिहास एवं अपने अनुभवों को नकार देते हैं एवं विजेताओं के देवताओं की आराधना प्रारम्भ कर देते हैं ।

स्पष्ट है कि लेखक महोदय ने भारतीय राष्ट्रीयता का शायद गहन अध्ययन नहीं किया है नहीं तो उनको विदित होता कि हिन्दुओं ने वैदिक देवताओं जैसे इन्द्र, वरूण, अग्नि, मरुत, पूषण जैसे देवताओं की उपासना बहुत पहले छोड़ दिया । पौराणिक काल में नये-नये देवी-देवताओं की उपासना प्रारम्भ हुई और आधुनिक काल में भी नये-नये देवी-देवताओं की उपासना शुरू है । सन्तोषी माँ, शायरा देवी जैसे आधुनिक देवियाँ न तो वैदिक कालीन हैं और न तो पौराणिक । ब्राह्मणवादी वर्ग अपने निहितार्थों की पूर्ति के लिए नये-नये बिम्बों को देवत्व प्रदान करने में अत्यन्त कुशल हैं । ज्ञान, सत्ता एवं प्रतिष्ठा पर एकाधिकार करने में ब्राह्मणवादी वर्गों से कुशल विश्व में कोई अन्य नहीं है । जितनी तीव्रता से ब्राह्मणवादी वर्गों के सामाजिक, धार्मिक, सांस्कृतिक मान्यतायें बदलती रही हैं, वह विश्व की अन्य संस्कृतियों के इतिहास में दृष्टिगोचर नहीं होता । यह हिन्दुओं की ही पाण्डित्य परम्परा रही है जिसने मुगल काल में 'दिल्लीश्वरो वा जगदीशरो वा' कहा । शासन-सत्ता के निकट जाने के लिए जिस सांस्कृतिक परम्परा से प्रभावित होकर लेखक ने प्रस्तुत पुस्तक की रचना की है, वही परम्परा नये-नये तरीके से देवत्व गढ़ने

एवं देवत्व प्रदान करने में अत्यन्त निपुण है । ऐसी वैचारिक परम्परा का नेतृत्व करने वाले लेखक का यह प्रयास करोड़ो लोगों को हजारों साल के जातीय गुलामी से मुक्ति दिलाने वाले नायक डा० अम्बेडकर के प्रति मिथ्या दोषारोपण का एक प्रयास है ।

लेखक ने डा० अम्बेडकर के व्यक्तित्व, कृतित्व एवं विचारों को या तो सही परिप्रेक्ष्य में देखा नहीं या तो जानबूझकर एक महान व्यक्तित्व के चरित्र हत्या का प्रयास किया है । डा० अम्बेडकर ने कहीं भी परस्पर विरोधी विचार प्रस्तुत नहीं किये हैं और न ही अपने वक्तव्यों को कहीं बदला है, जिसके आधार पर उनको झूठा कहा जा सकता है ।

"अरूण शौरी को दु:ख है कि आज केरल के नारायण गुरू, स्वामी विवेकानन्द, रामकृष्ण परमहंस, श्री अरविन्द, रमण महर्षि, कांची के धर्माचार्य को लोग भूलते जा रहे हैं । गाँधी जी की आलोचना करते हैं, लेकिन डा० अम्बेडकर को देवत्व प्रदान कर रहे हैं । उनको इस बात का भी दु:ख है कि संसद के केन्द्रीय कक्ष में उनकी बहुत बड़ी प्रतिमा क्यों लगाई गई है ? क्यों उनको भारत रत्न का सम्मान दिया गया ? क्यों उनके जन्म दिवस एवं परिनिर्वाण दिवस पर गणमान्य लोग इकट्ठे होते हैं ? क्यों महाराष्ट्र सरकार ने उनके विचारों एवं लेखों को पन्द्रह अंकों में प्रकाशित किया है ? संविधान अभिलेख को क्यों इसमें सम्मिलित किया गया है ? क्यों अम्बेडकर को लोग स्वतन्त्रता सेनानी के रूप में मानते हैं ? क्यों दूरदर्शन द्वारा स्वतन्त्रता के पचासवीं वर्षगाँठ के अवसर पर डा० अम्बेडकर का चित्र भगत सिंह एवं सुभाष चन्द्र बोस के चित्रों के बीच में दिखाया गया है ? इसका स्वयं उत्तर देते हुए लेखक कहते हैं कि इसका एक प्रमुख कारण यह है कि स्वतन्त्रता का इतिहास माध्यमिक कक्षाओं में बहुत संक्षिप्त ढंग से पढ़ाया जाता है । राजनेता जातिवादी राजनीति करते हैं और बुद्धिजीवियों की अभिव्यक्ति नारों और खलबली मचाने वाले वक्तव्यों के रूप में होती है । 'गरीबी हटाओ' एवं 'सामाजिक न्याय' जैसे नारे अरुण शौरी को असुविधाजनक लगते हैं । डा० अम्बेडकर की महिमा से लेखक महोदय इतने आतंकित हैं कि डा० अम्बेडकर के सच्चे कथन में उनको 'शाब्दिक आतंकवाद' नजर आता है । इससे प्रभावित होकर उन्होंने संकेत किया है कि "राष्ट्र ऐसे व्यक्ति को महिमा मण्डित कर रहा है जिसने दशकों तक इसको गुलाम बनाने वाले लोगों का साथ दिया ।"

डा० अम्बेडकर ने पारलौकिक शक्तियों के अस्तित्व को स्वीकार नहीं किया है। लौकिक एवं सांसारिक जीवन में उन्होंने समता, स्वतन्त्रता, भाईचारा, प्रेम, मैत्री, करुणा, नैतिकता आदि को आवश्यक बताया है। वे इहलोकवादी थे, जबकि अरुण शौरी के नायक पारलौकिक जीवन को इहलौकिक जीवन पर वरीयता देते हैं। समझ में नहीं आता कि अरुण शौरी जैसे लोग इस बात से परेशान क्यों हैं ? जब हजारों साल से वंचित दलित चेतना अपने नायक को महिमामण्डित कर रही है जिसने की उनको मानवीय अधिकार दिलाने के लिए अथक संघर्ष किया। 'पारलौकिक भय' और 'व्यवस्था' के नाम पर अब दलित, वंचित, पिछड़ों की चेतना का शोषण पारलौकिक तस्करी संकेतों के माध्यम से नहीं हो सकता। एक आधुनिक राष्ट्र के एक आधुनिक महानायक का महिमामण्डित होना अरुण शौरी जैसे लोगों को खटक सकता है, जो मध्ययुगीन धार्मिक अन्धविश्वासों के आधार पर निरीह जन का शोषण करना चाहते हैं। ज्ञान, सत्ता और प्रतिष्ठा पर वर्ग विशेष का एकाधिकार चाहते हैं। आम आदमी को समानता के अधिकार से वंचित करना चाहते हैं। अरुण शौरी के महानायकों ने कहीं से भी सामाजिक व्यवस्था में हस्तक्षेप नहीं किया है। कहीं से भी जातिवादी स्तरीकरण के सम्मुख चुनौती नहीं पेश की है और न ही दलित वंचित वर्गों को सामाजिक, राजनैतिक समानता एवं आर्थिक स्वतन्त्रता का अधिकार दिलाने के लिए संघर्ष किया है। ऐसे में यदि दलित, वंचित, पिछड़े वर्गों के लोग मानवीय मौलिक अधिकार के लिए संघर्ष करने वाले डा० अम्बेडकर को महानायक के रूप में देखते हैं तो उसमें दोष कहा है। दोष तो लेखक के परम्परावादी सोच में है।

जिस तरह अरुण शौरी ने निर्बल और सांकेतिक तर्कों का सहारा लेकर डा० अम्बेडकर के व्यक्तित्व को धूमिल करने का प्रयास किया है उस तरह के तर्क के विरुद्ध भारतीय महानायकों जैसे राम, कृष्ण, बुद्ध, गाँधी इत्यादि के विरूद्ध भी तर्क गढ़े जा सकते हैं। अगर कोई कुतर्क करना चाहे तो किसी भी राष्ट्रनायक की महिमा को कलंक के रूप में प्रस्तुत कर सकता है। लेकिन सज्जन विद्वतजनों की यह मान्यता है कि आस्था के प्रतीक महानायकों के चरित्र पर छल-कपट, प्रपंच एवं कुतर्कों का सहारा लेकर मिथ्या दोषारोपण नहीं करना चाहिए। लेखक ने ठीक इसी तरह का अवांछनीय कार्य किया है। इसलिए यह आवश्यक समझा गया है कि डा० अम्बेडकर के जीवन दर्शन एवं सामाजिक विचारों को सही परिप्रेक्ष्य में प्रस्तुत किया जाय और उन्हीं

विचारों के आलोक में अरुण शौरी कृत 'नकली देवताओं की उपासना' नामक बहुचर्चित एवं विवादित पुस्तक का वास्तविक विश्लेषण एवं मूल्यांकन किया जाय । लेखकीय मर्यादा में रहते हुए हमारा पूर्ण प्रयास रहा है कि लेखक के पुस्तक की विवेचना तथ्यपरक एवं वस्तुनिष्ट ढ़ंग से हो । लेखक के निहितार्थों एवं छद्म तर्कों एवं संकेतों को भी समझने एवं व्याख्यायित करने का प्रयास किया गया है । इस प्रयास में यदि कहीं त्रुटि हो गई हो, किसी के भावनाओं को ठेस पहुँच रहा हो तो हम पहले से क्षमाप्रार्थी हैं । हमारा उद्देश्य केवल तथ्य को प्रकाशित करना है न कि किसी के भावनाओं एवं मर्यादाओं को चोट पहुँचाना ।

लेखक

अध्याय–1
डा० अम्बेडकर का जीवन परिचय एवं कृतित्व

डा० अम्बेडकर का जन्म 14 अप्रैल, 1891 ई० को महूँ छावनी में हुआ था जो कि अब मध्य प्रदेश के इन्दौर जिले में है । उनके पिता रामजी सकपाल सेना में सूबेदार मेजर थे एवं रामानन्द मार्ग के अनुयायी थे । इस प्रकार उनका पालन-पोषण एक धार्मिक परिवार में हुआ था । मालोजी सकपाल उनके पितामह थे जो कि महाराष्ट्र के कोंकड़ क्षेत्र के रत्नागिरी जिले के अम्बावडे गाँव के निवासी थे । वह रत्नागिरी जिले के एक अच्छे महार परिवार के थे, और सैनिक सेवा से एक हवलदार पद से मुक्त हुए थे । डा० अम्बेडकर के पिता रामजी सकपाल 1896 ई० में कबीर के अनुयायी हो गये । कबीर का भक्ति मार्ग जाति प्रणाली के विरुद्ध है इसलिए रामजी सकपाल जो की जाति प्रणाली से अत्यन्त पीड़ित थे, कबीर के भक्ति मार्ग की तरफ आकर्षित हुए । डा० अम्बेडकर की प्रारम्भिक शिक्षा सन् 1900 ई० में गर्वमेण्ट हाई स्कूल, सतारा में शुरु हुई । कक्षा एक में उनका नामकरण भीम जी रामजी अम्बाबडकर के रूप में हुआ था किन्तु सतारा हाई स्कूल के अपने अध्यापक के सम्मान में उन्होंने अपनी उपाधि अम्बेडकर को 'अम्बेडकर' के रूप में परिवर्तित कर दिया । इस उपाधि को उन्होंने जीवन भर अपने नाम के आगे लगाया और जीवन भर उस अध्यापक के प्रति कृतज्ञ रहे । यह डा० अम्बेडकर के व्यक्तित्व की एक विशिष्टता को परिलक्षित करता है कि उनके मन में एक प्राथमिक शिक्षक के प्रति कितना प्रेम और त्याग की भावना थी, जो कि आजकल के राजनैतिक चिंतकों में दिखायी नहीं पड़ती ।

जब वह पाँचवी कक्षा में थे तब उनका विवाह भीखू वालंगकर की पुत्री रामाबाई के साथ हुआ । बम्बई में उन्होंने एलिफिन्सटन हाईस्कूल में अपना प्रवेश करवा लिया जो उस समय के बम्बई में सबसे अच्छा स्कूल था । बम्बई में अपने जीवन निर्माण काल में भीमराव ने पढ़ने की आदत का विकास किया । एक छात्र के रूप में वह संस्कृत पढ़ना चाह रहे थे लेकिन उनको संस्कृत पढ़ने की स्वीकृति इसलिए नहीं मिली क्योंकि वे एक अछूत थे ।

इसलिए उन्होंने संस्कृत के स्थान पर फारसी भाषा का चयन किया । बाद में अपने स्वयं के अध्ययन के द्वारा वह संस्कृत के विद्वान हो गये । 14 अप्रैल 1907 ई० को एलिफिंसटन कॉलेज से उन्होंने मैट्रीकुलेशन की परीक्षा पास की । इस अवसर पर उनके समुदाय द्वारा उत्सव मनाया गया, क्योंकि एक अछूत के लिए यह एक अत्यन्त महत्वपूर्ण एवं विरल उपलब्धि थी । इस सभा में एस० के० बोले और कृष्णा जी अर्जुन केलुस्कर जैसे समाज सुधारक उपस्थित थे, जिन्होंने इनको 'महात्मा बुद्ध का जीवन' नामक पुस्तक भेंट में दिया । परिवार की गरीबी के कारण इण्टरमिडिएट की परीक्षा पास करने के बाद वह आगे पढ़ने की स्थिति में नही थे । लेकिन कृष्णजी अर्जुन केलुस्कर के सहयोग से महाराजा बड़ौदा से 25 रु० महीने की छात्रवृति उच्च अध्ययन के लिए मिली । यह सहायता एक उस सहायता के अतिरिक्त सहायता थी जो प्रो० मुलर के द्वारा पुस्तकों एवं कपड़ों के द्वारा दिया गया था । इन्हीं सहायताओं के कारण वे अपना अध्ययन पूरा कर सके । सन् 1912 ई० में अंग्रेजी और फारसी लेकर उन्होंने बी० ए० की परीक्षा पास की, लेकिन कॉलेज की परीक्षा में उनको कोई श्रेणी नहीं मिली । जनवरी, 1913 ई० में अपने पिता के इच्छाओं के विरुद्ध 15 दिन तक उन्होंने बड़ौदा राज्य की सेना में एक सूबेदार के रूप में कार्य किया । 2 फरवरी, 1913 ई० को बम्बई में उनके पिता का देहान्त हो गया और इस प्रकार उनका बड़ौदा राज्य की सेवा समाप्त हो गई जिसके लिए वे बने नहीं थे ।

डा० अम्बेडकर के जीवन में एक नया अवसर तब आया जब कि बड़ौदा के महाराजा ने राज्य के खर्चे पर संयुक्त राज्य अमेरिका के कोलम्बिया विश्वविद्यालय में कुछ छात्रों को अध्ययन के लिए भेजने का निश्चय किया । 4 जून, 1913 ई० को उन्होंने बड़ौदा राज्य के साथ एक अनुबन्ध किया और जुलाई, 1913 ई० के तीसरे सप्ताह में गायकवाड़ अध्येता के रूप में कोलम्बिया विश्वविद्यालय में प्रवेश लिया । वहाँ वे नवल भदैना नामक फारसी के साथ रहे । वहाँ उनको समानता के साथ स्वतन्त्रता पूर्वक घूमने-फिरने, सोचने और कार्य करने का अवसर मिला, क्योंकि अब उनके ऊपर अछूत का विशेषण नहीं लगा था । इस तरह उनको मानसिक विकास के लिए एक अच्छा अवसर मिला ।

पिता के एक पत्र में आपने लिखा कि पुरूषों को शिक्षा के साथ-साथ स्त्रियों को भी शिक्षा प्रदान किया जाय तो हमारी प्रगति तीव्र गति से हो सकती

है । उन्होंने असहायता के दर्शन के खिलाफ विद्रोह किया । तदुपरान्त उनके अन्दर आत्म सम्मान एवं आत्म सहायता की भावना का विकास हुआ । यू० एस० ए० में उन्होंने राजनीति विज्ञान, नीतिदर्शन, मानवशास्त्र, समाजशास्त्र, अर्थशास्त्र जैसे विषयों को अध्ययन के लिए चुना ।

प्रोफेसर एडवीन आर० ए० सेलीगमैन जैसे प्रसिद्ध अर्थशास्त्री उनके शिक्षक थे । सन् 1915 ई० में उनको अपना शोध प्रबन्ध 'प्राचीन भारतीय वाणिज्य' पर एम० ए० की उपाधि प्राप्त हुई । प्रोफेसर गोल्डनविजर द्वारा 9 मई 1916 ई० को आयोजित मानवशास्त्र की गोष्ठी में उन्होंने अपना शोधपत्र "भारत में जातियाँ : उनके क्रिया-कलाप एवं संरचना का विकास" पढ़ा । उन्होंने जून 1916 ई० में पी० एच० डी० डिग्री के लिए 'नेशनल डिविडेन्ड ऑफ इण्डिया' नामक शोध-प्रबन्ध लिखा, जो कोलम्बिया विश्वविद्यालय द्वारा स्वीकार कर लिया गया और इस पर उनको पी० एच० डी० की डिग्री मिली । पुस्तक के रूप में आठ वर्ष के पश्चात् "मेसर्स पी० एस किंग एण्ड सन्स लिमिटेड ने "दी इबोलूसन ऑफ प्राविंसियल फाइनेन्स इन ब्रिटिश इण्डिया" के नाम से इसे प्रकाशित किया । अमेरिका में डा० अम्बेडकर ने 2000 पुरानी किताबों को खरीदा और जून, 1916 ई० में अमेरिका छोड़ दिया ।

अमेरिका छोड़ने के बाद सन् 1916 ई० में डा० अम्बेडकर लन्दन पहुँचे और 'बार एट लाँ' की उपाधि के लिए 'ग्रेज इन' में प्रवेश लिया तथा उसी समय उन्होंने "लन्दन स्कूल ऑफ इकॉनामिक्स एण्ड पोलिटिकल साइंस" नामक संस्था में अर्थशास्त्र के अध्ययन करने के लिए प्रवेश प्राप्त किया । लेकिन अध्येता छात्रवृति की अवधि समाप्त होने के कारण जो कि उनको महाराजा सायजीराव गायकवाड की तरफ से मिला था, आर्थिक संकट का सामना करना पड़ा । डा० अम्बेडकर ने इस निर्णय पर महाराजा सायजीराव गायकवाड से पुन: विचार करवाना चाहा परन्तु असफल रहे । उच्च अध्ययन की उनकी जिज्ञासा को देखते हुए उनके प्रोफेसर ने उनको डी० एस० सी० उपाधि के लिए तैयारी करने की अनुमति प्रदान कर दी । प्रोफेसर एडविन केननं के विशेष संतुति के आधार पर उनको अक्टूबर, 1916 ई० के उपरान्त चार वर्ष तक लन्दन विश्वविद्यालय में शोध-प्रबन्ध जमा करने की अनुमति मिली । इस प्रकार लन्दन विश्वविद्यालय में अपनी उपाधि पूरा करने का निश्चय करके डा० अम्बेडकर भारत लौट आये ।

सितम्बर 1917 ई० में महाराजा बड़ौदा के सैनिक सचिव के रूप में उनको नियुक्ति मिली तथा यह सूचना भी सम्बन्धित लोगों को दी गई कि रेलवे स्टेशन पर उनका स्वागत करें, लेकिन रेलवे स्टेशन पर उनसे कोई नहीं मिला । बड़ौदा में किसी होटल, हॉस्टल एवं लॉज में रहने की जगह नहीं मिली । तब उन्होंने एक पारसी होटल में शरण ली । अछूत रूपी धब्बा उनका लगातार पीछा कर रहा था, उनके सहयोगी और चपरासी उनसे इस तरह का व्यवहार करते थे मानों वे कुष्ट रोग से ग्रसित हों । कार्यालय में उनको पीने के लिए पानी नहीं मिलता था, यह सब उनके लिए असह्य था । पारसी होटल में जहाँ वे शरण लिये थे अपने पूरे परिचय को छुपाया था, लेकिन एक दिन उनको यह होटल खाली करना पड़ा । उन्होने महाराजा के पास एक पत्र भेजा, लेकिन बड़ौदा के दिवान ने इस सन्दर्भ में कुछ भी करने में असमर्थता प्रकट की । तब उन्होंने अनुभव किया कि अपने तमाम उपलब्धियों के बावजूद वे जातिवादी हिन्दुओं के पूर्वाग्रहों को शान्त नहीं कर सकेंगे । तब वे एक पेड़ के नीचे बैठे और उनके आँखों में आँसुओं की बाढ़ आ गयी । सवर्ण हिन्दुओं के इस अमानवीय व्यवहार ने उनको बड़ौदा छोड़ने के लिए बाध्य किया । अपने मित्र के०ए० केलुस्कर की सहायता से उन्होंने बड़ौदा के महाराजा का ध्यान इस तरफ आकर्षित करना चाहा, लेकिन इससे उनकी समस्या का कोई समाधान नहीं हुआ । बड़ौदा के एक प्रोफेसर ने उनको अपने घर में पेइंग गेस्ट के रूप में आमंत्रण दिया, लेकिन बाद में अपनी पत्नी के विरोध के कारण अपना निमंत्रण वापस ले लिया । इस प्रकार वे अपनी पत्नी को समझा नहीं पाये । इस प्रकार सन 1917 ई० में डा० अम्बेडकर बम्बई वापस आये । यहाँ उनकी सौतेली माँ बहुत बीमार थी और कुछ ही दिनों में उनकी मृत्यु हो गई । इन्हीं दिनों उन्होंने 'स्माल होल्डिंग इन इण्डिया' नाम से एक पुस्तिका प्रकाशित किया ।

इस समय डा० अम्बेडकर गम्भीर आर्थिक संकट में पड़ गये, इसलिए उन्होंने एक पारसी सज्जन के कार्यालय में टयूटर का कार्य शुरु किया । साथ ही साथ उन्होंने स्टॉक एवं शेयर व्यवसाय में काम करने वाले लोगों को सलाह देने के लिए एक व्यवसायिक फर्म बनाया, लेकिन इसको स्थायी रूप से बन्द करना पड़ा क्योंकि ग्राहक एक अछूत से सलाह लेने के लिए तैयार नहीं थे । तब उन्होंने पारसी सज्जन के पत्र-व्यवहार एवं लेखा को देखना शुरु किया ।

सन् 1918 ई० को डा० अम्बेडकर को ज्ञात हुआ कि बम्बई के सिड्नहैम कॉलेज में राजनीतिक अर्थशास्त्र विषय के प्रोफेसर का एक पद खाली है । बम्बई के पूर्व गर्वनर लार्ड सिड्नहैम की सहायता से प्रोफेसर का यह पद उपरोक्त कॉलेज में उनको अस्थायी रूप से मिला । वे अपने छात्रों में बहुत लोकप्रिय थे । उनकी आज्ञा से दूसरे कॉलेज के बहुत से छात्र उनकी कक्षाओं मे उनके व्याख्यानों के लिए उपस्थित रहने लगे । लेकिन उनके प्रति सामाजिक व्यवहार अपरिवर्तित रहा । ऊँची जाति के प्रोफेसरों ने अपने निश्चित किए हुए पात्रों से उनके जल पीने पर आपत्ति जतायी । लेकिन इस अपमान एवं दुर्व्यहार से वे अपने रास्ते से नहीं हटे । वह सही समय का इन्तजार कर रहे थे । इस कॉलेज में उन्होंने 11 अक्टूबर, 1918 ई० से दिसम्बर, 1918 ई० तक कार्य किया तत्पश्चात् लन्दन में अर्थशास्त्र और कानून की पढ़ाई पढ़ने के लिए इस पद से इस्तीफा दे दिया । इसी कारण उन्होंने डिप्रेस्ड क्लास सोसाइटी मिशन ऑफ इण्डिया द्वारा 23, 24 मार्च को बम्बई में आयोजित प्रथम अधिवेशन में भाग नहीं लिया ।

21 जनवरी, 1919 ई० को साउथबेरो आयोग के समक्ष मताधिकार के मामले में उनको साक्ष्य के लिए बुलाया गया । इस कमीशन की संस्तुतियाँ ही मण्टफोर्ड सुधार का आधार बनी । 22 फरवरी, 1919 ई० को इस आयोग की रिपोर्ट प्रस्तुत की गई ।

बम्बई में सन् 1919 ई० में डा० अम्बेडकर कोल्हापुर के महाराजा छत्रपति साहू महराज के घनिष्ट सम्पर्क में आये । उन्होंने हमेशा जातिप्रथा के विरूद्ध संघर्ष किया था और अछूतों की हर प्रकार से सहायता की थी । कोल्हापुर के महाराजा की सहायता से, 'मूकनायक' नामक साप्ताहिक पत्रिका का प्रकाशन किया । यह पत्रिका डा० अम्बेडकर के विचारों को प्रतिध्वनित करती थी । लेकिन वे इसके अधिकारी सम्पादक नहीं थे । यह पत्रिका अधिक दिनों तक नहीं चल पायी । इन दिनों डा० अम्बेडकर बहुत विचलित रहते थे और अपने वेतन का एक निश्चित भाग अपनी पत्नी को घर का खर्च चलाने के लिए भेजते थे । अन्त में उन्होंने कुछ धन बचाया, कोल्हापुर के महाराजा से कुछ सहायता प्राप्त किया, अपने मित्र नवल भदैना से उन्होंने कुछ ऋण लिया और आगे कानून एवं अर्थशास्त्र की पढ़ाई पूरी करने के लिए जुलाई, 1920 ई० को लन्दन चले गये ।

लन्दन पहुँचने पर सितम्बर, 1920 ई० में डा० अम्बेडकर ने 'लन्दन स्कूल ऑफ इकॉनामिक्स एण्ड पोलिटिकल साइंस' में अध्ययन शुरु किया, साथ ही बैरिस्टरी की उपाधि के लिए 'ग्रेज इन' में प्रवेश लिया। वे कई पुस्तकालयों के सदस्य बन गये-जैसे लन्दन विश्वविद्यालय जनरल लाइब्रेरी, गोल्डस्मिथ लाइब्रेरी ऑफ लिटरेचर, ब्रिटिस म्यूजियम लाइब्रेरी, इण्डियन ऑफिस लाइब्रेरी और शहर के अन्य दूसरे पुस्तकालय। वह पुस्तकालयों मे सबसे पहले पहुँचते थे और सबसे अन्त में उठते थे। इन पुस्तकालयों में बिना दिन के भोजन खाये पूरा दिन पढ़ते रहते थे क्योंकि उन दिनों उनके पास दोपहर के भोजन करने के लिए पैसे नहीं हुआ करते थे। उन्होंने भ्रमण, थियेटर, जलपान गृह एवं बस इत्यादि की तरफ बिल्कुल ध्यान नहीं दिया। इसी समय उन्होंने अपने मित्र नवल भदैना से 2000 रुपया उधार लिया और उससे परिवर्तित जर्मन रुपया खरीदा। जिसका मूल्य उस समय कम था किन्तु आगे बढ़ सकता था।

जून, 1921 ई० में 'लन्दन स्कूल ऑफ इकानामिक्स एण्ड पोलिटिकल साइंस' में एम० एस० सी० उपाधि के लिए उनके शोध-प्रबन्ध 'प्रोविन्शियल डिसेंट्रलाइजेशन ऑफ इंपीरियल फायनान्स इन ब्रिटिस इण्डिया' को स्वीकृति मिली। अक्टूबर, 1922 ई० को उन्होंने अपना प्रसिद्ध शोधपत्र "रुपये की समस्या, इसकी उत्पत्ति और हल" डी० एस० सी० अर्थशास्त्र की उपाधि के लिए प्रस्तुत किया। उसी समय उनको 'बार' में भी बुलाया गया लेकिन उस समय उनके पास 'बैरिस्टर एट लॉ' की उपाधि के लिए अध्ययन का समय नहीं था। अप्रैल और मई, 1922 ई० के मध्य उन्होंने जर्मनी के वोन विश्वविद्यालय में अपने प्रवेश की व्यवस्था की तथा जर्मन एवं फ्रेंच भाषा सिखना शुरु किया। मार्च 1923 ई० प्रो० एडवीन केनन ने उनको लन्दन बुलाया! क्योंकि उनके शोध-प्रबन्ध ने लन्दन विश्वविद्यालय के शैक्षणिक जगत में हलचल पैदा कर दिया था। इस शोध-प्रबन्ध में उन्होंने भारत में ब्रिटिश योजना प्रणाली की आलोचना की थी। उन पर यह शक किया गया कि वे भारतीय क्रान्तिकारी हैं। परीक्षकों ने बिना निष्कर्ष बदले पुनः शोध -प्रबन्ध लिखने को कहा। अप्रैल, 1923 ई० में डा० अम्बेडकर बम्बई लौट गये क्योंकि उनके आर्थिक स्रोत समाप्त हो गये थे। अपनी बचत का उपयोग उन्होंने पुस्तकों को खरीदने में किया। भारत में भी उनके परिवार को आर्थिक कठिनाइयाँ झेलनी पड़ी। कुछ समय पश्चात् शोध-प्रबन्ध को उन्होंने पुनः

लिखा और जमा किया। इस शोध-प्रबन्ध पर उनको 'डाक्टर ऑफ साइंस' की उपाधि मिली। अप्रैल, 1923 ई० को डा० अम्बेडकर को 'बार' में बुलाया गया।

जून, 1923 ई० में बम्बई के उच्च न्यायालय में आपने वकालत का पेशा प्रारम्भ किया, उस समय उनके पास 'सनद' प्राप्त करने का पैसा नहीं था। लेकिन उनके पुराने मित्र नवल भदैना ने पुनः उनकी सहायता की। उच्च न्यायालय में भी उन पर अछूत का टीका लगा था। उनके अधिकतर मुवक्किल बहुत गरीब परिवार से थे, जो कि उनकी सेवा के लिए बहुत कम धन दे सकते थे या देही नहीं सकते थे। अछूत होने के कारण किसी और सालीसीटर के साथ व्यवसायी नहीं बन सकते थे। अतः उन्होंने मर्केन्टाइल लॉ के प्रवक्ता के रूप में तीन वर्ष तक बाटली बाँय एकाउन्टेंसी स्कूल में कार्य किया। बम्बई विश्वविद्यालय में परीक्षक के रूप में भी वे कार्य करते थे जिससे उनको कुछ आर्थिक सहायता मिल जाया करती थी। उनके परिवार की आर्थिक स्थिति इतनी खराब हो गई थी कि उनकी पत्नी को पड़ोसी से पैसा माँगना पड़ता था। डा० अम्बेडकर के लिए निश्चय ही यह असहनीय परिस्थितियाँ थीं।

9 मार्च, 1924 ई० को डा० अम्बेडकर ने दलितों के उत्थान के लिए अपना 'सामाजिक आन्दोलन' प्रारम्भ किया। बम्बई के दामोदर हाल में दलितों की सभा की व्यवस्था थी और उसमें वंचित एवं दलित वर्ग के लोगों के समस्याओं के ऊपर विचार किया गया। 20 जुलाई, 1929 ई० को प्रबन्ध समिति के अध्यक्ष के रूप में 'बहिष्कृत हितकारणी सभा' के नाम से आपने एक संस्था बनाया। दलितों में शिक्षा का प्रसार, आर्थिक परिस्थितियों में सुधार और उनके समस्याओं का प्रतिनिधित्व करना इस नई सभा के तात्कालिक उद्देश्य थे। 4 जनवरी, 1925 ई० को सभा ने अछूत विद्यार्थियों के लिए एक छात्रावास खोला। अप्रैल, 1925 ई० में रत्नागिरी जिले के कुलावा में दलितों के प्रथम अधिवेशन में डा० अम्बेडकर सम्मिलित हुए और अध्यक्षता की।

सन् 1926 ई० में डा० अम्बेडकर एक बहुत बड़े 'न्यायिक वाद' में व्यस्त थे जो कि उनके जीवन की एक महत्वपूर्ण घटना है। पूना के कुछ ब्राह्मणों ने तीन गैर ब्राह्मण नेताओं के खिलाफ यह वाद प्रस्तुत किया कि वे ब्राह्मण समुदाय पर यह आरोप लगाते हैं कि इन्होंने भारत वर्ष को नष्ट किया। इस केस में उन्होंने एक अच्छा बचाव किया और मुकदमा जीत गये। सन्

1926 ई० में रायल कमीशन एवं करेंसी फाइनेन्स के सम्मुख साक्ष्य दिये । फरवरी, 1927, ई० को बम्बई विधान परिषद में नामित हुए ।

डा० अम्बेडकर ने उस स्वतन्त्रता आन्दोलन में हिस्सा नहीं लिया जो कांग्रेस पार्टी द्वारा संचालित हो रहा था । आम जनता की स्वतन्त्रता के लिए उन्होंने स्वयं एक आन्दोलन की शुरुआत की । वे दलितों के लोकतान्त्रिक अधिकारों को सुरक्षित करना चाहते थे । वह लोगों को जाति, लिंग, धर्म के आधार पर हो रहे शोषण एवं असमानता से मुक्ति दिलाना चाहते थे । यही उनके जीवन का उद्देश्य था । इसलिए उन्होंने बहुत सी सभाओं एवं संस्थाओं का आयोजन किया और अपने विचारों को व्यक्त किया ।

सन् 1927 ई० को महाड़ में दलितों का एक सम्मलेन हुआ, जिसमें लगभग 10 हजार दलितों ने हिस्सा लिया । सम्मेलन के बाद वे जुलूस के रूप में पानी पीने और लेने के अधिकार को जताने के लिए चवदार तालाब तक गये । 19 मार्च 1927 ई० को बाम्बे विधान परिषद में डा० अम्बेडकर ने एक बिल पेश किया जिसके द्वारा बाम्बे हेरिडिटरी एक्ट 1874 में सुधार करना चाहते थे । लेकिन उनको सफलता नहीं मिली । 3 अप्रैल, 1927 ई० को मराठी 'बहिष्कृत भारत' नाम से एक पाक्षिक पत्र निकाला । अपने विचारों को व्यक्त करने के लिए उनको एक उचित मंच की तलाश थी, क्योंकि उस समय के नेतृत्व को अपने विचारों की अभिव्यक्ति के लिए समाचार पत्रों की अत्यन्त आवश्यकता पड़ती थी । उन्होंने अपने एक सम्पादकीय में लिखा था, यदि 'तिलक दलित के रूप में पैदा हुए होते', तो उनका नारा होता "अस्पृश्यता निवारण मेरा जन्म सिद्ध अधिकार है, नकि स्वराज्य मेरा जन्म सिद्ध अधिकार है ।" 25 दिसम्बर, 1927 ई० को महाड़ में डा० अम्बेडकर ने एक सत्याग्रह सम्मेलन आयोजित किया जो कि कोलावा जिले में था । इस जनसभा में 'मनुस्मृति' जलाने का प्रस्ताव पास किया गया और उसी दिन 'मनुस्मृति' को जला दिया गया । 28 मार्च, 1928 ई० को उन्होंने बेगार के खिलाफ आंदोलन प्रारंभ किया । जून, 1928 ई० में कार्यकारी प्रोफेसर के रूप में आपने गर्वमेण्ट लॉ कॉलेज', बाम्बे में नियुक्ति स्वीकार की और मार्च, 1929 ई० तक कार्य किया ।

डा० अम्बेडकर ने हमेशा दलित एवं वंचित वर्ग के अधिकारों के लिए युद्ध किया । वह इन वर्गों को उच्च शिक्षा दिलाना चाहते थे । उनका उद्देश्य इनका सांस्कृतिक विकास करना था । जून, 1928 ई० में बाम्बें में इस वर्ग के

छात्रों के लिए दो छात्रावास की स्थापना करवाये । इसके एक महीने बाद उन्होंने 'डिप्रेस्ड क्लासेज एजूकेशन सोसाइटी' नाम का एक संगठन प्रारम्भ किया और उसका पंजीकरण 1861 ई एक्ट 21 के अनुसार करवाया । उन्हीं के प्रयासों के फलस्वरूप अक्टूबर, 1928 ई० में बाम्बे सरकार ने दलित वर्ग के छात्रों के लिए पाँच छात्रावासों को खोलने की घोषणा की । सन् 1928 ई० में बाम्बे प्रेसीडेन्सी के सदस्य के रूप में 'साइमन कमीशन' के सामने साक्ष्य देने के लिए बुलाये गये । वहाँ उन्होंने दलित वर्ग के लिए अलग चुनाव क्षेत्र की माँग की । साइमन कमीशन के सम्मुख उपस्थित होने के फलस्वरूप छात्रों में आक्रोश फैल गया और उन्होंने उनके विरुद्ध प्रदर्शन भी किया ।

मार्च, 1929 ई० में डा० अम्बेडकर ने 'समता सैनिक दल' नामक एक संस्था बनाई । उन्होंने एक टिप्पणी की कि स्थापित समाज का प्रमुख सिद्धान्त सामाजिक समानता होता है । अप्रैल, 1929 ई० में कपड़ा मिलों के श्रमिकों को संगठित किया और उनको अपने अधिकारों की प्राप्ति के लिए लड़ने का आह्वान किया । मार्च, 1930 ई० में नासिक जिले के कालाराम मन्दिर में प्रवेश का सत्याग्रह उनके नेतृत्व में प्रारम्भ किया गया । यह आन्दोलन पूरे वर्ष चलता रहा और अक्टूबर, 1935 ई० में जाकर समाप्त हुआ ।

साईमन कमीशन के संस्तुतियों के फलस्वरूप 12 नवम्बर 1930 ई० को गोलमेज सम्मेलन तय हुआ । दलितों के प्रतिनिधि के रूप में ब्रिटिश सरकार ने डा० अम्बेडकर को आमंत्रित किया । 17 से 27 नवम्बर, 1930 ई० तक उन्होंने गोलमेज के प्रथम सत्र में भाग लिया और दलितों की स्थिति पर विचार-विमर्श किया ।

दिसम्बर, 1930 ई० में अपने विचारों की अभिव्यक्ति के लिए 'जनता' नामक पाक्षिक पत्रिका का प्रकाशन किया । 27 फरवरी, 1931 ई० को डा० अम्बेडकर लन्दन से भारत लौटे । 7 सितम्बर, 1931 ई० से प्रारम्भ हुए गोल-मेल सम्मेलन के द्वितीय सत्र में भी उन्होंने एक प्रतिनिधि के रूप में भाग लिया । उनका चुनाव संघीय संरचना समिति और अल्पसंख्यक समिति में किया गया । अल्पसंख्यक समिति के सम्मेलन में गाँधी जी ने दलितों के पृथक निर्वाचन मण्डल की माँग का विरोध किया और इस तरह द्वितीय गोलमेज सम्मेलन बिना किसी निर्णय के समाप्त हुआ और डा० अम्बेडकर लन्दन से भारत लौट आये । अगस्त, 1932 ई० में रैमजे मैकडोनाल्ड ने दलितों को पृथक निर्वाचन मण्डल देने के साथ अपने साम्प्रदायिक अवार्ड की घोषणा की ।

इसके विरुद्ध यरवदा के केन्द्रीय कारागार में गाँधी जी ने आमरण अनशन की घोषणा की । इसके कुछ दिनों बाद 24, सितम्बर 1932 ई० को यरवदा जेल में डा० अम्बेडकर और गाँधी जी ने एक सहमत पत्र पर हस्ताक्षर किया, जिसको भारत के इतिहास में प्रसिद्ध 'पूना पैक्ट' के नाम से जाना जाता है । 7 नवम्बर, 1932 ई० से 24 दिसम्बर, 1932 ई० तक तीसरा गोलमेज सम्मेलन हुआ । डा० अम्बेडकर ने सम्मेलन में भाग लिया लेकिन सम्मेलन असफल रहा । सन् 1934 ई० में बाम्बे के दादर स्थान पर हिन्दू कॉलोनी में 'राजगृह' नाम से उन्होंने अपना निवास बनवाया । 27 मई, 1934 ई० को उनकी पत्नी का देहावसान हो गया । जून 1935 ई० में गर्वमेण्ट लॉ कॉलेज में प्रिंसपल और पेरी प्रोफेसर ऑफ जूरीसपोडेन्ट के रूप में उनकी नियुक्ति हुई । 13 अक्टूबर 1935 ई० को दलित वर्गों का प्रांतीय सम्मेलन नासिक जिले के 'यवला' नामक स्थान पर हुआ । अपने अध्यक्षीय भाषण में उन्होंने हिन्दू धर्म छोड़ने की घोषणा की । उन्होंने कहा कि 'मैने हिन्दू के रूप में जन्म लिया है लेकिन हिन्दू के रूप में मरूँगा नहीं ।' उनके हजारों अनुयायियों ने उनके इस निर्णय का समर्थन किया । दिसम्बर, 1935 ई० में उनको लाहौर के 'जात-पात तोड़क मण्डल संस्था' की तरफ से वार्षिक अधिवेशन में अध्यक्षता करने का निमंत्रण मिला जोकि 1937 ई० के ईस्टर की छुट्टियों में होना तय था । बम्बई 1936 ई० में उन्होंने बाम्बे प्रेसेडेन्सी की महार सम्मेलन को संबोधित किया और इसमें उन्होंने हिन्दू धर्म की भर्त्सना की । अगस्त, 1936 ई० में उन्होंने 'इनडेपेन्डेन्ट लेबर पार्टी' के रूप में एक राजनैतिक दल बनाया । 17 फरवरी, 1937 को बाम्बे ।वधान परिषद के लिए उनका चुनाव हुआ । अगस्त, 1937 में उन्होंने 'खोती बिल' और 'एवोलिशन ऑफ महार वतन बिल' पेश किया ।

सन् 1938 ई० में कांग्रेस पार्टी ने दलितों का नाम 'हरिजन' रखने का बिल पेश किया । डा० अम्बेडकर ने इस बिल की आलोचना इस आधार पर की कि केवल नाम बदलने से दलितों की परिस्थितियों में कोई परिवर्तन नहीं होने वाला है । द्वितीय विश्व युद्ध के दौरान सात अन्य भारतीयों के साथ वे सुरक्षा सलाहकार समिति के सदस्य चुने गये । अप्रैल 1942 ई० में इनडेपेनडेन्ट लेबर पार्टी का रूपान्तरण उन्होंने ऑल इण्डिया सिडयूल कास्ट् फेडरेशन के रूप में कर दिया । जून, 1942 में भारत के वायसराय के कार्य साधक कौंसिल में श्रम सदस्य के रूप में उनकी नियुक्ति हुई । इस कार्यकाल में उन्होंने केन्द्रीय सरकार से दलितों की शिक्षा के लिए पर्याप्त धन उपलब्ध कराया और

दूसरी अन्य सेवाओं में भी अवसर प्रदान करवाये और उनकी अन्य प्रकार से सहायता की । राष्ट्रीय स्तर पर हो रही आलोचनाओं के बावजूद इस पद पर उन्होंने जुलाई, 1946 ई० तक कार्य किया । यही वह कार्यकाल था जिसमें भारतीय राष्ट्रीय कांग्रेस ने 'भारत छोड़ो' आन्दोलन का सूत्रपात किया । सन् 1942 ई० को आल इण्डिया रेडियों के बाम्बे रेडियो स्टेशन से उन्होंने एक प्रसिद्ध भाषण दिया कि द्वितीय विश्वयुद्ध राष्ट्रों के भौगोलिक बँटवारों के विरुद्ध नहीं लड़ा जा रहा है बल्कि यह नाजीवाद के विरुद्ध लड़ा जा रहा है ।

अप्रैल, 1942 में उन्होंने औद्योगिक मजदूरों को तनख्वाह के साथ छुट्टियों के सन्दर्भ में एक अमेन्डमेन्ट बिल प्रस्तुत किया । उन्होंने आशा व्यक्त की कि श्रम संहिता में यह एक स्थाई स्थान ग्रहण करेगा ।

8 जुलाई, 1945 ई० को डा० अम्बेडकर ने 'पीपुल एजुकेशन सोसायटी' की स्थापना की । 20 जून, 1946 को गरीबों एवं पिछड़ों को उच्च शिक्षा देने के लिए 'सिद्धार्थ' नाम से एक कॉलेज का प्रारम्भ किया । वर्तमान में यह संस्था बम्बई और औरंगाबाद में ग्यारह कॉलेजों को संचालित कर रही है जिनके साथ छात्रावास की सुविधा मिली हुई है । साथ ही साथ यह संस्था तीन हाईस्कूलों का संचालन कर रही है । इस संस्था का विधान इस प्रकार बनाया गया है कि गरीबों को उच्च शिक्षा दिलाने में सहायता प्रदान करे ।

10 जनवरी, 1946 ई० को ब्रिटिश संसदीय प्रतिनिधिमण्डल ने डा० अम्बेडकर का साक्षात्कार लिया । डा० अम्बेडकर ने घोषणा की कि यदि स्वराज्य का तात्पर्य अल्पसंख्यकों की सहमति से बहुसंख्यकों की सरकार से है तो इस तरह के स्वराज्य का भी स्वागत करेंगे । इसके कुछ समय पश्चात् 24 मार्च, 1946 को ब्रिटिश कैबिनेट प्रतिनिधि मण्डल दिल्ली पहुँचा । 5 अप्रैल 1946 को उनका ब्रिटिश प्रतिनिधि मण्डल के साथ साक्षात्कार हुआ । कैबिनेट मिशन के सम्मुख आपने यह माँग पेश किया कि अनुसूचित जातियों को पृथक निर्वाचन मण्डल दिया जाय । जुलाई, 1946 ई० में उन्होंने वायसराय के कार्यसाधक कौंसिल की सदस्यता से त्यागपत्र दे दिया । सितम्बर, 1946 से डा० अम्बेडकर दलितों के संवैधानिक अधिकारों की सुरक्षा के लिए इग्लैण्ड गये । वायसराय ने घोषणा किया कि ब्रिटिश सरकार ने विधान मण्डल दलों के चुने हुए प्रतिनिधियों के साथ नयी सरकार स्थापित करने का निर्णय किया है । नवम्बर, 1946 ई० में बंगाल विधान सभा के दलित जाति के

प्रतिनिधियों की सहायता से वे संविधान सभा के लिए चुने गये । अगले महीने संविधान सभा के अपने पहले घोषणा में उन्होंने संयुक्त भारत की बात कही ।

29 अप्रैल, 1947 को संविधान सभा के तीसरे अधिवेशन में 'अस्पृश्यता निवारण अधिनियम' पास किया गया और अस्पृश्यता को एक अपराध घोषित किया गया । 29 अगस्त, 1947 ई० को भारत स्वतन्त्र हुआ और डा० अम्बेडकर को स्वतन्त्र भारत के प्रथम मंत्रिमण्डल में कानून मंत्री बनाया गया । 21 अगस्त 1947 ई० को स्वतन्त्र भारत के नये संविधान के निर्माण के लिए बनायी गई संविधान निर्माण समिति के अध्यक्ष के रूप में आपका चुनाव हुआ ।

26 नवम्बर, 1949 ई० को उनके द्वारा प्रस्तुत किया गया 'संविधान' स्वीकार किया । 1949 ई० में उन्होंने काठमान्डू, नेपाल में विश्व बौद्ध सम्मेलन को सम्बोधित किया जो 'मार्क्सवाद बनाम बौद्धवाद' पर आयोजित था । जुलाई, 1951 में उन्होंने 'भारतीय बौद्ध जनसंघ' नामक एक संस्था बनाई । सितम्बर 1951 ई० में उन्होंने 'बौद्ध उपासना पंथ' नामक बौद्धों की एक प्रार्थना पुस्तक बनाई ।

जनवरी, 1952 ई० में हुये प्रथम सामान्य संसदीय चुनाव में पराजित हुए, इससे उनको बड़ा आश्चर्य हुआ । बाद में उनका चयन बाम्बे विधान परिषद में हुआ । साथ ही 1952 में कोलाम्बिया विश्वविद्यालय ने अपने विशेष अधि वेशन में उनको एल० एल० डी० की उपाधि दी । 12 जनवरी, 1952 ई० में उस्मानिया विश्वविद्यालय ने उनको डी० लिट० की आनरेरी डिग्री प्रदान की ।

सन् 1954 ई० में डा० अम्बेडकर रंगून में हो रहे 'विश्व बौद्ध सम्मेलन' में सदस्य के रूप में नामित हुए । मई, 1955 में उन्होंने 'भारतीय बौद्ध महासभा' नामक संस्था बनाई । 14 अक्टूबर, 1956 को अपने अनुयायियों के साथ नागपुर में हुए ऐतिहासिक उत्सव में उन्होंने बौद्ध धर्म ग्रहण किया । नवम्बर, 1956 में काठमाण्डु नेपाल में हुए विश्व बौद्ध सम्मेलन में एक प्रतिनिधि के रूप में भाग लिया जहाँ उन्हें नवबुद्ध के रूप में मान्यता मिली ।

6 दिसम्बर, 1956 को अत्यन्त प्रातः काल डा० अम्बेडकर की मृत्यु हुई । 7 दिसम्बर 1956 ई० को उनके शव को नई दिल्ली से बम्बई ले जाया गया । सन् 1960 ई० में जहाँ उनके पुत्र यशवंत राव द्वारा शवदाह किया गया था, उस दादर चौपाटी नामक स्थान पर 'चैत्य' भूमि नाम से बहुत बड़ा स्तूप खड़ा किया गया ।

डा० अम्बेडकर के लेख और भाषण

डा० अम्बेडकर जब कोलम्बिया विश्वविद्यालय के छात्र थे तभी वे लिखना और भाषण देना प्रारम्भ कर दिये थे । 'फाइनेन्स' ऑफ इस्ट इण्डिया कम्पनी और प्रशासन' नामक लघु शोध 15 मई, 1915 ई० को विश्वविद्यालय में प्रस्तुत किया गया । उनके द्वारा लिखे अन्य लेख एवं भाषण इस प्रकार हैं ।

1916, मई, : कोलम्बिया विश्वविद्यालय में प्रोफेसर गोल्डनविजर द्वारा आयोजित मानवशास्त्र की गोष्ठी में उन्होंने अपना शोध-पत्र ''भारत में जातिया : उनके क्रिया-कलाप और संरचना का विकास'' पढा । यह निबन्ध इंडियन एंटीक्वेरी नामक जर्नल में मई 1917 में यू० एस० ए० से प्रकाशित हुआ ।

1916, जून, : ''नेशलन डिविडेन्ड ऑफ इण्डिया'' नामक शोध प्रबन्ध लिखा ।

1916 : कोलम्बिया विश्वविद्यालय के इकॉनामिक्स एसोसीयेसन में ''रिस्पान्सीबिलिटी ऑफ प्राविंसियल गर्वमेन्ट इन इण्डिया'' नामक लेख पढ़ा ।

1918 : ''स्माल होल्डिंग इन इण्डिया एण्ड देयर रिमेडी' नामक लेख जर्नल ऑफ द इण्डियन इकॉनोमिक सोसायटी खण्ड–1, में प्रकाशित हुआ ।

1918 : श्री बर्टेंड रसल कृत 'प्रिंसपल ऑफ सोशल रिकंस्ट्रक्शन' की समीक्षा जर्नल ऑफ द इण्डियन इकॉनोमिक सोसाइटी, खण्ड–1, में प्रकाशित हुआ ।

1919 : साउथबेरी आयोग के समक्ष मताधिकार के मामले में साक्ष्य प्रस्तुत किया ।

1920 : मराठी भाषा में ''मूकनायक'' नामक साप्ताहिक पत्रिका का प्रकाशन किया ।

1921, जून : एम० एस० सी० उपाधि के लिए उन्होंने अपना शोध-प्रबन्ध ''प्रोविंशियल डिसेन्ट्रलाइजेशन ऑफ इंपीरियल फायनान्स इन ब्रिटिश इण्डिया'' प्रस्तुत किया ।

1922, अक्टूबर	:	अपना प्रसिद्ध शोध-पत्र "रुपये की समस्या : इसकी उत्पत्ति और हल" डी० एस० सी० की उपाधि के लिए प्रस्तुत किया ।
1923	:	उनको पी० एच० डी० शोध-प्रबन्ध का नाम बदलकर मेसर्स पी० एस० किंग एण्ड सन्स लिमिटेड ने "ब्रिटिश भारत में राज्यीय पूँजी का विकास" नाम से पुस्तक के रूप में लन्दन से प्रकाशित किया ।
1927, अप्रैल	:	बम्बई से मराठी में "बहिष्कृत भारत" नामक साप्ताहिक सामाचार-पत्र का प्रकाशन किया ।
1928, मई	:	'इण्डियन स्टैच्यूटरी कमीशन' के समक्ष बहिष्कृत हितकारणी सभा के प्रतिनिधि के रूप में एक स्टेटमेण्ट प्रस्तुत किया ।
1929, मार्च	:	'समता' समाचार-पत्र का प्रकाशन किया ।
1930	:	नागपुर में 'अखिल भारतीय डिप्रेस्ड क्लासेज' द्वारा आयोजित सम्मेलन को सम्बोधित किया । उनका भाषण भारत भूषण प्रिटिंग प्रेस, बम्बई से प्रकाशित हुआ ।
1930, दिसम्बर	:	मराठी साप्ताहिक "जनता" का संचालन किया ।
1931, नवम्बर	:	बम्बई में "डिप्रेस्ड क्लासेज ऑफ इंस्टीटयूट" के माध्यम से एक अपील की ।
1935	:	"जात-पात तोड़क मण्डल" लाहौर के वार्षिक अधिवेशन में "एनहिलेशन ऑफ कास्ट" नामक लेख पढ़ा गया ।
1936	:	"आजाद मजदूर पार्टी" का गठन किया । पार्टी की नीतियों और उद्देश्यों के एक पत्रिका के रूप में प्रकाशित किया ।
1936	:	पूना में "संसदीय लोकतंत्र" पर व्याख्यान दिया ।
1938	:	जी० आई० पी० रेलवे "डिप्रेस्ड क्लास वर्कमेन" सम्मेलन को सम्बोधित किया ।
1939, जनवरी	:	गोखले मेमोरियल हाल पूना में सम्पन्न द गोखले इंस्टीटयूट ऑफ पालिटिक्स एण्ड इकॉनोमिक्स के

		वार्षिक उत्सव में "संघ बनाम स्वतंत्रता" पर दिया गया व्याख्यान ।
1940	:	बाम्बे की ठक्कर एण्ड कंपनी ने "थाँट ऑन पाकिस्तान" नामक पुस्तक का प्रकाशन किया ।
1942, अक्टूबर	:	गर्वनर जनरल के समक्ष "ग्रीवांसेज ऑफ सिडयूल्ड कास्ट" के लिए एक ज्ञापन दिया ।
1942	:	श्रम मंत्री के रूप में एक प्रेस कांफ्रेंस में वक्तव्य दिया ।
1943, जुलाई	:	"ह्वाट एल्स द वर्ल्ड टुडे" नामक लेख द इण्डियन रीडर डाइजेस्ट में छपा ।
1943	:	"गाँधी एण्ड द इमैनसीपेसन ऑफ द अनटचेबुल्स" नामक पुस्तक बम्बई की ठक्कर एण्ड कंपनी ने प्रकाशित किया ।
1943	:	गोखले मेमोरियल हाल पुना में महादेव गोविन्द रानाडे की 101 जन्म दिवस समारोह में "रनाडे, गाँधी और जिन्ना" पर भाषण दिया । जो इसी नाम से ठक्कर एण्ड कम्पनी ने प्रकाशित किया ।
1944	:	"सिडयूल्ड काटस आस्क फार फ्यूचर सेफगार्ड, सेपरेट इलेक्ट्रेट्स एण्ड रिर्जवरेशन इन पब्लिक सर्विस फेडरेसन कमेटी आन फण्डामेण्टल राइट," "द मेल" में प्रकाशित हुआ ।
1944	:	"रेसनेलिज्म इन इण्डिया : रिवोल्यूसन एण्ड काउन्टर रिवोल्यूसन" नामक लेख सितम्बर, 25, 1944 को "द लिवरेटर" मद्रास से प्रकाशित हुआ ।
1945	:	बम्बई की ठक्कर एण्ड कम्पनी "गाँधी एण्ड कांग्रेस ने अछूतों के लिया क्या किया"? नामक पुस्तक का प्रकाशन किया ।
1945, फरवरी	:	"पाकिस्तान आन द पार्टिसन ऑफ इण्डिया" (थॉट ऑन पाकिस्तान का संशोधित संस्करण) नाम से प्रकाशित हुआ ।

1945, मई 6 : "साम्प्रदायिक गतिरोध और उसके समाधान के उपाय" विषय पर बम्बई में आयोजित अखिल भारतीय अनुसूचित जाति परिसंघ के अधिवेशन में दिया गया भाषण। जो दिल्ली के एफ० एण्ड ओ प्रिंटिग प्रेस ने प्रकाशित किया।

1946 : बम्बई की ठक्कर एण्ड कम्पनी ने "गाँधी एण्ड द इमैनसीपेसन ऑफ द अनटचेबुल्स" नामक पुस्तक प्रकाशित हुआ।

1946 : "कैबिनेट मिशन एण्ड द अनटचेबुल्स" नाम से एक पम्फलेट का प्रकाशन किया।

1946 : "बम्बई की ठक्कर एण्ड कम्पनी ने "हिस्ट्री ऑफ इण्डियन करेंसी एण्ड बैंकिग" नामक पुस्तक प्रकाशित हुआ।

1946 : शूद्र कौन थे ? वे इन्डो आर्यन समाज में चौथे वर्ण में कैसे आये ? नामक ग्रंथ का प्रकाशन बम्बई की ठक्कर एण्ड कम्पनी ने किया।

1946 : "ऑल इंडिया सिडयूल्ड कास्ट फ़ेडेरेशन" की तरफ से कैबिनेट मिशन को एक माँग-पत्र पेश किया।

1947 : "राज्य और अल्पसंख्यक" : "उनके अधिकार क्या हैं और उन्हें स्वतंत्र भारत के संविधान में कैसे सुनिश्चित किया जा सकता है" नामक स्मरण पत्र संविधान सभा, में सदस्यों के समक्ष पेश किया। जिसमें उन्होंने "राज्य समाजवाद" की योजना की व्याख्या की।

1947 : अखिल भारतीय अनुसूचित जाति परिसंघ की ओर से संविधान सभा में प्रस्तुत किया गया—'अनुसूचित जातियों के सुरक्षोपायों संबंधित ज्ञापन'।

1947 : "संयुक्त बनाम पृथक निर्वाचन" : हिन्दुओं का तर्क-वितर्क पृथक निर्वाचन के विरुद्ध अवास्तविक और असमर्थित है। जयभीम, मद्रास से प्रकाशित हुआ।

1948 : "महाराष्ट्र : एक भाषाकर प्रांत" वक्तव्य, बम्बई की ठक्कर एण्ड कम्पनी ने प्रकाशित किया ।

1948 : "अस्पृश्य" नामक ग्रंथ प्रकाशित किया ।

1949 : काठमाण्डू (नेपाल) में "विश्व बौद्ध सम्मेलन" को सम्बोधित किया जो मार्क्सवाद बनाम बौद्धवाद पर आयोजित था ।

1951 : बौद्ध उपासना पंथ नामक बौद्धों की एक प्रार्थना पुस्तक लिखे ।

1954 : रंगून में आयोजित विश्व बौद्ध सम्मेलन को सम्बोधित किया ।

1954 : आकाशवाणी दिल्ली से "मेरा निजी दर्शन" विषय पर ऐतिहासिक भाषण दिया ।

1955 : इण्डियन कांफ्रेंस ऑफ द सोसल वर्क द्वारा बम्बई में आयोजित सेमिनार में "आन कास्टीज्म एण्ड रिमोवल ऑफ अनटचेबिलिटी" एक रिपोर्ट प्रस्तुत किया ।

1956 : विश्व बौद्ध सम्मेलन काठमाण्डू (नेपाल) में "बुद्धिज्म एण्ड कम्यूनिज्म पर एक तुलनात्मक लेख पढ़ा ।

: "बुद्ध और उनका धर्म" नामक पुस्तक लिखा ।

: "हिन्दू नारी का उत्थान एवं पतन" लेख एक पुस्तिका के रूप में प्रकाशित हुआ ।

: गोलमेज सम्मेलन की रिपोर्ट का प्रकाशन ।

: रिपोर्ट ऑफ द साइमन कमीशन ऑन इंडियन कांस्टीटयूशनल रिफार्म ।

: इंडियन लेबर पार्टी : कांस्टीटयूशन एण्ड रूल्स डायरेक्टरी ऑफ बाम्बे लेजिसलेटर बाम्बे के श्रीनीवासन 1939 ।

: "रिवोल्यूशन एण्ड काउन्टर रिवोल्यूशन इन इण्डिया" नामक ग्रंथ लिखा ।

: "बुद्ध और कार्ल मार्क्स" नामक ग्रंथ लिखा ।

वर्तमान समय में डा० अम्बेडकर के लेख एवं भाषण अंग्रेजी में महाराष्ट्र सरकार द्वारा प्रकाशित किया जा रहा है तथा हिन्दी में कल्याण मंत्रालय भारत सरकार नई दिल्ली से प्रकाशित किया जा रहा है ।

अध्याय–2

डा० अम्बेडकर और उनका काल

डा० अम्बेडकर के व्यक्तित्व के मूल्यांकन के पूर्व यह जरूरी है कि उन सामाजिक, आर्थिक, राजनैतिक कारकों को समझा जाय जिन्होंने डा० अम्बेडकर के जीवन दर्शन को एक विशिष्ट स्वरूप प्रदान किया । इस सन्दर्भ में उन घटनाओं, विचारों और व्यक्तियों को जानना आवश्यक है जिन्होंने जीवन पर्यन्त डा० अम्बेडकर को प्रभावित किया ।

भारतीय सभ्यता विश्व की प्राचीनतम सभ्यताओं में से एक है । अनादिकाल से भारतीय सभ्यता की एक समाज व्यवस्था रही है जिसे परम्परागत सामाजिक व्यवस्था के नाम से जाना जाता है । इसे हिन्दू समाज व्यवस्था ही कहते हैं, जो समाज में जातिगत आधार पर जन्मजात असमानता में विश्वास करती है । जाति वह प्रमुख कारक है जो जन्म से ही लोगों में अन्तर पैदा कर देती है । हिन्दू समाज चार वर्णों में विभाजित है और उसके सामाजिक अनुक्रम में ब्राह्मण सबसे ऊँची श्रेणी पर है और शूद्र सबसे निचली श्रेणी पर । क्षत्रिय और वैश्य, ब्राह्मण और शूद्रों के बीच में कहीं आते हैं । इसके अतिरिक्त हिन्दुओं का एक बड़ा समूह ऐसा भी है जो जाति बहिष्कृत है और जिसे सामान्यतया अछूत या दलित वर्ग के अन्दर वर्गीकृत किया गया है । इस वर्ग को हिन्दू धर्मशास्त्रों में प्राचीन काल से नागरिक अधिकारों जैसे सम्पत्ति के अधिकार, शिक्षा के अधिकार, धार्मिक अधिकार, आदि से वंचित किया गया है । इन अधिकारों की प्राप्ति के लिए हिन्दू विधानकारों ने इन्हें जन्मजात अयोग्य माना है । जन्मजात रूप से थोपी गयी इन निर्योग्यताओं के कारण हजारों साल से यह दलित वर्ग मानवाधिकारों से वंचित होकर अत्यन्त कष्टमय जीवन व्यतीत कर रहा है । हज़ारों वर्ष बीत गये लेकिन दलितों के जीवन जीने की परिस्थितियों और उनके जीवन जीने की गुणवत्ता में भारत में कोई परिवर्तन नहीं हुआ । यद्यपि मध्ययुगीन भारत में इस्लाम या विशेष रूप से सूफियों और हिन्दू सन्तों जैसे रामानन्द, सन्त कबीर, चैतन्य महाप्रभु, सन्त रैदास, सन्त चोखामेला, सन्त तुकाराम, गुरूनानक आदि ने मनुष्य–मनुष्य के

बीच असमानता के विरुद्ध आवाज उठाया । उन्होंने अध्यात्मिक समानता का 'वाद' स्थापित किया लेकिन उसका हिन्दू समाज व्यवस्था पर बहुत बड़ा प्रभाव नहीं पड़ा । हिन्दू समाज का परिदृश्य मध्ययुगीन भारत में दलितों के लिए वैसा ही बना रहा जैसा कि प्राचीन काल में था । ऊँची जाति के हिन्दुओं के लिए विशेषधिकार और निचली जाति के ऊपर थोपी हुई निर्योग्यतायें हिन्दू समाज व्यवस्था की एक सार्वभौमिक व्यवस्थायें थीं । हिन्दू धर्मशास्त्रों ने इस तरह के असमान्य एवं अमान्य सामाजिक व्यवस्था के पक्ष में बहुत से दिव्य तर्क दिये थे । हिन्दू संस्कृति की सबसे बड़ी विशेषता यह थी कि इन दलित हिन्दुओं को सवर्ण हिन्दुओं ने अपमानव के रूप में देखा और तदुनुसार उनके लिए व्यवहार मापदण्ड निर्धारित किये । वे सामाजिक रूप से निर्योग्य थे, आर्थिक रूप से सर्वहारा थे, राजनैतिक एवं सामाजिक दृष्टि से गुलाम थे और सभी शैक्षिक एवं सांस्कृतिक अवसरों से वंचित किये गये थे । मुस्लिम शासकों ने इन दलितों के विकास में कोई रूचि नहीं लिया क्योंकि उनकों सवर्ण हिन्दुओं के नाराज हो जाने का भय था ।

ब्रिटिश शासन के दौरान कानून के सम्मुख 'समानता' और 'व्यक्तिगत स्वतन्त्रता' दो ऐसे कारक थे जिन्होंने हिन्दुओं के सामाजिक परिदृश्य को प्रभावित किया । शक्तिशाली और स्थानीय भारतीयों के प्रति निष्पक्ष नौकरशाही, समानता स्थापित करने के लिए दृढ़ प्रतिज्ञ थी । वह समान प्रशासनिक प्रणाली स्थापना के प्रति प्रतिबद्ध थे । नागरिक अधिकारों पर बल कानून की सर्वोच्चता, जनता के वाद-विवाद और सार्वभौमिक मताधिकार पर आधारित शासन, सम्पूर्ण राष्ट्र के लिए राजनैतिक समुदाय की अवधारणा का प्रसार, लोकतन्त्र, न्याय प्रणाली, प्रगति में विश्वास और वैज्ञानिक अभिवृति ब्रिटिश शासन की प्रमुख विशेषतायें थी । अंग्रेजों के भारत विजय के बाद एक नये प्रकार के राष्ट्र का उद्‌भव और विकास हुआ, एक नई अर्थव्यवस्था और नये वर्गों का प्रादुर्भाव हुआ । कार्ल मार्क्स ने भी, "इस काल को भारतीय इतिहास में हुए एक मात्र मौलिक सामाजिक क्रान्ति का काल कहा ।"[1]

अस्पृश्यता समाप्ति के धार्मिक प्रयत्नों का प्रारम्भ बुद्ध धर्म के उद्‌भव और विकास (500 ईसा पूर्व) से माना जा सकता है । लेकिन यह एक केवल आदर्शात्मक एवं आध्यात्मिक प्रयास के रूप में रह गया और अस्पृश्यता को जड़ मूल से नष्ट करने की दिशा में कुछ नहीं हो सका । अस्पृश्यता उन्मूलन

के मध्यकालीन सन्तों के वैचारिक एवं आध्यात्मिक प्रयास शताब्दियों तक चलते रहे जिसका प्रतिफल आध्यात्मिक सन्देश और भक्ति सम्प्रदायों में दिखाई पड़ा । लेकिन दलितों की सामाजिक-आर्थिक परिस्थितियाँ ज्यों की त्यों बनी रही । ईसाई मिशनरियाँ भी दलितों को सामाजिक, आर्थिक शोषण एवं राजनैतिक गुलामी से मुक्ति नहीं दिला सकी । हिन्दू समाज के जात-पात व्यवस्था को सबसे गम्भीर चुनौती अंग्रेजी शिक्षा प्रणाली द्वारा प्रस्तुत किया गया । सामाजिक संस्था के रूप में जाति पर आक्रमण लोकतन्त्र के विकास में पश्चिमी अवधारणा के साथ-साथ हुआ । 'समान अधिकार' एवं 'समान अवसर की अवधारणा', 'वयस्क मताधिकार' पर आधारित पश्चिमी सम्प्रत्ययों के लोकतांत्रिक संस्थाओं के ऊपर अवलम्बित है । ब्रिटिश युगीन सभी समाज सुधारक समता, स्वतन्त्रता, भ्रातृत्व और सामाजिक न्याय की अवधारणा से प्रभावित थे । इसी काल में यह अन्तिम रूप से निश्चित किया जा सका कि जाति नामक अलोकतांत्रिक सामाजिक संस्था और राजनैतिक लोकतंत्र दोनों एक साथ चल नहीं सकते । समाज सुधारकों ने यह मत व्यक्त किया कि सभी बड़ी और छोटी जातियों को शिक्षा, न्याय और राजनीति सहित अन्य सामाजिक संस्थाओं में समान अधिकार मिलना चाहिए । यह स्पष्ट प्रमाण है कि ब्रिटिश शिक्षा प्रणाली और शिक्षा ने हिन्दू समाज में सामाजिक परिवर्तन का प्रादुर्भाव किया । ब्रिटिश शासन को सुदृढ़ करने की दृष्टि से ब्रिटिश सरकार ने छोटी जाति एवं दलित हिन्दुओं के प्रति प्राथमिकता की नीति का पालन किया जो मानवतावाद के दृष्टि से भी अनुकूल था ।

लार्ड मैकाले की शिक्षा नीति ने भारत में नवीन प्रकार की बौद्धिक एवं राजनैतिक विचारों को जन्म दिया । हिन्दू और ईसाई धर्म के सम्मेलन की दृष्टि से भारत में पुर्नजागरण का प्रारम्भ हुआ । राजाराम मोहन राय, देवेन्द्र नाथ ठाकुर, केशव चन्द्र सेन ने ब्रह्म समाज की स्थापना की जिसमें यह मत स्थापित किया कि जाति के आधार मनुष्य-मनुष्य के बीच में अन्तर नहीं करना चाहिए । आर्य समाज के संस्थापक दयानन्द सरस्वती ने वैदिक समाज की प्राचीन परिशुद्धता को जागृत करने का प्रयत्न किया और जन्म पर आधारित जाति व्यवस्था का विरोध किया । इन सभी आन्दोलनों में हिन्दू समाज पर महत्वपूर्ण प्रभाव डाला । ब्रिटिश कालीन समाज सुधारकों ने जाति प्रणाली, छूआ-छूत, बाल-विवाह, विधवा-विवाह, स्त्रियों की हीन दशा और आम

जनता के शैक्षिक पिछड़ेपन को प्रमुख सामाजिक समस्या माना । हिन्दुओं के बौद्धिक वर्ग में एक नये वाद-विवाद को जन्म दिया । क्या सामाजिक सुधार को राजनैतिक सुधार का अनुकरण करना चाहिए, या राजनैतिक सुधार को सामाजिक सुधार का अनुकरण करना चाहिए । महात्मा ज्योति राव फूले, महादेव गोविन्द रानाडे, अगरकर, डा० भण्डारकर आदि प्रथम सामाजिक सुधार के पक्षधर थे, जबकि बाल गंगाधर तिलक प्रथम राजनैतिक सुधार के पक्षधर थे ।

डा० अम्बेडकर को सामाजिक-राजनैतिक परिदृश्य पर अवतरित होने के पूर्व दलितों के सामाजिक, आर्थिक अवस्थाओं मे सुधार के लिए कुछ प्रयत्न किये गये थे । सन् 1850 ई० के 'कास्ट डिसएबिलिटी रिमोबल एक्ट' ने यह स्थापित किया कि जाति च्युत होने या धर्म परिवर्तन होने के कारण कोई अपने सम्पत्ति के समान अधिकारों को नहीं खोता है । सन् 1872 ई० के 'स्पेशल मैरिज एक्ट' में विवाह कानून को उदार बनाया गया और सन् 1923 ई० में इसमें और सुधार किया गया । सन् 1858 ई० के प्रेस विज्ञप्ति द्वारा यह निश्चित किया गया कि "वे सभी स्कूल जो सरकारी लागत से संचालित होते हैं, बिना किसी भेद-भाव के सभी वर्गों के लिए खुले रहेंगें ।"[2] सन् 1923 ई० में बम्बई की सरकार ने यह प्रस्ताव पारित किया कि जो भी सहायता प्राप्त शैक्षिक संस्थान दलितों के बच्चों को प्रवेश देने से इन्कार करेंगे उनको सरकारी सहायता नहीं दी जायेगी । सन् 1925 ई० में मद्रास विधान सभा ने एक बिल पास किया जिसमें सार्वजनिक सुविधायें सभी वर्गों के लिए सुलभ कराया गया । यह सुविधा दलितों को भी प्राप्त हुई । सन् 1923 ई० में बाम्बे सरकार ने यह निर्धारित किया कि निचले दर्जे की सरकारी नौकरियों में से विकसित ब्राह्मण वर्ग के लोगों को वंचित किया जाय । हाँलाकि उपरोक्त विधान 5 फरवरी, 1925 ई० में परिवर्तित किया गया और पूर्ण प्रतिबन्ध उठा लिया गया । सन् 1919 ई० के मण्टफोर्ड सुधार के आधार पर दलित वर्गों को स्थानीय विधायिकाओं में संस्तुतियों के आधार पर प्रतिनिधित्व दिया गया । फिर भी ब्रिटिश शासकों की अभिवृति दलितों के प्रति इतनी धनात्मक नहीं थी कि वे उनकी सभी समस्याओं का समाधान कर सकते जो अनादिकाल से हिन्दू समाज में दलित वर्ग के द्वारा भोगा हुआ एक यथार्थ था ।

ब्रिटिश प्रशासन एवं शिक्षा ने समान रूप से हिन्दू समाज में और विशिष्ट

रूप से शिक्षित दलित समाज में एक चेतना उत्पन्न की । दलितों को समान सामाजिक, धार्मिक और सांस्कृतिक अधिकारों के प्रति व्यक्तिगत रूप से और विभिन्न मंचों पर एम० जी० रानाडे, महाराजा सायजीराव गायकवाड, साहू छत्रपति महाराज, कोल्हापुर, स्वामी विवेकानन्द, महर्षि अरविन्द, आर० एन० टैगोर, जे० सी० बोस, बाल गंगाधर तिलक, एम० एन० राय, लाला लाजपत राय, स्वामी श्रद्धानन्द, श्री सुब्रमणयम अय्यर, महात्मा ज्योतिराव फूले आदि ने आवाज उठाया । न्यायमूर्ति सर एम० जी० चन्द्रावर्कर की अध्यक्षता में सन् 1906 ई० में डिप्रेस्ड क्लाश मिशन सोसायटी ऑफ इण्डिया की स्थापना की गई । सन् 1917 में सर चन्द्रावर्कर के द्वारा सरकार के सम्मुख दलितों की माँग पेश की गई । सन् 1917 के कांग्रेस के कलकत्ता अधिवेशन में भी ये माँगें पारित की गईं । ये प्रयत्न हिन्दू समाज के लोकतान्त्रिक चेतना के परिचायक थे जो कि मानवतावादी लोकतन्त्र के प्रभाव से पैदा हुए थे और जिनका मूल ब्रिटिश शिक्षा प्रणाली में निहित था ।

ब्रिटिश शासन में भारत के परम्परागत समाज में जो कि एक ग्रामीण समाज था, शहरीकरण, औद्योगीकरण, पश्चिमीकरण की प्रक्रिया को और तेज किया गया । रेलवे, उद्योग, बड़े शहरों का विकास, सड़कें, आवागमन के साधन, जन-सम्प्रेषण के आधुनिक साधन, नये प्रकार की नौकरियों की उपलब्धता और शिक्षा कुछ ऐसे महत्वपूर्ण कारक थे जो कि भारत में तीव्र सामाजिक परिवर्तन के लिए उत्तरदायी थे । इन सामाजिक परिवर्तनों ने समाज को गहराई तक प्रभावित भी किया था । बीसवीं शताब्दी के प्रारम्भ में विवेक और न्याय पर आधारित समाज की माँग बढ़ती जा रही थी जो कि परम्परागत समाज में कभी भी सुनी नहीं गई थी । बहुत से राजनैतिक, सामाजिक संगठनों जैसे सत्य शोधक समाज, आर्य समाज, प्रार्थना समाज, डिप्रेस क्लास मिशन, कांग्रेस पार्टी ने जातियों पर आधारित जन्मजात असमानता का विरोध किया । जातीय संगठनों का निर्माण भी इस काल में दलितों एवं वंचित वर्गों के उत्थान के लिए किया गया ।

इस प्रकार परम्परागत हिन्दू समाज को एक ऐसे उद्वेलित करने वाले जागरूक प्रभाव ने जकड़ लिया तथा बाध्य किया कि वह दलित वर्गों एवं वंचित वर्गों की समस्याओं पर विचार करे । लेकिन इस जटिल समस्या के प्रति कभी भी गहरी रुचि एवं गंभीर बौद्धिक रूप से समझने का प्रयास नहीं

किया गया, जब तक कि भारतीय सामाजिक, राजनैतिक परिदृश्य पर डा० अम्बेडकर का अवतरण नहीं हुआ।

डा० अम्बेडकर को प्रभावित करने वाले कारक

डा० अम्बेडकर मानव समाज के सामान्य उत्पादन नहीं थे। उनके जीवन काल में अत्यन्त महत्वपूर्ण घटनायें हुई थीं, जिन्होंने उनके व्यक्तित्व को प्रभावित किया। व्यक्तित्व एवं विचारों के प्रभाव के कारण ही उनके चिंतन को विशिष्ट स्वरूप एवं आयाम मिला जिनके कारण वे दलितों एवं भारतीय समाज में वंचित वर्ग के एक मात्र नेता के रूप में जाने जाते हैं। सबसे पहला महत्वपूर्ण कारक जिसने डा० अम्बेडकर को सबसे ज्यादा प्रभावित किया वे अमानवीय परिस्थितियाँ थीं जिनमें हजारों सालों से दलितों को जीने के लिए बाध्य किया गया था। उनको सामाजिक, धार्मिक एवं आर्थिक मामलों में समानता के अधिकार से वंचित किया गया था। सार्वजनिक जीवन में प्रवेश पर रोक थी। सवर्ण हिन्दू शिक्षकों एवं छात्रों के द्वारा शैक्षिक संस्थाओं में उनके साथ विभिन्नता वाला व्यवहार किया गया। जाति, पेशा एवं वर्ग के नाम पर मानव व्यवहार की दोहरी नीति ने उनको बहुत गहराई तक कष्ट दिया। अपने प्रारम्भिक बचपन काल में ही इस बर्बर एवं अमानवीय व्यवहार पर आपने विचार करना प्रारम्भ कर दिया था, जो कि उन पर तथा दलित वर्ग के विभिन्न सदस्यों पर जाति एवं धर्म के नाम पर सवर्ण हिन्दुओं द्वारा किया जाता था। पारिवारिक परिदृश्य से परे का यह सामाजिक पर्यावरण उनके लिए बड़ा क्रूर था लेकिन उनका पारिवारिक वातावरण अत्यन्त मानवीय था तथा कबीर पन्थ के सामाजिक एकता के सिद्धान्त से प्रभावित था। सामाजिक एवं पारिवारिक वातावरण के इस अन्तर ने डा० अम्बेडकर के जीवन पर अमिट प्रभाव डाला। स्वाभाविक रूप से अपने परिवार के इस आध्यात्मिक पर्यावरण के साथ उनकी आत्मियता बनी और उन्होंने हिन्दुओं के सामाजिक पर्यावरण के अमानवीय व्यवहार के विरुद्ध आजीवन संघर्ष किया। उनके पिता एक धार्मिक तथा अनुशासित व्यक्ति थे। इसने भी उनके व्यक्तित्व को एक स्वरूप प्रदान किया। उनके पिता के कारण ही उनमें कठिन श्रम की आदत, आज्ञा पालन, निर्देशन, साहस,आत्म अभिव्यक्ति, सहनशीलता तथा दलितों एवं अन्य वंचित वर्गों के प्रति सेवा भावना का विकास हुआ।

विद्यार्थी जीवन के प्रारम्भिक काल में डा० अम्बेडकर को कक्षा के एक कोने में एक टाट के एक टुकड़े पर बैठने के लिए जिसको कि वे घर से लाते थे, बाध्य किया गया । वे दूसरों के साथ मिल नहीं सकते थे तथा क्रिकेट इत्यादि दूसरे बालकों के साथ खेल नहीं सकते थे । शिक्षक उनके अभ्यास पुस्तिकाओं को छूते नहीं थे । उन दिनों अशुद्ध होने के भय से न कोई दलितों को छूता था, न कोई कविता कहने को कहता था, न कोई कविता पढ़ाता था । विद्यालय के दिनों में जब उनको प्यास लगती थी तो कोई कुप्पी के द्वारा जल पिला दिया जाता था और किसी दिन उन्हें पानी नहीं मिलता था ।

विद्यालय के दिनों में भारी बरसात के एक दिन डा० अम्बेडकर ने बिना छाते के स्कूल जाने का निश्चय किया । उन्होंने अपने बड़े भाई को टोपी, झोला और छाता रखने को कहा । ठण्ड के बावजूद जब वह स्कूल पहुँचे तो उनके कुर्ते और धोती से पानी चू रहा था और भीगने के कारण उनको कड़ाके की ठण्ड भी लग रही थी । उनके कक्षाध्यापक पेन्डसे ने यह देखा और अपने पुत्र से अम्बेडकर को घर ले जाकर गर्म पानी से स्नान, गरम कपड़े और खाने के लिए गरम खाना देने को कहा । लेकिन उनकी यह प्रसन्नता आँसुओं में बदल गई, जब उनको कक्षा में लाया गया और अर्धनग्न शरीर के साथ अपनी श्रेणी में पुनः पृथक् टाट पर बैठना पड़ा ।

गर्मी के दिनों की एक घटना ने जब डा० अम्बेडकर और उनके भाई मैसूर रेलवे स्टेशन से गोरेगाँव अपने पिता से मिलने जा रहे थे, अविस्मरणीय प्रभाव डाला । उन्होंने एक बैलगाड़ी किराये पर लिया । बैलगाड़ी कुछ ही दूर गई होगी कि गाड़ीवान को पता चला कि गाड़ी में बैठे दोनों बच्चे अछूत हैं, तो उन्हें तुरन्त वहीं पर उतर जाने को कहा । निवेदन करने और किराया दूना देने की शर्त पर उनको फिर बैलगाड़ी से जाने की सुविधा मिली । डा० अम्बेडकर के बड़े भाई गाड़ी खींच रहे थे और गाड़ीवान अशुद्ध हो जाने के भय से गाड़ी के पीछे-पीछे पैदल चल रहा था । सम्पूर्ण यात्रा के दौरान वे पीने का पानी प्राप्त नहीं कर पाये क्योंकि लोगों को पता चल गया था कि वे अछूत हैं । विद्यालय के दिनों में अपने सहधर्मियों से मिले अपमान और अमानवीय व्यवहार ने उनके अन्दर सवर्ण हिन्दुओं और हिन्दुत्व के प्रति एक तृष्णा एवं घृणा पैदा कर दिया था । गम्भीरता से उन्होंने अछूतों के जीवन जीने की परिस्थितियों पर विचार किया और उसके समाधान के लिए सोचना शुरू किया । डा० अम्बेडकर के अन्दर के आदमी ने धार्मिक साहित्य द्वारा अछूतों

की समस्याओं का समाधान करना चाहा । बौद्धों के आध्यात्मिक समानता के एक सिद्धान्त ने उन्हें बहुत प्रभावित किया लेकिन उन्होंने अछूतों के भौतिक समस्याओं के समाधान की दृष्टि से इस तरह के सिद्धान्तों के सीमाओं को भी पहचाना । उन्होंने अन्य सामाजिक सुधारकों के साहित्यों एवं कार्यों को भी देखा जिनमें महात्मा गौतम बुद्ध, सन्त कबीर, महात्मा ज्योतिराय फूले, स्वामी दयानन्द सरस्वती, एम० जी० रानाडे, गाँधी, महाराजा सायाजीराव गायकवाड, छत्रपति शाहूजी महाराज इत्यादि प्रमुख थे ।

वह महात्मा ज्यातिराव फूले से बहुत प्रभावित हुए जिन्होंने इस बात पर बल दिया था कि जन्म से सभी मनुष्य समान हैं और भारत के लिए, विदेशी शासन से स्वतन्त्रता की तुलना में 'सामाजिक लोकतन्त्र' ज्यादा महत्वपूर्ण है ।

डा० अम्बेडकर जब कोलंम्बिया विश्वविद्यालय पहुँचे तब उनकी उम्र मात्र 21 वर्ष थी । वहाँ पर वे प्रो० जान डीवी के ज्ञान-मिमांसा और प्रयोजनवादी दृष्टिकोण से बहुत प्रभावित हुए । जान डीवी के प्रभाव के कारण ही उन्होंने यह अनुभव किया कि शिक्षा समझने का साधन ही नहीं है बल्कि यह इसको परिवर्तित करने का भी एक साधन है । वह तत्कालीन सामाजिक घटनाओं से प्रभावित हुए । वे विशेष दर्जे के दार्शनिक थे और यह काल मानवता के इतिहास में एक समस्याग्रस्त काल रहा है ।

प्रथम विश्व युद्ध, रूसी क्रांति, दुनिया भर में फैले साम्राज्यवादी विचार, सामंतवाद, पूँजीवादी, साम्यवाद इत्यादि ने डा० अम्बेडकर के जीवन एवं कार्यों पर अमिट प्रभाव डाला । कार्ल मार्क्स, प्रो० गोल्डेनविजन (कोलम्बिया विश्वविद्यालय), बुकर टी वाशिंटन का जीवन (जो अमेरिका के नीग्रो प्रजाति के समाज सुधारकों और शिक्षा शास्त्री थे), लन्दन स्कूल ऑफ इकोनामिक्स एवं पालिटकल साइंस के प्रो० एडवीन केनन और यू० एस० ए० (14 एमेन्डमेण्ट) के संविधान ने डा० अम्बेडकर के विचारों को स्वरूप प्रदान किया । इस तरह डा० अम्बेडकर के क्रियाशीलता को गति मिली । बीसवीं शताब्दी के शुरूआत में पूरे विश्व में न केवल भौतिक स्तर पर बल्कि आध्यात्मिक स्तर पर भी महान परिवर्तन हो रहे थे । आध्यात्मिक स्तर के संकट और विरोधाभासों ने जो मुख्यत: आदर्श एवं मूल्यों के क्षेत्र मे थे उनको विशेष रूप से प्रभावित किया । इसी का परिणाम था कि इन्होंने इस क्षेत्र में अपना महत्वपूर्ण योगदान दिया, जो कि मृतप्राय एवं बीमार बीसवी शताब्दी के मानवता के लिए अत्यन्त जरूरी था ।

संदर्भ :

1. कुबेर, डब्लू० एन०, डा० अम्बेडकर : ए क्रीटीकल स्टडी, पीपुल पब्लिशिंग हाऊस, नई दिल्ली, 1973, पृष्ठ-5
2. घूर्ये, जी० एस०, कास्ट एण्ड क्लास इन इण्डिया, पापुलर बैंक डिपार्टमेण्ट, बम्बई, 1957, पृष्ट-166

अध्याय–3
डा० अम्बेडकर के दार्शनिक विचार

डा० अम्बेडकर आधुनिक काल के एक विशिष्ट चिंतक थे जो कि राज्य, राष्ट्र, समाज, लोकतंत्र इत्यादि जैसे पश्चिमी अवधारणाओं से सहमत नहीं थे । वे इन अवधारणाओं की गहराई में गये और यह रेखांकित किया कि किसी समाज के सन्दर्भ में इन अवधारणाओं की व्याख्या तभी तर्कसंगत होगी, यदि इन व्याख्याओं में जनता को महत्व दिया जाय । उनका दृढ़ मत था कि सभी मनुष्य समान हैं और इसीलिए वह चाहते थे कि समाज में समानता की भावना लागू किया जाय । उनके स्वतंत्रता एवं मानवता सम्बन्धी विचार सभी मनुष्यों के विवेक और नैतिकता सम्बन्धी क्षमताओं पर आधारित है ।

बुद्ध की तरह डा० अम्बेडकर का विश्वास था कि दुःख मानव समाज की सबसे बड़ी समस्या है । बुद्ध का विश्वास था कि निर्वाण की उपलब्धि मनुष्य को दुःख से छुटकारा दिला सकती है किन्तु डा० अम्बेडकर का मत भिन्न था । उनका विचार था कि सामाजिक और आर्थिक व्यवस्था का पुर्ननिर्माण ही मनुष्य और समाज को दुःख से छुटकारा दिला सकती है । इस सन्दर्भ में उनकी संस्तुति थी कि विज्ञान और तकनीकी के विवेकपूर्ण उपयोग से आर्थिक विकास किया जा सकता है । मात्र यही मनुष्य और समाज को मौलिक आवश्यकताओं और भय से मुक्ति दिला सकता है जो कि दुःख का मुख्य कारण है । डा० अम्बेडकर ने 'समाज मुक्ति' के बारे में सोचा और उसके लिए कार्ययोजना प्रस्तुत किया । जबकि महात्मा बुद्ध 'वैयक्तिक मुक्ति' के प्रति सचेष्ट रहे । डा० अम्बेडकर ने स्वतंत्र सामाजिक व्यवस्था के लिए दो आवश्यक तत्वों का वर्णन किया है, जो उन्हीं के शब्दों में इस प्रकार है, ''पहली अनिवार्यता यह है कि समष्टि में व्यष्टि का समावेश होता है और समाज का लक्ष्य उस व्यष्टि को बढ़ाना तथा उसके व्यक्तित्व का विकास करना बन जाता है । समाज व्यक्ति से ऊपर नहीं होता और यदि व्यक्ति स्वयं को समाज के अधीन मानता है, तो उसका कारण यह है कि उसे समाज की अधीनता में अपनी बेहतरी का अभास होता है । यह अधीनता केवल उस समय तक रहती है, जब तक उसकी आवश्यकता महसूस की जाय ।

दूसरी अनिवार्यता यह है कि समाज के सदस्यों के बीच सामाजिक धरातल पर स्वतंत्रता, समानता तथा भाइचारे को महत्व दिया जाना चाहिए ।"[1]

उनके अनुसार मानव सम्पूर्ण सामाजिक प्रयोजनों का साध्य है न कि साधन । इस मान्यता ने इनके मानवीय व्यक्तित्व की अवधारणा को निर्मित करने में समर्थ बनाया । जैसा कि प्रोफेसर मैरिटेन द्वारा वर्णित और व्याख्यायित था । इसी तरह के विचारों ने मानव के मूल्य और उसके सम्मान, उसके अधिकारों को परिभाषित करने में उनको सहायता पहुँचाई । उनके विचार से, "कोई व्यक्ति एक प्राणी है और एक सम्पूर्ण तत्व की समग्रता से अधिक उसकी स्वतंत्र सत्ता अधिक महत्वपूर्ण है ।"[2] उनका विश्वास था कि, "स्वतंत्रता की घोषणा यह सुनिश्चित नहीं करती कि सभी मनुष्य समान हैं, बल्कि यह उद्घाटित करती है कि वे समान "पैदा होते हैं ।"[3] 'समानता' से उनका तात्पर्य 'नैतिक समानता' था जिसका अर्थ है आचार-विचार की समानता । यह एक विश्वास, अधिकारों की एक ऐसी मान्यता है, जिसका आदर किया जाना चाहिए । स्वतंत्र सामाजिक व्यवस्था के लिए समान अधिकारों की मान्यता एक आवश्यक शर्त है ।

डा० अम्बेडकर के अनुसार, "भाईचारा मानव के उस गुण का नाम है, जिसके अनुसार वह समाज के अन्य व्यक्तियों के साथ प्यार सम्मान का भाव रखता है और उनके साथ एकरस होने की इच्छा रखता है ।"[4] भाईचारे को अनुभूत करते हुए उन्होंने कहा, "भाईचारे से सामाजिकता मजबूत होती है और इससे प्रत्येक व्यक्ति में एक ऐसा प्रभावशाली लगाव पैदा होता है, जिसके माध्यम से वह व्यवहारिक रूप से दूसरे के कल्याण के बारे में सोचता है । इससे वह दूसरों की भलाई में अपनी भावनाओं को अधिक से अधिक जोड़ता है या कम से कम इसके लिए व्यावहारिक रवैया अपनाता है । भाईचारे की मनोवृति उसे सहजता से सचेत करती है कि वह उस व्यक्ति के समान है जो दूसरों को सम्मान देता है । दूसरों की भलाई उसके लिए उतनी ही स्वाभाविक हो जाती है, जितनी की हमारे अस्तित्व के लिए कोई भौतिक अवस्था आवश्यक होती है । जहाँ लोग दूसरों के साथ सहानुभूति की सम्पूर्णता का अनुभव नहीं करते हैं, वहाँ उनके आचरण में समरसता असंभव होती है । जिस व्यक्ति में सामाजिक भावना का अभाव होता है, वह दूसरों के बारे में सिवाए इसके और कुछ नहीं सोच सकता कि वे उसके प्रतिद्वंद्वी हैं । इसलिए वह अपने खुशियों के लिए उन्हें पराजित करने की चेष्टा में लगा रहता है ।"[5]

स्वतंत्र समाज-व्यवस्था के लिए स्वतंत्रता आवश्यक है और 'स्वतंत्रता' की अवधारणा डा० अम्बेडकर के शब्दों में इस प्रकार है, "स्वतंत्रता को दो श्रेणियों में बाँटा जा सकता है । एक नागरिक स्वतंत्रता होती है और दूसरी राजनीतिक स्वतंत्रता । नागरिक स्वतंत्रता के अंग हैं–(1) विचरण की स्वतंत्रता, अर्थात् कानूनी प्रक्रिया के बिना बेरोक-टोक आवागमन, (2) अभिव्यक्ति की स्वतंत्रता, इसमें विचारों की स्वतंत्रता, पढ़ने की स्वतंत्रता, लिखने की स्वतंत्रता तथा बातचीत करने की स्वतंत्रता शामिल होती है, और (3) कार्य करने की स्वतंत्रता ।

पहले प्रकार की स्वतंत्रता निःसंदेह मौलिक स्वतंत्रता है । यह न केवल मौलिक, बल्कि अत्यंत आवश्यक भी है । इसके महत्व के संबंध में कोई संदेह नहीं है । दूसरी स्वतंत्रता जिसे विचारों की स्वतंत्रता कहा जा सकता है, कई कारणों से महत्वपूर्ण है । यह बौद्धिक, नैतिक, राजनीतिक तथा सामाजिक, सभी प्रकार की उन्नति के लिए आवश्यक है । जहाँ यह स्वतंत्रता नहीं होती वहाँ पर यथास्थिति आरुढ़ हो जाती है और सभी मौलिकताएँ, यहाँ तक कि अत्यंत आवश्यक मौलिकता भी हतोत्साहित हो जाती है । कार्य की स्वतंत्रता का अर्थ यह है कि व्यक्ति जो चाहे सो करे । इतना ही पर्याप्त नहीं है कि कार्य की स्वतंत्रता औपचारिक हो । यह वास्तविक अर्थ में होनी चाहिए । जैसा कि स्पष्ट है, स्वतंत्रता का तात्पर्य विशिष्ट कार्य को करने की प्रभावी शक्ति से है । जहाँ इस स्वतंत्रता का लाभ उठाने के साधन मौजूद नहीं हैं, वहाँ यह स्वतंत्रता नहीं है । कार्य करने की वास्तविक स्वतंत्रता केवल वहीं पर होती है, जहाँ शोषण का समूल नाश कर दिया गया है, जहाँ एक वर्ग द्वारा दूसरे वर्ग पर अत्याचार नहीं किये जाते, जहाँ बेरोजगारी नहीं है, जहाँ गरीबी नहीं है, जहाँ किसी व्यक्ति को अपने धंधें के हाथ से निकल जाने का भय नहीं है, अपने कार्यों के परिणामस्वरूप जहाँ व्यक्ति अपने धंधे की हानि, घर की हानि तथा रोजी-रोटी की हानि के भय से मुक्त है ।

राजनीतिक स्वतंत्रता का तात्पर्य व्यक्ति की उस स्वतंत्रता से है जिसके अनुसार वह कानून बनाने तथा सरकारों को बनाने अथवा बदलने में भागीदार होता है । सरकारों का गठन इसलिए किया जाता है जिससे कि वे व्यक्ति के लिए कुछ अन्य अधिकार, जैसे जीवन, स्वतन्त्रता तथा प्रसन्नता के साधन सुरक्षित ढंग से उपलब्ध कराएँ । अतः सरकार वहाँ से ही अपने अधिकार प्राप्त करे, जिनके अधिकारों को सुरक्षित रखने का दायित्व उसे सौंपा गया है । इसका तात्पर्य यह है कि सरकार को अपना अस्तित्व, अपनी शक्ति, अपना

अधिकार उन लोगों से ही प्राप्त करना चाहिए, जिन पर वह शासन करती है। वास्तव में राजनीतिक स्वतंत्रता मानव व्यक्तित्व तथा समानता के सिद्धान्त से उत्पन्न होती है, क्योंकि इसका अर्थ यह होता है कि सभी प्रकार का राजनीतिक अधिकार जनता से प्राप्त होता है तथा जनता दूसरों के द्वारा नहीं, बल्कि अपने द्वारा निर्धारित लक्ष्यों को प्राप्त करने के लिए लोगों के सार्वजनिक तथा निजी जीवन को नियंत्रित करने तथा दिशा-निर्देश देने में समर्थ है।

स्वतंत्र समाज व्यवस्था के ये दोनों सिद्धान्त एक दूसरे से जुड़े हैं। इन्हें अलग नहीं किया जा सकता। एक बार यदि पहले को स्वीकार कर लिया जाय, तो दूसरा सिद्धान्त स्वतः ही आ जाता है। यदि एक बार मानव-व्यक्तित्व की पवित्रता को स्वीकार कर लिया जाय तो व्यक्तित्व के विकास के लिए उचित वातावरण के रूप में स्वतंत्रता, समानता तथा भाईचारे की आवश्यकता को भी स्वीकार किया जाना चाहिए।''[6]

उपरोक्त विचारों के प्रकाश में उन्होंने भारतीय सामाजिक परिस्थितियों को परिभाषित किया है। वे इस निष्कर्ष पर पहुँचें हैं कि मानव और उसके मूल्य के सम्मान की यह अवधारणा एक कल्पना रह सकती है जब तक कि उसको प्रचलित समाज-व्यवस्था के सन्दर्भ में स्थापित न किया जाय। इन सामाजिक तथ्यों के अवलोकन ने उनके राजनैतिक दर्शन को समृद्ध किया तथा नैतिक परम्पराओं के प्रयोग से उन्होंने अपने विचारों को और विकसित किया। उनके दार्शनिक विचारों की जड़े राजनीति में न होकर धर्म में थी क्योंकि उन्होंने व्यवहार में पाया कि सामाजिक आदर्शवाद और राजनीतिक आदर्शवाद व्यवहार में एक दूसरे के परस्पर विरोधी हैं। उदाहरण के लिए लोकतंत्र समता और स्वतंत्रता को मान्यता देता है जबकि प्रचलित समाज व्यवस्था उसको नकार देती है। इस पृष्ठभूमि में उनका विचार था कि राजनैतिक लोकतंत्र स्थापित किया जाय और साथ-ही-साथ सामाजिक न्याय के प्रावधानों को भी सुदृढ़ किया जाय।

समाज में धर्म सही या गलत के निर्णय के लिए एक मानक के रूप में है

डा० अम्बेडकर के सामाजिक विचारों के अध्ययन के लिए यह आवश्यक है कि उनके धर्म सम्बन्धी विचारों का अध्ययन किया जाय और बौद्ध धर्म संबंधी विचारों का विशिष्ट रूप से अध्ययन किया जाय क्योंकि उन्होंने अपने जीवन के अन्तिम समय में अपने अनुयायियों के साथ बौद्ध धर्म ग्रहण कर लिया था। बहुत दृढ़ता के साथ उन्होंने यह संस्तुति की थी कि

राजनैतिक आकांक्षाएँ, धार्मिक भावनायें एवं सुधार आन्दोलनों की अनुगामी होना चाहिए ।

उनके अनुसार स्वतंत्र समाज के लिए धर्म आवश्यक है । "धर्म का अर्थ दैवी शासन की आदर्श योजना का प्रतिपादन करना है, जिसका उद्देश्य एक ऐसी सामाजिक व्यवस्था बनाना है, जिसमें मनुष्य नैतिक जीवन व्यतीत कर सके ।"[7]

उन्होंने धर्म को एक ऐसे मानक एवं कसौटी के रूप में लिया जो समाज में सही और गलत के निर्णय के लिए उपयुक्त था । प्राचीन समाजों में सही या गलत के निर्णय की कसौटी 'उपयोगिता' थी जब कि आधुनिक समाज में 'न्याय' है । उन्हीं के शब्दों में, "मेरे मन में कोई सन्देह नहीं है कि धर्म के दर्शन को परखने के लिए यही वास्तविक नियम है । पहली बात, यह नियम लोगों को, मनुष्य के आचरण में क्या सही और क्या गलत है, यह परखने योग्य बनाये, दूसरे, यह नियम, नैतिक उत्तमता जिससे बनी है, उसकी वर्तमान धारणाओं के अनुरूप हो । इन दोनों दृष्टिकोणों से वे नियम सही दिखाई देते हैं । क्या सही है और क्या गलत है, ये नियम हमें यह परखने की योग्यता देते हैं । जिस समाज में उनको स्वीकार किया है, यह नियम उसके अनुरूप ही हैं क्योंकि वहाँ लक्ष्य था । समाज और सामाजिक उपयुक्तता को ही नैतिक आचरण माना जाता था । न्याय, यह कसौटी आधुनिक समाज के अनुरूप है, जिसमें व्यक्ति को लक्ष्य माना गया है और उस व्यक्ति को न्याय मिले, इसे ही नैतिक उत्तमता माना गया है ।"[8]

उन्होंने धर्म को एक आध्यात्मिक सिद्धान्त के रूप में व्याख्यायित किया, जिसका स्वरूप सार्वभौमिक था । जो सभी काल में, सभी राष्ट्रों में, सभी जातियों में लागू किया जा सकता है । उन्होंने इस विचारधारा का विरोध किया कि सभी धर्म विचार से समान हैं और धर्मों के बीच अन्तर करना आवश्यक नहीं है । उनके अनुसार, "धर्म एक व्यवस्था तथा शक्ति है और सभी सामाजिक प्रभावों तथा संस्थाओं के समान वह भी अपने प्रभाव में आबद्ध समाज को लाभ अथवा हानि पहुँचाता है ।"[9]

डा० अम्बेडकर ने धर्म की चार विशेषताएँ बतलायी हैं, जो कि निम्नलिखित हैं :

"1. धर्म नैतिकता के अर्थ में प्रत्येक समाज में शासित करने का सिद्धान्त रहना चाहिए ।

2. अगर धर्म को कार्य करना है तो तर्क के अनुरूप होना चाहिए, जो कि विज्ञान का दूसरा नाम है ।
3. इसकी नैतिक संहिता को स्वतन्त्रता, समानता, भाईचारे के मूल सिद्धान्तों को समाहित करना चाहिए । अगर धर्म सामाजिक जीवन के इन तीन मौलिक सिद्धान्तों को नहीं पहँचानेगा तो धर्म अपवादजनक हो जायेगा ।
4. धर्म को चाहिए कि गरीबी को मान्यता न दे ।''[10]

अपने जीवन के अन्तिम काल में उन्होंने बौद्धों के पथ को अपनाया क्योंकि इसका उद्देश्य सभी मनुष्यों का नैतिक पुर्ननिर्माण करना और सामाजिक मुक्ति प्रदान करना था । उनके अनुसार बौद्ध दर्शन में निम्नलिखित गुण हैं :

1. यह जीवन के तथ्यों से सम्बन्धित है । ईश्वर या आत्मा या स्वर्ग या पृथ्वी के बारे में कोई वाद या अनुवाद प्रस्तुत नहीं करता है ।
2. मनुष्य और नैतिकता इसके केन्द्र में हैं ।
3. यह स्वतंत्रता, समानता, भाईचारे और न्याय में विश्वास करता है ।
4. यह गतिशील, वैज्ञानिक और सबके ग्रहण योग्य है ।

उन्होंने हिन्दू धर्म की अपेक्षा बौद्ध धर्म को वरीयता दी क्योंकि बौद्ध धर्म ईश्वर, आत्मा, जाति और वर्ण व्यवस्था में विश्वास नहीं करता । अन्य धर्मों की अपेक्षा बौद्ध धर्म इसलिए ग्रहण किया कि यह प्रेम, समानता की शिक्षा के साथ-साथ अन्धविश्वास, और दैवीय वाद के विरुद्ध बोध की शिक्षा देता है । उनके अनुसार हिन्दू धर्म में निम्नलिखित अवगुण हैं :

"1. कि यह (हिन्दू धर्म) नैतिक जीवन की स्वतंत्रता और स्वेच्छा से वंचित करती है तथा कम या अधिक तथा बाहर द्वारा थोपे गये नियमों द्वारा चिंतित और चाटुकार बना देती है ।
2. इसके अर्न्तगत थोपे गये आदर्शों के प्रति निष्ठा नहीं है केवल आदेशों का पालन ही आवश्यक है ।
3. इसमें वर्णित कानून कल, आज और हमेशा के लिए एक ही हैं । ये कानून असमान हैं तथा सभी वर्गों पर समान रूप से लागू नहीं होते ।
4. इस संहिता को अंतिमता और स्थिरता प्रदान की गई है ।''[11]

निष्कर्ष के रूप में उन्होंने कहा कि ऐसे धर्म को नष्ट किया जाना चाहिए और ऐसे धर्म को नष्ट करने का कार्य अधर्म नहीं कहलायेगा । उनकी

मुख्य आपत्ति यह थी कि हिन्दू धर्म को गलत रूप से क्रियान्वित किया गया है ।

जाति व्यवस्था

डा० अम्बेडकर के सामाजिक विचार उन कटु अनुभवों के उपज थे जिनको कि एक दलित को सवर्ण हिन्दू समाज में झेलना पड़ता था । अपने सम्पूर्ण जीवन में वह ब्राह्मणवाद एवं जाति प्रथा के विरुद्ध युद्ध करते रहे । उन्होंने निम्नलिखित शब्दों में जाति व्यवस्था की बुराइयों को रेखांकित किया है–"हिन्दुओं की नीति और आचार पर जातिप्रथा का प्रभाव अत्यधिक शोचनीय है । जाति प्रथा ने जन चेतना को नष्ट कर दिया है । उसने सार्वजनिक धर्मार्थ की भावना को भी नष्ट कर दिया है । जाति प्रथा के कारण किसी भी विषय पर सार्वजनिक सहमति का होना असंभव हो गया है । हिन्दुओं के लिए उनकी जाति ही जनता है । उनका उत्तरदायित्व अपनी जाति तक सीमित है । उनकी निष्ठा अपनी जाति तक सीमित है । गुणों का आधार भी जाति ही है और नैतिकता का आधार भी जाति ही है । सही व्यक्ति के प्रति (अगर वह उनकी अपनी जाति का नहीं है) उनकी सहानुभूति नहीं होती । गुणों की कोई सराहना नहीं है, जरूरतमंद के लिए सहायता नहीं है । दुखियों की पुकार का कोई जवाब नहीं है । अगर सहायता दें तो वह केवल जाति मात्र तक सीमित है । सहानुभूति है, लेकिन अन्य जातियों के लोगों के लिए नहीं । क्या हिन्दू किसी भी महान और अच्छे व्यक्ति के नेतृत्व को स्वीकार कर सकते हैं, और उनका अनुशरण कर सकते हैं? यदि कोई महात्मा हो तो उसकी बात अलग है, लेकिन सामान्य उत्तर यही है कि वह किसी नेता का अनुशरण तभी करेगा, जब वह उसकी जाति का हो । ब्राह्मण, ब्राह्मण नेता को ही मानेगा, कायस्थ, कायस्थ नेता का ही अनुशरण करेगा, आदि । हिन्दुओं में इस बात की क्षमता ही नहीं है कि वे अपनी जाति से भिन्न अन्य जाति के व्यक्ति के गुणों का सही मूल्यांकन कर सकें । गुणों की सराहना तभी होती है, जब वह व्यक्ति अपनी जाति का हो । उनकी पूर्ण नैतिकता उतनी ही निम्न कोटि की है, जितनी जंगली जातियों की होती है । आदमी कैसा भी हो, सही या गलत, अच्छा या बुरा, बस अपनी जाति का होना चाहिए । न उन्हें गुणों की प्रशंसा से मतलब है, न बुराई के विरोध से । उनके लिए मुद्दा सिर्फ इतना है कि अपनी जाति का पक्ष लें या नहीं । क्या हिन्दुओं ने अपनी जाति के हितों–स्वार्थों की रक्षा करने में अपने देश के प्रति विश्वासघात नहीं किया है?"[12]

'जाति' और 'अस्पृश्यता' उनके सामाजिक विचारों के केन्द्र बिन्दु हैं। पूर्व के विद्वानों द्वारा दिये गये जाति की परिभाषा से संतुष्ट नहीं थे। उन्होंने जाति प्रथा के कार्य प्रणाली का अध्ययन किया और निष्कर्ष निकाला कि सजातीय विवाह या अन्तरजातीय विवाह की अनुपस्थिति की यह विशेषता है जिससे कि जातीय प्रणाली का सार समझा जा सकता है। उनके अनुसार, "जातितंत्र के इस समीक्षात्मक मूल्यांकन से इसमें कोई संदेह नहीं रह जाता है कि अन्तरजातीय विवाह का निषेध या ऐसे विवाह का न पाया जाना ही जातिप्रथा का मूल है।"[13]

उन्होंने जातिप्रथा के विकास का ऐतिहासिक सन्दर्भों में अध्ययन किया और निष्कर्ष निकाला कि

"1. हिन्दू जनसंख्या में विविध तत्वों के समिश्रण के बावजूद इसमें दृढ़ सांस्कृतिक एकता है।
2. जातियाँ इस विराट सांस्कृतिक ईकाई की अंग हैं।
3. शुरू में केवल एक ही जाति थी, और
4. इन्हीं वर्गों में देखा-देखी या बहिष्कार से विभिन्न जातियाँ बन गई।"

डा० अम्बेडकर ने शूद्रों की उत्पत्ति और अस्पृश्यता का भी वर्णन किया, उन्होंने ऐतिहासिक विधि का पालन करते हुए सामाजशास्त्रीय सिद्धान्तों को प्रतिस्थापित किया है।

उन्होंने शूद्रों की उत्पत्ति के लिए निम्नलिखित सिद्धान्त प्रतिस्थापित किया।

"1. शूद्र आर्यों के सूर्यवंशी समुदाय में से ही थे।
2. एक समय था जब आर्य समुदाय ने केवल तीन वर्ण ब्राह्मण, क्षत्रिय और वैश्य को ही मान्यता दी।
3. शूद्रों का अलग कोई वर्ण नहीं था वे भारतीय आर्य समुदाय के क्षत्रिय वर्ण में आते थे।
4. शूद्र राजाओं और ब्राह्मणों के बीच अनवरत संघर्ष होते रहते थे और ब्राह्मणों को शूद्रों के हाथों अनेक कष्ट और अपमान सहने पड़े।
5. शूद्रों द्वारा किये गये उत्पीड़न और पीड़ाओं से त्रस्त होकर ब्राह्मणों ने इसके फलस्वरूप शूद्रों का उपनयन संस्कार सम्पन्न करना बंद कर दिया।

6. उपनयन संस्कार से वंचित होने पर शूद्र जो क्षत्रिय थे उसका सामाजिक ह्रास हो गया । उनका दर्जा वैश्यों के नीचे हो गया और वे चौथे वर्ण में गिने गये ।''[15]

उन्होंने संस्कृति के निम्न स्तर पर जीवन जीने वाले लोगों पर ध्यान आकर्षित किया । उन्होंने शूद्रों के प्रति धर्मशास्त्र में निश्चित किये गये दण्डसंहिताओं और दूसरे वर्णों द्वारा किये गये अमानवीय व्यवहारों को भी रेखांकित किया जो कि सामाजिक दृष्टि से अत्यन्त महत्वपूर्ण हैं जिनके कारण अधिसंख्य जनता आर्थिक रूप से पिछड़ी और शैक्षिक रूप से वंचित है ।

अस्पृश्यता

अस्पृश्यों की उत्पत्ति और अस्पृश्यता के विकास के अध्ययन के लिए डा० अम्बेडकर ने अस्पृश्यता के मूल का अध्ययन किया । उन्होंने दो नये सिद्धान्त प्रतिपादित किये जो स्पृश्यता के मूल पर निम्नलिखित शब्दों में प्रकाश डालते हैं ।

1. बौद्धों का अपमान छुआ-छूत का मूलाधार
2. गोमांस भक्षण छुआ-छूत का मूलाधार

उन्होंने सफलता पूर्वक 'अशुद्धता' और 'अस्पृश्यता' के बीच अन्तर स्पष्ट किया और प्रमाणित किया कि अस्पृश्यता हिन्दुओं की एक सामाजिक बुराई है, जिसका कोई विवेकपूर्ण आधार नहीं है । अस्पृश्यता सम्बन्धी उनके मूल सिद्धान्तों को संक्षिप्त रूप से निम्नलिखित रूप में प्रस्तुत किया जा सकता है :

''1. हिन्दुओं और अस्पृश्यों में कोई प्रजातीय अन्तर नहीं है ।
2. मौलिक रूप से हिन्दुओं और अस्पृश्यों में विभिन्नता अस्पृश्यता के उदय के पूर्व कबिलाई मनुष्य और दूरस्थ कबिलों से उत्पन्न हुए मनुष्यों के रूप में था । इन्हीं पिछड़े मनुष्यों के साथ अस्पृश्यता का व्यवहार किया गया ।
3. अस्पृश्यता का उदय मुख्यत: दो मूलों से हुआ : (अ) बिछुड़े हुए मनुष्यों को बौद्धों के रूप में ब्राह्मणों की घृणा और अनादर और (ब) बिछुड़े मनुष्यों द्वारा गोमांस खाना, जबकि यह अन्यों द्वारा छोड़ दिया गया था ।''[16]

ब्राह्मणवाद

डा० अम्बेडकर के अनुसार, "अस्पृश्यता का मूल जाति प्रणाली में है और जाति प्रणाली का मूल वर्ण और आश्रम पर आधारित धर्म में है, और वर्णाश्रम का मूल ब्राह्मणवादी धर्म में है, और ब्राह्मणवादी धर्म का मूल अधिनायकवाद या शक्ति में है।"[17] डा० अम्बेडकर ने जाति प्रणाली का विरोध किया और ब्राह्मणवाद पर आक्रमण किया। उनके अनुसार ब्राह्मणवादी दर्शन के निम्नलिखित मुख्य सिद्धान्त हैं :

"1. विभिन्न वर्गों के बीच में वर्गीकृत अन्तर।
2. शूद्रों और अस्पृश्यों का पूर्ण निस्त्रीकरण।
3. अस्पृश्यों और शूद्रों के शिक्षा पर पूर्ण प्रतिबंध।
4. शूद्रों और अस्पृश्यों के शक्ति और सत्ता पद के ग्रहण पर पूर्ण प्रतिबंध।
5. शूद्रों और अस्पृश्यों के सम्पत्ति अधिकार पर प्रतिबंध।
6. स्त्रियों को पूर्णतः दबाकर अधीन बनाना।

असमानता ब्राह्मणवाद का शास्त्रीय सिद्धान्त है और निम्न वर्ग के जो लोग समानता की इच्छा करें उनको निर्दयता पूर्वक कुचल देना उनका निश्चित कर्तव्य है। बहुत से राष्ट्र हैं जहाँ कुछ शिक्षा कुछ लोगों के बाहर नहीं फैला, लेकिन भारत ही एक मात्र देश है, जहाँ के बौद्धिक वर्ग यानि ब्राह्मणों ने शिक्षा पर अपना पूर्ण अधिकार जमाया और उद्घोष किया कि निम्न वर्गों द्वारा शिक्षा पर अधिकार एक दण्डनीय अपराध है, जिसके अपराधकर्ता की जीभ काट ली जाय या उसके कान में पिघला हुआ शीशा डाल दिया जाय।"[18]

डा० अम्बेडकर केवल ब्राह्मण वर्ग के विरुद्ध ही नहीं थे बल्कि बनिया वर्ग के भी विरुद्ध थे। उनके अनुसार, "बनिया इतिहास का सबसे निक्रिष्ट परजीवी वर्ग है। उनके धनोपार्जन की बुराई पर संस्कृति या अन्तरात्मा का भी असर नहीं होता है। वे इस योजना बनाने वाले की तरह हैं जो महामारी में समृद्धि प्राप्त करता हैं। लेकिन बनिया और योजना बनाने वाले में यही अन्तर है कि योजना बनाने वाला महामारी का सृजन नहीं करता है। बल्कि बनिया करता है। वह अपने धन का उपयोग उत्पादन में नहीं करता है बल्कि इसका उपयोग गरीबी के सृजन में करता है, और अनुत्पादक कार्यों के लिए धन उधार देकर और गरीबी बढ़ाता है। वह ब्याज पर जीता है और उसका धर्म उसे बतलाता है कि धन उधार देना मनु के द्वारा बताया हुआ व्यवसाय है इसको

वह सही और औचित्यपूर्ण समझता है । बनिया न्यायाधीश की सहायता और सहयोग से वह अपने वादों पर निर्णय पाता है और इस प्रकार अपने वाणिज्य को आगे ले जाने में समर्थ होता है । ब्याज और ब्याज पर ब्याज जोड़ता जाता है इस प्रकार परिवारों को उसके घोसलों के अन्दर कर देता है । कर्जदार उसको चाहे कितना अदा करे फिर भी कर्ज में रहता है । अर्न्तरात्मा विहीन कोई भी ऐसा छल नहीं है जिसको वे नहीं करेंगे । राष्ट्र पर उनकी पकड़ पूर्ण है । सम्पूर्ण गरीब, भूखा और निरक्षर भारत बनिया का बंधक है ।''[19]

उनके अनुसार परम्परागत सामाजिक व्यवस्था में ब्राह्मणवाद का विकास एक समाज दर्शन के रूप में केवल शूद्रों, अछूतों और स्त्रियों को अधीनस्थ बनाने के लिए किया गया । यह तार्किकता और लोकतंत्र के विरुद्ध है । यह विवेक और न्याय पर आधारित समाज के निर्माण में भारत में बहुत बड़ी बाधा है । यह धर्म और संस्कृति के नाम पर ब्राह्मण और व्यावसायिक समुदायों के शोषण के साधन है । उनके अनुसार ब्राह्मणवाद का आधार एक ऐसे समाज प्रणाली में आबद्ध है जो वर्ण, जाति और लिंग पर आधारित धर्म से मिश्रित है और मनुष्य-मनुष्य के बीच असमानता पर विश्वास करती है । यह हिन्दू समाज की बहुत बड़ी बुराई है और उसने हिन्दुओं के सामाजिक विकास को न केवल अवरूद्ध किया बल्कि हिन्दुओं की एकता और अखण्डता के बीच एक बाधा के रूप में खड़ी है । यह हिन्दुओं के सामाजिक प्रणाली के कमजोरियों और बुराइयों के बारे में एक व्याख्या प्रस्तुत करती है । हिन्दुओं के मस्तिष्क को प्रभावी करने वाला इतना बड़ा कारक है कि वह इससे बाहर नहीं आ सकते, दो तिहाई हिन्दुओं को कष्ट उठाना ही है और उनको गुलामों से बद्तर जिन्दगी जीने के लिए बाध्य किया जाता रहेगा । डा० अम्बेडकर ने पाश्चात्य जगत की गुलामी प्रथा और हिन्दुओं के छुआ-छूत प्रथा का तुलनात्मक अध्ययन भी किया । दोनों को उन्होंने परतंत्र सामाजिक व्यवस्था बतलाया लेकिन तार्किक ढंग से सिद्ध किया कि अस्पृश्यता सबसे निकृष्ट कोटि की परतंत्र सामाजिक व्यवस्था है । उन्हीं के शब्दों में-''गुलामी कभी अनिवार्य नहीं रही, परन्तु अस्पृश्यता अनिवार्य व्यवस्था है । कोई व्यक्ति किसी को भी गुलाम के रूप में रख सकता था । यदि वह किसी को गुलाम न रखना चाहे, तब उस पर ऐसा न करने की कोई पाबंदी नहीं है, परन्तु अस्पृश्यता के संबंध में कोई विकल्प नहीं । कोई एक बार अस्पृश्य के घर जन्म ले ले, तब वह सब तरह से अस्पृश्य हो जायेगा । गुलाम प्रथा के कानूनों में मुक्ति का विधान है । कोई व्यक्ति यदि एक बार गुलाम हो गया तो यह आवश्यक नहीं

कि वह जीवन भर गुलाम ही रहेगा। अस्पृश्य होने पर वह उससे बच नहीं सकता। एक बार अस्पृश्य हो, तो वह हमेशा के लिए अस्पृश्य ही रहेगा। दूसरा अन्तर यह है कि अस्पृश्यता गुलामी का एक प्रत्यक्ष रूप है इसलिए यह अत्यन्त कुत्सित है। किसी व्यक्ति को उसकी स्वतंत्रता से खुले तौर से और प्रत्यक्ष रीति से वंचित कर देना गुलाम बनाने की बेहतर प्रथा है। इससे एक गुलाम को अपनी गुलामी का एहसास रहता है और यह प्रवृति ही आजादी की लड़ाई का पहला और अमोघ अस्त्र है। परन्तु यदि किसी व्यक्ति की स्वतंत्रता अप्रत्यक्ष रीति से छीन ली जाय, तब उसे अपने गुलाम होने का अहसास ही नहीं होगा। अस्पृश्यता, गुलाम-प्रथा का एक अप्रत्यक्ष रूप है। किसी अस्पृश्य से कहा जाय कि तुम स्वतंत्र हो, तुम एक नागरिक हो और तुमको नागरिकता के सभी अधिकार प्राप्त हैं, और उसे रस्सी से इस तरह बाँध दिया जाय कि वह स्वतंत्र होने का अनुभव भी न कर सके, तब यह निर्दयता पूर्वक धोखा देना है। अस्पृश्यों को उनकी गुलामी का अहसास न होने देना उनको गुलाम बनाना है। यह अस्पृश्यता है तो भी यह गुलामी है, यह यथार्थ है, हालांकि यह अप्रत्यक्ष है। यह अव्यक्त है, इसलिए यह स्थाई है। इन दोनों व्यवस्थाओं में से अस्पृश्यता निसंदेह बुरी है।''[20]

डा० अम्बेडकर का सामाजिक दर्शन

डा० अम्बेडकर ने वर्ण और जाति पर आधारित सामाजिक व्यवस्था का आलोचना किया। उनके अनुसार चार्तुवर्ण का सिद्धान्त प्लेटो के सामाजिक सिद्धान्त से बहुत मिलता-जुलता है। दोनों का खण्डन और आलोचना उन्होंने निम्नलिखित शब्दों में किया, ''प्लेटो के विरुद्ध सबसे बड़ी आलोचना यह थी कि उसका सभी लोगों को तीन बिल्कुल अलग-अलग विशिष्ट वर्गों में निर्जीव व्यक्तियों की तरह डाल देना मनुष्य और उसकी शक्तियों के प्रति बहुत ही सतही दृष्टिकोण प्रदर्शित करता है। प्लेटो को इस बात का संम्यक ज्ञान नहीं था कि प्रत्येक व्यक्ति की अपनी विशिष्टता होती है, वह शत-प्रतिशत औरों की तरह नहीं होता और प्रत्येक व्यक्ति का अपना वर्ग अलग ही होता है। वह इस तथ्य को पहचान नहीं पाया कि एक ही व्यक्ति की सक्रिय प्रवृतियों में अनन्त विविधता हो सकती है या उसमें प्रवृत्तियों के असंख्य योग हो सकते हैं। उसके विचार से व्यक्ति के गठन में कई प्रकार की क्षमताएँ या शक्तियाँ होती हैं। उसके कथन की असत्यता स्पष्ट रूप से दृष्टिगत होती हैं। आधुनिक विज्ञान से यह सिद्ध हो गया है कि व्यक्तियों को कुछेक विशिष्ट वर्गों में निर्जीवों की तरह विभाजित कर देना, उनके प्रति बहुत ही सतही

दृष्टिकोण को प्रदर्शित करता है—वस्तुत: यह विचार इस योग्य ही नहीं है कि इस पर विशेष ध्यान दिया जाय । इस कारण अगर हमें व्यक्तियों के गुणों का उपयोग करना है, तो उनका वर्गों में विभाजन पूर्णत: असंगत होगा क्योंकि व्यक्तियों के गुण या विशेषताएं अति विविध प्रकार की होती है । इसलिए जिस कारण से प्लेटों के गणराज्य की कल्पना असफल सिद्ध हुई, उसी कारण चार्तुवर्ण भी असफल होगा, अर्थात् व्यक्तियों को एक वर्ग या दूसरे वर्ग का मानकर उन्हें अलग-अलग खानों मे बाँटना सम्भव नहीं है । लोगों को बिल्कुल सतही तौर पर चार निश्चित वर्गों में बाँटना इसलिए भी असम्भव है कि यह सिद्ध है कि पहले चार वर्ग थे, वे अब स्वयं चार हजार जातियों में बँट गए हैं ।''[21]

समाज सम्बन्धी उनके विचार स्वतंत्रता, समानता और भाईचारे पर आधारित हैं लेकिन इन सिद्धान्तों को उन्होंने फ्रांसीसी क्रांति के नारों से नहीं बल्कि बौद्ध धर्म को शिक्षाओं से लिया था । उनके विचारों सम्बन्धी अवधारणाओं में इन सिद्धान्तों का बहुत अधिक भावनात्मक एवं बौद्धिक महत्व है । आदर्श सामाजिक संगठन सम्बन्धित अवधारणा तीन मूल सिद्धान्तों स्वतंत्रता, समानता और भाईचारें पर आधारित है और इस तरह का समाज एक कल्याणकारी समाज होगा जिससे कि :

"1. एक अच्छी सरकार और अपनी सरकार दोनों की अच्छाइयों का लाभ मिल सके ।
2. प्रत्येक व्यक्ति के जीवन में स्वतंत्रता, सुख प्राप्ति, अभिव्यक्ति की स्वतंत्रता और धार्मिक क्रियाकलापों के अधिकारों को सुरक्षित रखने के लिए ।
3. समाज के सभी सदस्यों को अच्छे अवसर प्रदान कर सामाजिक, राजनैतिक और आर्थिक असमानता दूर करना ।
4. प्रत्येक व्यक्ति के लिए आवश्यकताओं और भय से मुक्ति सम्भव बनाना और
5. आन्तरिक अव्यवस्था, अन्याय, आतंक, शोषण और बंधुआ मजदूरी के विरुद्ध व्यवस्था करना ।''[22]

सामाजिक परिवर्तन के लिए डा० अम्बेडकर ने शांति, अनुनय और विधान जैसे कारकों की संस्तुति की । अस्पृश्यता की समस्या के समाधान के लिए और हिन्दू समाज में सामाजिक परिवर्तन लाने के लिए उन्होंने संस्तुति की

कि, ''स्पृश्य और अस्पृश्य दोनों को कानून द्वारा एक साथ नहीं रखा जा सकता, निश्चय ही निर्वाचन कानून द्वारा नहीं जो संयुक्त निर्वाचन की जगह पृथक निर्वाचन की बात करते हैं। केवल एक ही चीज प्रेम दोनों को एक साथ रख सकती है।''[23]

स्पष्ट है कि शीघ्र सामाजिक परिवर्तन के लिए जब तक शांति और अनुनय-विनय की युक्तियाँ असफल सिद्ध होती हों तो विधानों की शक्ति द्वारा सामाजिक परिवर्तन लाया जा सकता है। राजनैतिक परिवर्तनों के लिए उन्होंने जन शिक्षा और दो दलीय प्रणाली का अनुपोदन किया। आर्थिक न्याय की स्थापना विधान के द्वारा लाने का प्रस्ताव प्रस्तुत किया। धार्मिक मामलों में उन्होंने विधान के द्वारा मौलिक परिवर्तन लाने का प्रस्ताव प्रस्तुत किया। उनका विश्वास मनुष्यों के पुनः सुधार और हृदय परिवर्तन पर था। उनका बहुत गहरा विश्वास संवैधानिक साधनों से लाये गये सामाजिक परिवर्तनों पर था।

गाँधीवाद

सामाजिक न्याय और आर्थिक एकता के लिए और अन्य सामाजिक एकता के लिए डा० अम्बेडकर मानवतावाद के दर्शन में स्वतंत्रता, समानता और भाईचारे आवश्यक तत्व थे। आर्थिक मामलों में उनके सामाजिक मानवतावाद का दर्शन था कि समाज के विभिन्न वर्गों में विवेकपूर्ण आर्थिक समानता होनी चाहिए। इसके लिए उन्होंने लोकतंत्र को आवश्यक माना। वह समाज जिसका लोकतंत्र में विश्वास नहीं है वह लोगों को प्रसन्नता, शांति और समृद्धि का जीवन जीने के लिए विवेकपूर्ण मानवी सम्बन्ध प्रदान नहीं कर सकत.। लोकतंत्र समाज के प्रत्येक व्यक्ति के जीवन में अवकाश और सांस्कृतिक विकास का अवसर प्रदान करता है। मशीनरीकरण और आधुनिक सभ्यता के प्रति डा० अम्बेडकर ने एक विवेकपूर्ण जीवन दृष्टि विकसित की। केवल मशीनरीकरण और आधुनिक सभ्यता ही प्रत्येक व्यक्ति को कुछ अवकाश प्रदान कर सकती है। जिससे उसका मष्तिस्क उर्वरा बन सकता है और जिससे वह आध्यात्मिक आनन्द की प्राप्ति कर सकता है। उनकी मानव सम्बन्धी अवधारणा निन्नलिखित शब्दो में परिलक्षित होती हैं, ''यह सत्य है कि मनुष्य बनावट और प्रकार्यों में पशुओं के सामन पोषण, जनन, इत्यादि मे हिस्सा लेता है लेकिन ये विशिष्ट रूप से मानवीय कार्य नहीं है। मनुष्य का विशिष्ट कार्य तर्क है जिसका उद्देश्य, निरीक्षण, ध्यान, ज्ञान ब्रह्माण्ड के स्वरूप का अध्ययन और खोज, जीवन में सौन्दर्य वृद्धि और आदिम तत्वों का नियंत्रण है। प्राणी जगत में मनुष्य इस प्रकार सबसे ऊँचा स्थान प्राप्त करता है। अगर यह

सही है तो यह निष्कर्ष निकलता है कि जंगली जीवन का अन्तिम उद्देश्य शारीरिक भूखों की संतुष्टि है जबकि मानवीय अस्तित्व का अन्तिम लक्ष्य तब तक प्राप्त नहीं किया जा सकता जब तक कि वह अपने मनुष्यत्व का पूर्ण विकास न कर ले । संक्षिप्त में जो जंगली और मनुष्य में अन्तर करता है, वह संस्कृति है । जंगली के लिए संस्कृति सम्भव नहीं है लेकिन मनुष्य के लिए आवश्यक है । अगर ऐसा है तो मानव समाज का उद्देश्य होना चाहिए कि प्रत्येक मनुष्य को सांस्कृतिक जीवन जीने योग्य बनावें, जिसका तात्पर्य मानसिक उर्वरा से है, जो केवल शारीरिक आवश्यकताओं की संतुष्टि से भिन्न है ।"[24]

डा० अम्बेडकर ने गाँधीवाद का विरोध किया और स्थापित किया कि समाज के आधुनिक मनुष्य के लिए संस्कृति, कार्य और अवकाश, मशीन और आधुनिक सभ्यता आवश्यक है । सामाजिक और आर्थिक संस्थाओं का परिष्कार आवश्यक है । उन्होंने समाज के वर्गीय संरचना का विरोध किया । उनके अनुसार, "वर्गीय संरचना लोगों को गुलाम बनाती है, और सम्पूर्ण मनोवैज्ञानिक जटिलताओं को जन्म देती है जो गुलाम मानसिकता से उपजती है । लेकिन जो सुविधा प्राप्त वर्ग को प्रभावित करती है, यद्यपि कम भौतिकवादी और अवबोधनीय होती है, लेकिन समान रूप से वास्तविक है । सामाजिक संरचना में पृथकीकरण और बहिष्कार, सुविधा प्राप्त वर्गों में एक अपराधी समूह के असामाजिक भावना का निर्माण करती है । यह सोचती है कि उनके अपने स्वार्थ हैं और उसे प्रत्येक व्यक्ति से उसे बचाना हैं, यहाँ तक कि राज्य के हितों के विरुद्ध भी । यह उनके संस्कृति को निष्फल, उनके कला को दिखावटी बनाता है, उनके धन को स्वच्छ और उनके आचार को दुराध्य बनाता है । व्यवहारिक रूप से वर्गीय संरचना एक तरफ है जिसके साथ क्रूर शासन, अहंकार, घमंड, अभिमान, लालच, स्वार्थ है और दूसरी तरफ अनिश्चितता, निर्धनता, सम्मान हानि, स्वतंत्रता की हानि, आत्म निर्भरता, आत्म विश्वास, सम्मान और स्वाभिमान है ।"[25]

इस प्रकार उन्होंने पूर्णतया सिद्ध किया कि गाँधीवाद समाज के वर्गीय संरचना का समर्थन करती है । डा० अम्बेडकर का कहना था कि इंस्ट्रीशिप का आधार हास्यास्पद है । उनके अनुसार यह वंचित वर्गों को धोखा देकर यह बताने की कोशिश है कि, "सम्पत्तिवान वर्गों के लिए एक नैतिक पुर्नअस्त्रीकरण का एक छोटा खुराक–वे लोग जो कि अपने अतिलोभी अर्थलिप्सा और अदम्य अहंकार से लाखों कठिन श्रम करने वाले लोगों के संसार को आसूओं की

घाटी बना रखें हैं और हमेशा बनाये रखेंगे—यह उनको इस सीमा तक पुनर्बलन प्रदान करेगा कि वे अपने जबरदस्त शक्ति के दुरूपयोग करने के लालच का सामना करने के योग्य होंगे जोकि वर्ग संरचना ने उनको दास वर्गों के ऊपर दिया है ।''[26]

उन्होंने गाँधीवाद पर आगे टिप्पणी की कि ''अगर फिर कोई 'वाद' जिसने धर्म को अफीम बनाकर लोगों को लुभाने के लिए झूठे विश्वासों और झूठे सुरक्षा में रखने के लिए प्रयोग किया है तो यह गाँधीवाद है । शेक्सपीयर का अनुकरण करते हुए कोई यह कह सकता है कि दिखावटी, कल्पना शक्ति ! तेरा नाम गाँधीवाद है ।''[27]

मार्क्सवाद

'ऐतिहासिक परिवर्तन' के मार्क्सवादी अवधारणा में निर्वैयक्तिक या आर्थिक बल मौलिक भूमिका निभाते हैं । लेकिन डा० अम्बेडकर इस पर इस कारण से सहमत नहीं होते हैं कि इतिहास बनाने में भी मनुष्य का एक स्थान है । उन्होंने कहा ''उनका यह मत बिल्कुल गलत है कि इतिहास के निर्माण में व्यक्ति से इतर शक्तियाँ ही सब कुछ होती हैं और व्यक्ति का उसे बनाने में कोई हाथ नहीं होता है । व्यक्ति से इतर शक्तियाँ एक निर्धारी कारक होती हैं, इससे इन्कार नहीं किया जा सकता । परन्तु यह बात भी स्वीकार की जानी चाहिए कि व्यक्ति से इतर शक्तियों का प्रभाव व्यक्ति पर निर्भर करता है । चकमक हर स्थान पर विद्यमान नहीं हो सकता, परन्तु जहाँ विद्यमान होता है, वहाँ अग्नि उत्पन्न करने के लिए चकमक से चकमक रगड़ने के लिए मनुष्य की आवश्यकता होती है । बीज सर्वत्र नहीं पाये जाते । परन्तु वे जहां पाये जाते हैं, वहां भी मनुष्य की आवश्यकता पड़ती है । उन्हें बोने के लिए जमीन को कमाना पड़ता है, जमीन को भुरभुरा करना पड़ता है, उसे अनुकूल बनाने के लिए खाद-पानी देना पड़ता है और इसी तरह नींव पड़ती है, कृषि की । अनेक ऐसे क्षेत्र हैं जहाँ धातुएं नहीं पायीं जाती, परन्तु जहाँ पर पायी जाती हैं, वहाँ भी उनसे वे मशीनें तथा उपकरण बनाने के लिए मुनष्य की आवश्यकता पड़ती है, जो कि सभ्यता तथा संस्कृति के आधार स्तम्भ हैं ।''[28]

सामाजिक कारक बलों के प्रति डा० अम्बेडकर का विचार था कि एक ऐसी स्थिति आ सकती है जबकि, ''पुराने तरीके, पुरानी आदतें तथा पुराने विचार समाज का उत्थान व उत्कर्ष करने तथा उसका मार्गदर्शन करने में असफल रहते हैं । जब तक उनमें नवीनता नहीं आती, तब तक उनके जीवित रहने की सम्भावना नहीं होती । कोई भी समाज निर्विघ्न नहीं चलता । उसमें

अपकर्ष तथा विनाश की संभावनाओं के भूचाल आते रहते हैं । प्रत्येक समाज को उनका सामना करना पड़ता है । कुछ जीवित रहते हैं, कुछ नष्ट हो जाते हैं और कुछ में गतिहीनता और अपकर्ष होने लगता है । यह क्यों होता है? क्या कारण है कि कुछ जीवित रहते हैं ।''[29]

उन्होंने इसका समाधान निम्नलिखित शब्दों में दिया, ''संकटकाल का मुकाबला नए तरीकों की खोज से किया जा सकता है । जब कोई नया मार्ग व तरीका नहीं मिलता तो समाज का पतन हो जाता है । समय संभावित नवीन मार्ग प्रस्तुत कर सकता है, परन्तु सही मार्ग पर चलना समय का काम नहीं है, यह काम मनुष्य का है । अतएव मनुष्य इतिहास के निर्माण का एक साधन है और पर्यावरण सम्बन्धी शक्तियों के, चाहे दैवी हो या सामाजिक भले ही सर्वप्रथम हों, पर वे अन्तिम चीज नहीं है ।''[30]

डा० अम्बेडकर ने मार्क्सवादी जीवन पद्धति की संस्तुति नहीं की क्योंकि यह मानव जीवन में आर्थिक प्रवृति को आवश्यकता से ज्यादा महत्व देता है ।

मार्क्सवादी विश्वास करते हैं कि, ''आज तक के सामाजिक अस्तित्व का इतिहास उनके वर्ग संघर्षो का इतिहास है ।''[31] वर्ग संघर्ष के इतिहास में गरीब व शोषित समाज के शक्तिशाली वर्ग द्वारा गुलाम बनाये जाते हैं । इस शोषण को दूर करने का उपाय निजी सम्पत्ति का विनाश है । इन विचारों का सारतत्व डा० अम्बेडकर के अनुसार बौद्ध धर्म में है, जिसमें सामाजिक परिवर्तन के लिए हिंसात्मक साधनों का भी निषेध किया गया हैं । उन्होंने कहा कि, ''प्रेम और हिंसा नहीं गरीब, च्युत और निर्बल को मानव समाज में समृद्ध बना सकता है ।''[32]

मार्क्स की संस्तुति थी कि सर्वहारा के अधिनायक वाद को हिंसा के द्वारा स्थापित किया जाय । लेकिन डा० अम्बेडकर ने कहा कि, ''लोगों पर शासन करने के लिए अधिनायकवाद एक अच्छी विधि नहीं है क्योंकि लोगों के वैयक्तिक स्वतंत्रता पर डाका डालती है और उनको अपने अर्न्तरात्मा के अनुसार स्वतंत्रता पूर्वक कार्य करने में बाधक होती है ।''[33] डा० अम्बेडकर की राय थी कि मानव का मस्तिष्क और विश्व के मस्तिष्क का पुनः सुधार अधिक महत्वपूर्ण है इसके बजाय कि विश्व में परिवर्तन के लिए बल का प्रयोग किया जाय ।

मार्क्सवाद की तरह डा० अम्बेडकर का यह विश्वास नहीं था कि धर्म लोगों के लिए अफीम है । उनके अनुसार, ''बौद्ध-धर्म सामाजिक स्वतंत्रता, आर्थिक स्वतंत्रता, राजनैतिक स्वतंत्रता और बौद्धिक स्वतंत्रता और मानव

व्यक्तित्व के सर्वांगीण विकास पर बल देता है । यह लोगों के भौतिक समृद्धि का विरोध नहीं करता है और यह लोगों को एक साथ बांधे रखने के लिए आध्यात्मिक एकता पर बल देता है । संक्षेप में मार्क्सवादी जीवन दर्शन भारतीय प्रतिभा के लोगों के अनुकूल नहीं है, जिनके विचार और कार्य प्रत्यक्ष और अप्रत्यक्ष रूप से 'सत्यम! शिवम्, सुन्दरम्', द्वारा निर्देशित होते हैं ।''[34] डा० अम्बेडकर ने मार्क्सवाद को इस आधार पर निरस्त कर दिया कि इसमें लोकतंत्र का अभाव है और यह भय, बल प्रयोग और राजनैतिक अधिनायक वाद की संस्तुति करता है ।

आर्थिक विचार

डा० अम्बेडकर के आर्थिक विचारों का एक नैतिक उद्देश्य था । यह मनुष्य को एक विवेकवान प्राणी मानता है । उन्होंने आर्थिक क्रियाकलापों का अध्ययन इस उद्देश्य के साथ किया कि इसका मानव कल्याण पर क्या प्रभाव पड़ता है । वह मनुष्य के आर्थिक सम्बन्ध और उसके चयनों से सम्बन्धित थे । उनकी दृष्टि में अर्थव्यवस्था का न्यायपूर्ण वितरण अन्य समस्याओं से ज्यादा महत्वपूर्ण हैं । उन्होंने राज्य की उन प्रगतिशील नीतियों का समर्थन किया जो कि वंचित वर्ग की समस्याओं के समाधान के लिए उठाये गये जैसे–उद्योग, कृषि और बीमा का राष्ट्रीयकरण । लेकिन इसके साथ वह इस विचार के भी नहीं थे कि उत्पादन के सभी साधनों का राष्ट्रीयकरण किया जाय । कुछ को लोकतांत्रिक नियंत्रण में रखा जाना चाहिए । इस सन्दर्भ में उन्होंने यह विचार रखा कि जनता की इच्छा सर्वोपरि है । किसी को यह निर्णय करना चाहिए कि किसी विशेष चीज पर राज्य का नियंत्रण रहेगा या लोकतांत्रिक नियंत्रण रहेगा या लोकतांत्रिक और राज्य दोनों का नियंत्रण रहेगा । उन्होंने इस बात की भी वकालत की कि मजदूरों को राजनैतिक और आर्थिक दोनों प्रकार की स्वतंत्रता और समानता होनी चाहिए । गाँधीवादी आर्थिक विचारों का डा० अम्बेडकर ने निम्न शब्दों में आलोचना की, ''गाँधीवाद का तात्पर्य गाँव की तरफ वापस लौटना और गाँव को आत्मनिर्भर बनाना है । इस प्रकार गाँधीवाद मात्र एक क्षेत्रवाद का विषयवस्तु है ।''[35] उनके अनुसार गाँधीवाद शुद्ध रूप से काल्पनिक है यह पुरातन की तरफ लौटने का नारा है । गाँधीवादी आर्थिक चिन्तन का केन्द्रीय विचार मशीनों का विरोध है । इसन चरखा के प्रयोग की संस्तुति की और नारा दिया कि पश्चिमी सभ्यता 'शैतान की कृति' है । इन विचारों पर डा० अम्बेडकर ने टिप्पणी की

कि, "प्रकृति की ओर लौटने का गाँधीवादी नारे का तात्पर्य अधिकतर जनता के लिए, नग्नता की तरफ लौटना, मलिनता की तरफ लौटना, गरीबी की तरफ लौटना और निरक्षरता की तरफ लौटना ।"[36]

डा० अम्बेडकर ने अनुभव किया कि मानव जीवन के लिए संस्कृति आवश्यक है और यह तभी सम्भव हो सकती है जब मनुष्य के पास कार्य और अवकाश दोनों हो । आदर्श समाज के विवेकपूर्ण आर्थिक सम्बन्धों का सारतत्व यही है । उन्होंने मिश्रित अर्थव्यवस्था की संस्तुति की और पूँजीवाद और वैज्ञानिक समाजवाद दोनों अतिवादों की भर्त्सना की । आधुनिक समाज में आर्थिक प्रणाली के लिए उनका सुझाव था कि "संसदीय लोकतंत्र को बनाये रखना और संविधान के विधि द्वारा राज्य समाजवाद की संस्तुति करना ही रास्ता दिखता है । जिससे कि यह संसदीय बहुमत के द्वारा निलम्बित करना, सुधार करना या रद्द करने के पहुँच के बाहर हो जाय । केवल इसी के द्वारा समाजवाद ही स्थापना, संसदीय लोकतंत्र को बनाये रखना और अधिनायकवाद का निषेध जैसे तीनों उद्देश्यों को कोई प्राप्त कर सकता है ।"[37] डा० अम्बेडकर चाहते थे कि समाज की राजनैतिक और आर्थिक संरचना दोनों संविधान के प्रावधानों का पालन करें । सामाजिक न्याय के साथ-साथ उन्होंने आर्थिक न्याय की वकालत की । 'एक मनुष्य, एक मूल्य, के सिद्धान्त पर उनका दृढ़ता के साथ विश्वास था । सामाजिक, आर्थिक, राजनैतिक और शैक्षिक क्षेत्रों में वह सचेतन लोकतंत्रीकरण के द्वारा सबका आर्थिक कल्याण चाहते थे । संक्षेप में डा० अम्बेडकर का आर्थिक दर्शन मूल्योन्मुख है और इसकी भारतीय संस्कृति और मानववाद के विषयवस्तु के साथ सहमति है, "उसके लिए मानवीय मूल्य, गैर कानूनी और अनैतिक तरीके से इकट्ठा किये गये भौतिक वस्तुओं की तुलना में ज्यादा महत्वपूर्ण थे ।"[38]

राजनैतिक विचार

डा० अम्बेडकर केवल एक बौद्धिक चिंतक ही नहीं थे बल्कि बहुत बड़े राजनीतिज्ञ भी थे । उन्होंने भारतीय राजनीति को परम्परागत राजनीति से अलग किया । जनता की स्वतंत्रता के आधार पर उन्होंने भारतीय स्वतंत्रता को वैधानिक स्वरूप प्रदान किया । एक राजनीतिज्ञ और चितंक के रूप में उन्होंने भारत के राजनैतिक विकास में बहुत योगदान दिया । वे अमेरिका के महान शिक्षाशास्त्री प्रो० जान० डी० वी० के शिष्य थे, जिन्होंने उनको बहुत प्रभावित किया । प्रोफेसर जान० डी० वी० एक प्रयोजनवादी थे और प्रयोजनवाद की भावना एक युवा, साहसी और प्रयोगवादी की भावना है । राजनीति विज्ञान के

यथार्थवादी विचारधारा ने डा० अम्बेडकर के विचारधारा को विशिष्ट स्वरूप प्रदान किया ।

डा० अम्बेडकर के अनुसार, "राजनीति कुछ नहीं है, यदि वह वास्तविकताओं पर आधारित नहीं है । इसमें बहुत कम है जिसको शैक्षणिक कहा जाता है । अतः इससे यह निष्कर्ष निकलता है कि राजनीति पर किसी योजना का निर्णय देने के पूर्व यह आवश्यक है कि इसके जमीनी योजना पर विचार कर लिया जाय ।

कोई मुझसे यह पूछ सकता है कि जमीनी योजना से क्या तात्पर्य है, मेरे लिए जमीनी योजना से तात्पर्य समुदाय के सामाजिक संरचना से है जिस पर की राजनीतिक योजना लागू करना है ।

इस बात को सिद्ध करने के लिए किसी तर्क की जरूरत नहीं है कि राजनैतिक संरचना, सामाजिक संरचना पर निर्भर करती है । वास्तव में सामाजिक संरचना का राजनैतिक संरचना पर बहुत गहरा असर होता है । यह इसके कार्य प्रणाली में सुधार कर सकती है, यह इसे शून्य बना सकती है, यह इसका मजाक उड़ा सकती है ।"[39]

उन्होंने दृढ़ता से यह अनुभव किया कि जाति प्रथा का भारतीय राजनीति पर गहरा असर है । जातिप्रथा और लोकतांत्रिक जीवन साथ-साथ नहीं चल सकते । डा० अम्बेडकर ने लोकतंत्र को एक जीवन दर्शन के रूप में लिया, उनके लिए यह मानव सम्मान और अधिकारों के वातावरण के निर्माण का महत्वपूर्ण साधन है । लोकतंत्र की उनकी अवधारणा विवेकपूर्ण अनुभववाद पर आधारित है जो व्यक्ति सामाजिक अन्तः रसाकर्षण, राज्य की उपकरण प्रकृति, मूल्यवाद, विधान के पीछे विधान, साधनों की कुलिनता, स्वीकृति में वाद-विवाद, परपेचुअल कानूनों का अभाव और सभी मानवी सम्बन्धों में समानता पर जोर देती है । एक विवेकी अनुभववादी के रूप में उन्होंने टिप्पणी की कि, "कुछ भी निश्चित नहीं, कुछ भी शाश्वत नहीं है, कुछ भी सनातन नहीं है, प्रत्येक चीज बदल रही है और परिवर्तन ही मनुष्य और समाज का विधान है ।"[40]

वे विश्वास करते थे कि सत्य तक बदल रहा है । अतः यह बराबर जाँच-पड़ताल और सत्यापन का विषय है । वे यह भी मानते थे कि सत्य प्रक्रिया में है । एक लोकतांत्रिक व्यक्ति के रूप में इनका विश्वास था कि मानवीय सत्य निरपेक्ष नहीं है । राजनीति के क्षेत्र में उन्होंने अनुभवात्मक पद्धति पर जोर दिया । उन्होंने कहा कि, "कोई एक व्यक्ति यह सत्ता ग्रहण

नहीं कर सकता कि वह सब कुछ जानता है, वह कानून बना सकता है और सरकारें चला सकता है ।''[41] इससे स्पष्ट प्रमाणित होता है कि डा० अम्बेडकर का लोकतंत्र और लोकतांत्रिक प्रणाली में दृढ़ विश्वास था । उन्होंने कहा कि, ''कोई भी विचारशील व्यक्ति दृढ़ता के नाम पर किसी ऐसे मत से बंधा नहीं रह सकता, जो एक बार व्यक्त कर दिया गया हो । दृढ़ता से कहीं अधिक महत्वपूर्ण जिम्मेदारी होती है । जिम्मेदार व्यक्ति में यह खूबी होनी चाहिए कि जो कुछ उसने सीखा है, उसे भुलाना भी सीख सके । हर जिम्मेदार व्यक्ति में पुर्नविचार करने और अपने विचारों में परिवर्तन लाने का साहस होना चाहिए । यह सही है कि कुछ उसने सीखा है, उसे भुला देने और अपने विचारों को नया रूप देने के लिए समुचित तथा पर्याप्त कारणों का होना जरूरी है । सोच-विचार में किसी प्रकार के अन्तिम शब्द की गुंजाइश नहीं हो सकती ।''[42] इस प्रकार डा० अम्बेडकर की लोकतंत्र की अवधारणा, विवेकवाद और अनुभववाद पर आधारित है । उनका मत था कि मानवतावाद और अनुभववाद को मनुष्य के राजनैतिक जीवन को नियंत्रित करना चाहिए । उनके अनुसार, ''राजनैतिक लोकतंत्र के चार प्रमुख मान्यताएँ हैं, जिनको निम्नलिखित शब्दों में कहा जा सकता है :

1. व्यक्ति अपने आप में साध्य है ।
2. व्यक्ति के पास कुछ अक्षुण अधिकार हैं जिसकी सुनिश्चितता संविधान में होनी चाहिए ।
3. कोई विशेषाधिकार प्राप्त करने के पूर्व शर्त के रूप में किसी व्यक्ति से यह अपेक्षा न की जाय कि वह अपने संवैधानिक अधिकारों में से किसी अधिकार का परित्याग करे ।
4. राज्य दूसरों को शासन करने के लिए गैर सरकारी लोगों को शक्तियाँ प्रत्यायोजित न करे ।''[43]

इस प्रकार डा० अम्बेडकर ने राज्य की तुलना में व्यक्ति को विशेष महत्व प्रदान किया । व्यक्ति उनके सम्पूर्ण राजनैतिक सिद्धान्तों के केन्द्र में है । उनकी राय थी कि राज्य का अस्तित्व, ''प्रत्येक देशवासी के जीवन, स्वतंत्रता तथा सुख प्राप्त करने और वाक्य स्वतंत्रता एवं धर्म-स्वतंत्रता सम्बन्धी अधिकार का अनुरक्षण करने के लिये है ।''[44]

बिना आदर्श समाज के लोकतांत्रिक जीवन की अवधारणा नहीं बनायी जा सकती है । आदर्श समाज की परिभाषा उन्होंने निम्नलिखित शब्दों में दी

है, "आदर्श समाज में अनेक प्रकार के हित होने चाहिए, जिन पर लोग सोच-समझकर, विचार-विमर्श करें और उनके बारे में एक दूसरे को बताएं। और सब उसमें हिस्सा लें। समाज में विभिन्न लोगों के बीच सम्पर्क के ऐसे बहुविधि और निर्विवाद बिन्दु होने चाहिए, जहाँ साहचर्य या संगठन के अन्य रूपों से भी संवाद हो सके। दूसरे शब्दों में समाज के भीतर सम्पर्क का सर्वत्र प्रसार होना चाहिए। इसी को भाईचारा कहा जाता है और यह प्रजातंत्र का दूसरा नाम है। प्रजातंत्र, सरकार का एक स्वरूप मात्र नहीं है। यह वस्तुत: साहचर्य की स्थिति में रहने का एक तरीका है, जिसमें सार्वजनिक अनुभव का समवेत रूप से सम्प्रेषण होता है। प्रजातंत्र का मूल है, अपने साथियों के प्रति आदर और मान की भावना।"[45] राज्य की तुलना में उन्होंने समाज को अधिक महत्व दिया है। उनके मानवीय जीवन सम्बन्धी परियोजना में राज्य का स्थान गौड है। डा० अम्बेडकर ने स्वयं प्रस्तावित किया है कि, "कोई भी राज्य ऐसी कोई विधि या प्रथा नहीं बनायेगा या परिवर्तित करेगा जो नागरिकों के विशेषाधिकारों या उन्मुक्तियों को कम करती हो, न ही कोई राज्य विधि की सम्यक प्रक्रिया के बिना किसी व्यक्ति को जीवन, स्वाधीनता और सम्पत्ति से वंचित करेगा, और न ही अपने क्षेत्राधिकार के भीतर किसी व्यक्ति की विधियों के समान, संरक्षण से वंचित करेगा।"[46] उनके अनुसार जीवन, स्वतंत्रता और सम्पत्ति का वैयक्तिक अधिकार राज्य द्वारा व्यक्ति को दिया गया उपहार नहीं है। ये व्यक्ति के अन्दर सन्निहित प्राकृतिक अधिकार है जिनको कि उनसे छीना नहीं जा सकता। राज्य का विधिक प्रकार्य इन अधिकारों का सृजन नहीं बल्कि लोगों की भलाई के लिए इनकी व्याख्या और सुरक्षा है। उनका विचार था कि राज्य को एक विभिन्न उपकरण के रूप में कार्य करना चाहिए और वे राज्य के विधान, राज्य के हितों की रक्षा के लिए नहीं होना चाहिए। यही राज्य के पृष्ठभूमि के सिद्धान्त की अवधारणा है। उन्होंने यह अवधारणा अमेरीकी संविधान से लिया था जिसने उनको बहुत प्रभावित किया था। उनका विचार था लोकतंत्र पर सबका अधिकार रहना चाहिए, न कि कुछ लोगों का। उनकी संस्तुति थी कि लोकतंत्र के विवादास्पद मुद्दों का समाधान वाद-विवाद और आम सहमति के द्वारा किया जाना चाहिए। उनका यह भी विचार था कि लोकतंत्र की सफलता के लिए नैतिक व्यवस्था जरूरी है। उन्होंने आम जनमत की जरूरत पर भी बल दिया। सामाजिक लोकतंत्र की जरूरत बताते हुए उन्होंने कहा कि, "बिना आर्थिक और सामाजिक लोकतंत्र के राजनैतिक लोकतंत्र, समस्या और खतरे को आमंत्रित करेगा।"[47]

लोकतंत्र केवल एक शासन प्रणाली नहीं है बल्कि जीवन जीने का एक ढंग है, जिसके द्वारा सामाजिक न्याय की स्थापना की जा सकती है । उनके अनुसार, "एक लोकतांत्रिक सरकार की पूर्व मान्यता एक लोकतांत्रिक समाज है । लोकतंत्र के औपचारिक ढ़ाँचे का कोई मूल्य नहीं है । और तो वास्तव में यह अनुपयुक्त होगा, अगर सामाजिक लोकतंत्र नहीं है । राजनीतिज्ञों ने वास्तव में यह कभी भी महसूस नहीं किया कि लोकतंत्र वास्तव में एक शासन प्रणाली नहीं है बल्कि वास्तव में यह समाज का एक स्वरूप है । लोकतांत्रिक समाज के लिए यह आवश्यक नहीं है कि उसकी पहचान एकता, सामुदायिक उद्देश्य, जनता के लक्ष्यों के प्रति प्रतिबद्धता और आपसी सहानुभूति पर निर्भर करे लेकिन इसके लिए दो चीजें बिना किसी त्रुटि के आवश्यक है । पहला यह कि दूसरों के प्रति सम्मान और समानता की मानसिक अभिवृत्ति और दूसरा एक सामाजिक संगठन एक दृढ़ सामाजिक संगठन जो कि कठोर सामाजिक बाधाओं से बचा हो । लोकतंत्र का सामन्जस्य और संलग्नता, अलगाव और बहिष्कार के साथ नहीं है, जो कि सुविधा प्राप्त और वंचित वर्ग को अलग करते हैं ।"[48] डा० अम्बेडकर ने मानव और समाज के मूल समस्याओं पर विचार किया और वे राजनीति विज्ञान के यथार्थवादी विचारधारा को मानते थे । लोकतंत्र की अवधारणा में उन्होंने शांति और सामाजिक न्याय जैसे दो नये सीमाओं को सम्मिलित किया और उसको एक ऐसे जीवन प्रणाली के रूप में स्वीकार किया जो कि मानव की मुक्ति और व्यक्ति की स्वतंत्रता के लिए है । उन्होंने लोकतंत्र के प्रत्येक अवधारणा के साथ कुछ मौलिक अवधारणाओं जैसे समता, स्वतंत्रता, भाईचारा, सामाजिक न्याय, तर्क, अनुभववाद, कानून का शासन और वैयक्तिक सम्मान को सम्मिलित किया ।

राष्ट्रीयता एक महत्वपूर्ण अवधारणा है क्योंकि यह स्व-शासन के दावे को स्वीकारती है । एक राजनीतिक चिंतक के रूप में डा० अम्बेडकर ने राष्ट्रीयता की अवधारणा को निम्नलिखित शब्दों में व्यक्त किया, "राष्ट्रीयता एक सामाजिक भावना है । [illegible] एकता की एक सम्मिलित भावना है और जो इससे संचालित होते हैं वे अनुभव करते हैं कि वे बन्धु बान्धव हैं । राष्ट्रीयता की भावना एक दुधारी भावना है । एक तरफ यह अपने बन्धु-बान्धवों के प्रति अनुयायी की भावना है तो उन लोगों के प्रति जो बन्धु-बान्धव नहीं है उनके प्रति विरोधी की भावना है । यह वर्गीय चेतना की भावना है जो कि एक तरफ आपस में लोगों को बाँटती है जिनमें यह है । और इतने मजबूती से बाँटती है कि वे आर्थिक संघर्ष और सामाजिक वर्गीकरण को पार पा लेते हैं और दूसरी

तरफ उन लोगों को जो उनके वर्ग के नहीं हैं दूर करती है । यह एक चाहत है कि दूसरे समूह के न हों । यही राष्ट्रीयता और राष्ट्रीय भावना का सारतत्व है ।''[49] डा० अम्बेडकर की राष्ट्रीयता सम्बन्धी अवधारणा बाहरी प्रभाव और आन्तरिक दबाव के प्रति एक विरोध है । इस सन्दर्भ में उन्होंने स्पष्ट ढंग से राष्ट्र की स्वतंत्रता, और राष्ट्र की जनता की स्वतंत्रता में अन्तर स्पष्ट किया है । उन्होंने राष्ट्र की स्वतंत्रता को जनता की स्वतंत्रता के रूप में परिभाषित किया । गरीब और गुलाम वर्गों के लिए बिना स्वतंत्रता के राष्ट्रीयता आन्तरिक गुलामी और शोषण का साधन हो सकती है । उन्होंने कई पाश्चात्य और भारतीय चिंतकों से अलग हटकर लोकतंत्र, स्वतंत्रता और राष्ट्रीयता की व्याख्या की । उन्होंने कहा कि, ''देश के राजनीतिक स्वतंत्रता पर ध्यान देना पूर्णतया गलत है, अगर सामाजिक और आर्थिक स्वतंत्रता जैसे गम्भीर समस्याओं को भूला दिया जाय । यह कल्पना करना आत्मघातक है कि राजनीतिक स्वतंत्रता आवश्यक रूप से वास्तविक और सम्पूर्ण स्वतंत्रता प्रदान करेगी ।''[50] उन्होंने तर्क किया कि, ''क्या राष्ट्रीयता जनता को एक राष्ट्र के रूप में पुकारने का नारा है या यह जनता को एक राष्ट्र होने का पर्व है ।''[51] सामाजिक एकता का उनके लिए अधिक महत्व था । राष्ट्रीयता को उन्होंने बहुसंख्यक और अल्पसंख्यक के रूप में पहचाना । उनके अनुसार, ''भारतीय राष्ट्रवाद ने एक नया सिद्धान्त विकसित किया है, जिसे बहुसंख्यक समुदाय द्वारा अल्पसंख्यक समुदायों पर मनमर्जी का शासन करने का दैवी अधिकार कहा जा सकता है । अल्पसंख्यक समुदायों के सत्ता की साझेदारी के किसी भी दावे को सम्प्रदायवाद कह दिया जाता है, जबकि बहुसंख्यक समुदाय द्वारा सारी सत्ता पर एकाधिकार को राष्ट्रवाद कहा जाता है ।''[52] वह राष्ट्रीयता और धर्म के नाम पर किसी भी तरह के शोषण के विरुद्ध थे । राष्ट्रीयता सम्बन्धी उनके विचारों का आधार आर्थिक, राजनैतिक, सामाजिक और सांस्कृतिक समानता, स्वतंत्रता और नैतिक मूल्य थे । उन्होंने राष्ट्रीयता की व्यापक अवधारणा प्रस्तुत की जो कि न केवल सभी देशो की स्वतंत्रता की माँग करती है बल्कि स्वतंत्र देशों में भी सम्पूर्ण जनता और दलित वर्गों की स्वतंत्रता की माँग करती है । उनका मत था कि भारत की राष्ट्रीय एकता संभव नहीं है जब तक कि भारतीय समाज में एक शासक वर्ग और एक शोषित वर्ग है । इसलिए वे शासक वर्ग और महात्मा गाँधी द्वारा चलाये जा रहे भारतीय स्वतंत्रता आन्दोलन के विरुद्ध थे । उन्होंने कहा, ''कि शासक वर्ग को अवगत है कि वर्गीय विचारधारा वर्गीय स्वार्थ, वर्गीय मुद्दों, वर्गीय संघर्षों के आधार पर चलाया जा रहा राजनीतिक अभियान अपनी मृत्यु गति को प्राप्त करेगा । यह (शासक वर्ग) जानता है कि शोषित

वर्गों को दर किनार करने और मूर्ख बनाने का सबसे प्रभावशाली तरीका राष्ट्रीयता और राष्ट्रीय एकता की भावनाओं पर खेलना है और यह अनुभूति करना है कि कांग्रेस का मंच ही केवल वह मंच है जो कि अत्यंत प्रभावशाली ढंग से शासक वर्ग से सुरक्षा कर सकता है । अगर कोई ऐसा मंच है कि अमीर और गरीब, ब्राह्मण और गैर ब्राह्मण, जमींदार और कास्तकार, महाजन और आसामी के संघर्ष की बात करता है तो वह शासक वर्ग के अनुकूल नहीं है और उस पर प्रभावशाली ढंग से रोक लगाई जा सकती है और कांग्रेस का मंच ही वह मंच है जो कि न केवल राष्ट्रीयता और राष्ट्रीय एकता का उद्देश्य देता है, जिसको की शासक वर्ग चाहते हैं कि जिन पर उनकी सुरक्षा पूर्णतया निर्भर करती है । लेकिन वह अन्य विचारधाराओं का भी निषेध करती है जो राष्ट्रीयता की विचारधारा से असंगत है, और इसके मंच से कहे जा सकते हैं ।''[53]

डा० अम्बेडकर का विचार था कि राज्य की संरचना और संगठन सामाजिक यथार्थ पर आधारित होना चाहिए । राज्य को विद्यमान सामाजिक परिस्थितियों पर विचार करना चाहिए । इस सन्दर्भ में उनका मत था कि बहुभाषा भाषी राज्य को विखण्डित होने का खतरा हो सकता है । उन्होंने इस बात की भी व्याख्या की कि क्यों एक भाषा-भाषी राज्य स्थिर है तथा बहुभाषा भाषी राज्य अस्थिर हैं । उन्होंने किसी भी राज्य के कार्यालय की भाषा के बारे में भी अपना सुझाव दिया । उन्होंने कहा कि, ''भाषावार राज्य, जिसकी राज भाषा उसकी क्षेत्रीय भाषा हो, बहुत आसानी से एक स्वतंत्र राष्ट्र बन सकता है । स्वाधीन राष्ट्र और स्वाधीन राज्य के बीच का मार्ग बहुत संकरा होता है । यदि यह हो जाय तो भारत जैसा आधुनिक भारत नहीं रहेगा, जैसा इस समय हैं, बल्कि मध्ययुगीन भारत बन जाएगा, जिसमें विभिन्न प्रकार के राज्य होंगे, जो प्रतिद्वंदिता और युद्ध में लगे रहेंगे ।''[54] उन्होंने यह भी घोषणा की कि, ''कोई भी भारतीय, जो इस प्रस्ताव को भाषावार राज्य के अभिन्न अंग के रूप में स्वीकार नहीं करता, भारतीय कहलाने का अधिकारी नहीं हो सकता । यह शत-प्रतिशत महाराष्ट्रीय, शत-प्रतिशत तमिल या शत-प्रतिशत गुजराती तो हो सकता है, किन्तु वह सही अर्थ में भारतीय नहीं हो सकता चाहे भौगोलिक अर्थ में भारतीय हो । यदि मेरा सुझाव स्वीकार नहीं किया तो भारत, भारत कहलाने का पात्र नहीं रहेगा । वह विभिन्न जातियों का एक समूह बन जाएगा, जो एक दूसरे के विरुद्ध लड़ाई-झगड़े और प्रतिस्पर्धा में रत रहेगा ।''[55] बहुसंख्यक तथा अल्पसंख्यक वर्ग की समस्या का समाधान करने के लिए उनकी राय थी

कि छोटे राज्यों का सृजन किया जाय जिसमें संचयी मत के साथ बहुसंख्यक निर्वाचन मण्डल भी हों । इस प्रकार डा० अम्बेडकर की भाषायी राज्य की अवधारणा में सभी मनुष्यों की समानता, राष्ट्रीय इकाइयों मे समानता, एक राज्य एक भाषा को केन्द्रीय स्थान दिया गया है ।

जॉन लाक और माण्टेस्क्यू की तरह डा० अम्बेडकर लोकतांत्रिक सरकार के पक्ष में थे जिसके विधायी, कार्यकारी और न्यायिक शाक्तियों में विभाजन हो । वह अमेरीकी सरकार के कार्यकारणी के पक्ष में थे, और न कि वर्तमान ब्रिटिश सरकार की कार्यकारणी के । उन्होंने स्वशासन को अच्छे शासन की संज्ञा दी जो कि सक्षम और भला होना चाहिए । वह किसी एक दल के शासन के भी पक्ष में नहीं थे ।

डा० अम्बेडकर के राजनैतिक विचार सभी लोगों के सामान्य भलाई के लिए थे जिसकी उपलब्धि केवल एक स्वतंत्र समाज में हो सकती है । स्वतंत्र समाज से उनका तात्पर्य समता, स्वतंत्रता और भाईचारे से था । लोगों की सामान्य भलाई, सामान्य प्रारूप, सामान्य मानक और लोगों की सार्वभौमिक क्रिया-कलापों को सम्मिलित किया था । यह माँग करता है कि समाज को सम्यक रूप से पूर्ण होना चाहिए । वैयक्तिक हित सम्पूर्ण की भलाई की साझेदारी में सन्निहित है अर्थात् समाज के सामूहिक उत्तरदायित्व में उन्होंने अतिवादी, समाजवाद, अतिवादी व्यक्तिवाद दोनों को नकारा । सामान्य भलाई, कानून एवं नैतिकता के आधार पर निर्भर करती है । उन्होंने कहा कि, "समाज को एक साथ बांधने के लिए या तो कानून की या तो नैतिकता की संस्तुति होनी चाहिए नहीं तो समाज इसके बिना टुकड़े-टुकड़े हो जायेगा ।"[56] इन्हीं विचारों के आधार पर डा० अम्बेडकर ने संविधान 'वाद' को मान्यता दी है । संविधान 'वाद' उनके राजनैतिक विचारों का केन्द्रीय विषय-वस्तु है जो कि न केवल नैतिक राजनीतिक आधार प्रस्तुत करता है बल्कि सम्पूर्ण विकास के लिए वैयक्तिक अधिकारों एवं समूहों को भी सम्मिलित करता है । एक समाजवादी लोकतांत्रिक के रूप में स्वतंत्रता, समानता, भाईचारा और न्याय के सिद्धान्तों की संस्तुति की और केवल संविधान वाद द्वारा ही इन लक्ष्यों की अनुभूति की जा सकती है । उन्होंने कहा, "लोकतंत्र में एक पूर्ण संविधान के लिए जो कुछ जरूरी है वह ऐसी संविधि बनाना है, जो सरकार को जनता के प्रति उत्तरदायी बनाए और जनता पर सरकार के अत्याचारों को रोके । परिणाम-स्वरूप लोकतांत्रिक कहे जाने वाले प्राय: सभी देशों के संविधान वयस्क मताधिकार और मूल अधिकारों पर आकर रुक जाते हैं । उन्होंने कभी भी इस दिशा में नहीं सोचा कि लोकतंत्र की संविधि वयस्क मताधिकार और मूल

अधिकारों से भी आगे जानी चाहिए। दूसरे शब्दो में, प्राचीन काल के संविधानवेत्ता वकीलों का मानना था कि संविधि की परिधि और कार्यक्षेत्र समाज के राजनीतिक ढांचे की आकृति और रूप को विहित करता है। उन्होंने यह कभी नहीं समझा कि यदि लोकतंत्र को एक आदमी, एक मूल्य के सिद्धान्त की कसौटी पर खरा उतरना है, तो समाज के आर्थिक ढाँचे की आकृति और रूप को विहित करना भी उतना ही आवश्यक है।"[57]

डा० अम्बेडकर के लिए व्यक्ति का स्थान सर्वोपरि था। समाज और राज्य उनके लिए गौड थे। वे व्यक्ति के अधिकार, उनकी नैतिकता और वैधानिक क्रिया-कलापों की राज्य के अधिनायकवादी अधिकारों से तथा समाज की त्रुटिपूर्ण संरचना से सुरक्षित रखना चाहते थे। राज्य और समाज की रक्षा के लिए और समाज के बेहतर भविष्य के लिए ठीक ढंग से काम करना है तो उसके लिये सामाजिक जनतंत्र के आवश्यक तत्व प्रेम, स्वतंत्रता, ईमानदारी, आत्म-सम्मान, शांति और न्याय, समता और भाईचारा है। यही आवश्यक प्रत्यय हैं जिनके आधार पर डा० अम्बेडकर ने 'भलाई' की अवधारणा विकसित की है। वे यह भी नहीं चाहते है कि नैतिकता, कानून और धर्म, व्यक्ति के शोषण के हथियार बन जाय।

नैतिक विचार

डा० अम्बेडकर के नैतिक दर्शन का केन्द्रीय विचार मानव के प्रति प्रेम है। इस सन्दर्भ में वे बौद्ध दर्शन, लोकतंत्र और समाजवाद से प्रभावित थे। जॉन मिल, जॉन लॉक और जॉन डी० वी० का प्रभाव उनके ऊपर स्पष्ट रूप से पड़ा था। मानववादी के रूप में वे स्वतंत्रता, सम्पन्नता और मानव के खुशहाली के साथ ही साथ संवैधानिक साधनों और लक्षणों की प्राप्ति के प्रति प्रतिबद्ध थे। बर्टेन्ड रसेल एवं एम० एन० राय की तरह उन्होंने अंधविश्वास और अविवेक पूर्ण नैतिक प्रथाओं का विरोध किया। उन्होंने मानववादी, वैज्ञानिक, नैतिक मूल्यों का प्रसार किया। लेकिन साथ ही साथ मार्क्सवादी जीवन दर्शन का विरोध भी किया, क्योंकि यह उदार लोकतांत्रिक पद्धति से शून्य है और मुख्यतः भय, दबाव और राजनैतिक अधिनायकवाद पर आधारित है। वह एक महान सुधारक थे और गौतम बुद्ध की तरह विश्वास करते थे कि विश्व का सुधार बिना मानव के मस्तिष्क के सुधार और समाज के सामूहिक मस्तिष्क के सुधार के नहीं हो सकता। डा० अम्बेडकर के नैतिक विचारों का अध्ययन आवश्यक है क्योंकि प्रत्येक समाज में आर्थिक और राजनैतिक समस्या मुख्यतः एक नैतिक समस्या है।

मार्क्स और रसेल की तरह उन्होने धर्म के विरुद्ध विचार नहीं अभिव्यक्ति किये हैं । वे धर्म विरुद्ध अधार्मिक जीवन दर्शन से सहमत नहीं थे उन्होंने इस अवधारणा का विरोध किया कि धर्म लोगों के लिए अफीम है । उनके अनुसार यह सामाजिक जीवन और सांस्कृतिक विरासत का एक अंग है । धार्मिक व्यवहारों के विश्वास में ही इनका सामाजिक बल है । उनके अनुसार, "धर्म एक प्रभाव या बल है जो प्रत्येक व्यक्ति के जीवन में सम्मिलित है । तथा उसके चरित्र, क्रिया या प्रतिक्रिया, रुचि और अरुचि का परिष्कार करती है ।"[58] डा० अम्बेडकर ने बौद्ध धर्म स्वीकार किया था और बौद्ध धर्म के निम्न मौलिक मान्यताओं से सहमत थे :

"1. एक स्वतंत्र समाज के लिए धर्म आवश्यक है ।
2. प्रत्येक धर्म अपनाने योग्य नहीं है ।
3. धर्म का सम्बन्ध जीवन के तथ्यों के साथ होना चाहिए न कि ईश्वर या आत्मा या स्वर्ग या पृथ्वी सम्बन्धी सिद्धान्तों और अनुमानों से ।
4. ईश्वर को धर्म का केन्द्र बनाना गलत है ।
5. आत्मा के मुक्ति को धर्म का केन्द्र बनाना गलत है ।
6. पशुवलि को धर्म का केन्द्र बनाना गलत है ।
7. वास्तविक धर्म मानव के हृदय में है न कि शास्त्रों में ।
8. मानव और नैतिकता, धर्म का केन्द्र होना चाहिए । अगर ऐसा नहीं है तो धर्म एक निष्ठुर अंधविश्वास है ।
9. इतना ही पर्याप्त नहीं है कि नैतिकता जीवन का आदर्श हो । चूँकि कोई ईश्वर नहीं है, इसलिए इसको जीवन का विधान होना चाहिए ।
10. धर्म का कार्य विश्व की पुर्नसंरचना करना और इसको खुशहाल बनाना है, न कि इसकी उत्पत्ति और अन्त की व्याख्या करना है ।
11. संसार में स्वार्थों का संघर्ष ही अप्रसन्नता का कारण है और इसके समाधान का रास्ता अष्टांग मार्ग का अनुसरण है ।
12. सम्पत्ति का निजीकरण एक वर्ग के लिए शक्ति उत्पन्न करता है और दूसरे को दु:ख देता है ।
13. समाज की भलाई के लिए आवश्यक है कि दु:ख को दूर किया जाय, इसके कारण को दूर करके ।
14. सभी मानव समान हैं ।
15. मनुष्य का मापदंड उसका गुण होता है, जन्म नहीं ।
16. जो चीज महत्वपूर्ण है वह है उच्च आदर्श, न कि उच्च कुल में जन्म ।

17. सबके प्रति मैत्री का साहचर्य व भाईचारे का कभी भी परित्याग नहीं करना चाहिए ।
18. प्रत्येक व्यक्ति को विद्या प्राप्त करने का अधिकार है । मनुष्य को जीवित रहने के लिए ज्ञान, विद्या की उतनी ही आवश्यकता है, जितनी भोजन की ।
19. अच्छा आचरण-विहीन ज्ञान खतरनाक होता है ।
20. कोई भी चीज भ्रमातीत या अचूक नहीं होती । कोई भी चीज सर्वदा बाध्यकारी नहीं होती । प्रत्येक चीज छानबीन तथा परीक्षा के अधीन होती है ।
21. कोई वस्तु सुनिश्चित तथा अन्तिम नहीं होती है ।
22. प्रत्येक वस्तु कारण-कार्य सम्बन्ध के नियम के अधीन होती है ।
23. कोई भी वस्तु स्थाई या सनातन नहीं है । प्रत्येक वस्तु परिवर्तनशील होती है । सदैव वस्तुओं में होने का क्रम चलता रहता है ।
24. युद्ध यदि सत्य तथा न्याय के लिए न हो, तो वह अनुचित है ।
25. पराजित के प्रति विजेता के कर्तव्य होते हैं ।''[59]

डा० अम्बेडकर ने अपने नैतिक विचारों को शैक्षणिक रूप में प्रस्तुत नहीं किया है । उन्होंने अपने सामाजिक, आर्थिक और राजनैतिक विचारों को नैतिक आधारों पर गढ़ा है । वे सामाजिक, राजनैतिक स्तर पर लोगों में एकता चाहते थे और समता, स्वतंत्रता, भाईचारा, प्रेम और सहानुभूति के आधार पर समाज का रूपान्तरण चाहते थे । नैतिक आदर्शों का आधार केवल सहअस्तित्व नहीं है, बल्कि उनका उद्देश्य सामूहिक उत्तरदायित्व के आधार पर मानव समाज में सामाजिक एकता की अनुभूति है । मानव समाज में सामाजिक एकता की अनुभूति केवल आर्थिक और राजनैतिक सम्बन्धों के आधार पर सम्भव नहीं है । इसको सम्भव केवल मानवीय सम्बन्धों, सामाजिक सेवा और व्यक्तिगत स्वार्थों की तिलाजंली पर आधारित धर्म द्वारा बनाया जा सकता है । उन्होंने भौतिक समृद्धि को उपयुक्त महत्व दिया है । लेकिन साथ ही उन्होंने धार्मिक नैतिक मूल्यों को और अधिक महत्व दिया है । उन्होंने नैतिकता के पुर्ननिर्माण और लोगों के सामाजिक पूर्ति के लिए बौद्ध धर्म की जीवन प्रणाली अपनाया । उनका विश्वास था कि मानव सम्बन्धों को लोकतांत्रिक आधार पर स्थापित करने के लिए मानव की नैतिक मुक्ति आवश्यक है । डा० अम्बेडकर का विचार था कि चूँकि ईश्वर नहीं है इसलिए नैतिकता को ही जीवन का विधान होना चाहिए । उन्होंने यह अवधारणा भी प्रस्तुत की कि जन्म नहीं बल्कि

उपयोगिता ही मानव का मापदण्ड होना चाहिए । डा० अम्बेडकर विवेकवादी थे और यह विचार रखते थे कि अच्छाई या बुराई के निर्णय करने का अन्तिम साधन तर्क है । वह परम्परागत धर्मों से मौलिक रूप से असहमत थे । वे अच्छे जीवन, सामाजिक न्याय और सामाजिक सुधार के खोज में थे । उनके लिए मानव की भलाई सर्वोपरि थी । उनका मानना था कि मानवीय अनुभव ही मौलिक ज्ञान और नैतिक मूल्यों का केन्द्र है । वे एक सहनशील, खुले मस्तिष्क के, तार्किक मानवतावादी थे और हमेशा विचार-विमर्श और आलोचना के लिए तैयार रहते थे ।

संदर्भ :

1. बाबा साहेब डा० अम्बेडकर, सम्पूर्ण वाङ्मय, 'कल्याण मंत्रालय प्रकाशन, भारत सरकार, नई दिल्ली, 1994, खण्ड 6, पृष्ठ 123 ।
2. वही, खण्ड 6, पृष्ठ–124 ।
3. वही, खण्ड 6, पृष्ठ–125 ।
4. वही, खण्ड 6, पृष्ठ–126 ।
5. वही, खण्ड 6, पृष्ठ–126 ।
6. वही, खण्ड 6, पृष्ठ–126-127 ।
7. वही, खण्ड 6, पृष्ठ–19 ।
8. वही, खण्ड 6, पृष्ठ–39 ।
9. वही, खण्ड 6, पृष्ठ–42 ।
10. डा० अम्बेडकर, बी० आर०, द बुद्धा एण्ड द फ्यूचर ऑफ हिज रिलिजन, पृष्ठ–17-20 ।
11. बाबा साहेब डा० अम्बेडकर, सम्पूर्ण वाङ्मय, कल्याण मंत्रालय प्रकाशन, भारत सरकार, नई दिल्ली, 1993, खण्ड–1, पृष्ठ–100-101 ।
12. वही, खण्ड 1, पृष्ठ–77-78 ।
13. वही, खण्ड 1, पृष्ठ–20 ।
14. वही, खण्ड 1, पृष्ठ–35 ।
15. वही, खण्ड 13, (प्राक्कथन) ।
16. जाटव, डी० आर०, सोशल फिलोस्फी ऑफ डा० अम्बेडकर, रावत पब्लिकेशन, जयपुर राजस्थान, 1997, पृष्ठ 49 ।
17. डी० सी० कांफ्रेस 1944 में डा० अम्बेडकर द्वारा दिया गया वक्तव्य ।
18. बाबा साहेब अम्बेडकर : राइटिंग एण्ड स्पीचेज, महाराष्ट्र सरकार पब्लिकेशन, महाराष्ट्र, 1990, खण्ड–1, पृष्ट 215 ।

19. वही, पृष्ठ–216-217 ।
20. बाबा साहेब डा० अम्बेडकर, सम्पूर्ण वाड्मय, कल्याण मंत्रालय प्रकाशन, नई दिल्ली, 1995, खण्ड–9, पृष्ठ 34-35 ।
21. वही, खण्ड 1, पृष्ठ–82 ।
22. जाटव, डी० आर०, सोशल फिलोस्फी ऑफ डा० अम्बेडकर, रावत पब्लिकेशन हाऊस, जयपुर, 1997, पृष्ठ 75-76 ।
23. बाबा साहेब अम्बेडकर : राइटिंग एण्ड स्पीचेज, महाराष्ट्र सरकार पब्लिकेशन, महाराष्ट्र, 1990, खण्ड–9, पृष्ट 139-140 ।
24. वही, पृष्ठ–283 ।
25. वही, पृष्ठ–285 ।
26. वही, पृष्ठ–286 ।
27. वही, पृष्ठ–293 ।
28. बाबा साहेब डा० अम्बेडकर, सम्पूर्ण वाड्मय, कल्याण मंत्रालय भारत सरकार, नई दिल्ली, 1993, खण्ड–1, पृष्ठ 254-255 ।
29. वही, खण्ड 1, पृष्ठ–255 ।
30. वही, खण्ड 1, पृष्ठ–256 ।
31. कार्ल मार्क्स एण्ड एफ० एंजेल्स, कम्यूनीस्ट पार्टी का घोषणापत्र, 1957, पृष्ठ 46 ।
32. डा० अम्बेडकर ने चौथी विश्व बौद्ध सम्मेलन काठमान्डू (नेपाल) में 20 नवम्बर 1956 को 'बुद्धिज्म एण्ड कम्यूनिज्म' पर आधारित एक तुलनात्मक लेख पढ़ा, पैरा–6 ।
33. वही, पैरा–6 ।
34. जाटव, डी० आर०, सोशल फिलोस्फी ऑफ डा० अम्बेडकर, रावत पब्लिकेशन, जयपुर, 1997, पृष्ठ 147 ।
35. बाबा साहेब अम्बेडकर : राइटिंग एण्ड स्पीचेज, महाराष्ट्र सरकार पब्लिकेशन, महाराष्ट्र, 1990, खण्ड–9, पृष्ट 275.
36. वही, पृष्ठ 284 ।
37. बाबा साहेब डा० अम्बेडकर सम्पूर्ण वाड्मय, कल्याण मंत्रालय प्रकाशन भारत सरकार, नई दिल्ली, 1993, खण्ड–2, पृष्ठ–197-198.
38. जाटव, डी० आर०, सोशल फिलोसफी ऑफ डा० अम्बेडकर, रावत पब्लिकेशन, जयपुर, 1997, पृष्ठ 108 ।
39. बाबा साहेब डा० अम्बेडकर सम्पूर्ण वाड्मय, कल्याण मंत्रालय प्रकाशन भारत सरकार, नई दिल्ली, 1993, खण्ड–1, पृष्ठ–202 ।

40. वही, पृष्ठ–105 ।
41. भगवान दास, दस स्पोक : अम्बेडकर सेलेक्टेड स्पीच कम्पाइल्ड/इडीटेड) खण्ड–1, पृष्ठ–36 ।
42. बाबा साहेब डा० अम्बेडकर सम्पूर्ण वाड्मय, कल्याण मंत्रालय प्रकाशन भारत सरकार, नई दिल्ली, 1993, खण्ड–1, पृष्ठ–171 ।
43. वही, खण्ड–2, पृष्ठ–194 ।
44. वही, खण्ड–2, पृष्ठ–171 ।
45. वही, खण्ड–1, पृष्ठ–78 ।
46. वही, खण्ड–2, पृष्ठ–175-176 ।
47. पाइली, एम० वी० कांस्टीटयूशनल गर्वमेण्ट ऑफ इंडिया, एशिया पब्लिशिंग हाऊस, बाम्बे, 1960, पृष्ठ–703 ।
48. बाबा साहेब डा० अम्बेडकर, सम्पूर्ण वाड्मय, कल्याण मंत्रालय प्रकाशन भारत सरकार, नई दिल्ली, 1993, खण्ड–1, पृष्ठ–267 ।
49. बाबा साहेब अम्बेडकर : राइटिंग एण्ड स्पीचेज, महाराष्ट्र सरकार पब्लिकेशन, महाराष्ट्र, 1990, खण्ड–8, पृष्ट 31.
50. द टाइम्स ऑफ इंडिया, बाम्बे पब्लिकेशन 21 मार्च 1940 ।
51. बाबा साहेब डा० अम्बेडकर : राइटिंग एण्ड स्पीचेज, महाराष्ट्र सरकार पब्लिकेशन, महाराष्ट्र, 1990, खण्ड–8, पृष्ट 30 ।
52. बाबा साहेब डा० अम्बेडकर, सम्पूर्ण वाड्मय, कल्याण मंत्रालय प्रकाशन भारत सरकार, नई दिल्ली, 1993, खण्ड–2, पृष्ठ–214 ।
53. बाबा साहेब अम्बेडकर : राइटिंग एण्ड स्पीचेज, महाराष्ट्र सरकार पब्लिकेशन, महाराष्ट्र, 1990, खण्ड–9, पृष्ट 233-234.
54. बाबा साहेब डा० अम्बेडकर, सम्पूर्ण वाड्मय, कल्याण मंत्रालय प्रकाशन भारत सरकार, नई दिल्ली, 1993, खण्ड–1, पृष्ठ–178.
55. वही, पृष्ठ–179.
56. अम्बेडकर, बी० आर०, द बुद्धा एण्ड द फ्यूचर ऑफ हिज रिलिजन, 1950, पैरा–17 ।
57. बाबा साहेब डा० अम्बेडकर, सम्पूर्ण वाड्मय, कल्याण मंत्रालय प्रकाशन भारत सरकार, नई दिल्ली, 1993, खण्ड–2, पृष्ठ–197-198 ।
58. बाबा साहेब अम्बेडकर : राइटिंग एण्ड स्पीचेज, महाराष्ट्र सरकार पब्लिकेशन, महाराष्ट्र, 1990, खण्ड–9, पृष्ट 425 ।
59. बाबा साहेब डा० अम्बेडकर, सम्पूर्ण वाड्मय, कल्याण मंत्रालय भारत सरकार नई दिल्ली, 1995, खण्ड–7, पृष्ठ–224-245 ।

अध्याय–4
डा० अम्बेडकर और एक मनुवादी विश्लेषण

शीर्षक : 'वर्सिपिंग फाल्स गॉड' अर्थात् 'नकली देवताओं की उपासना' नामक पुस्तक का शीर्षक भ्रम पैदा करने के उद्देश्य से दिया गया एक गलत शीर्षक लगता है। लेखक ने अपने सम्पूर्ण विवेचना के दौरान कहीं भी यह सिद्ध नही किया है कि डा० अम्बेडकर या उनके अनुयायिओं का देवत्ववाद पर विश्वास है। महान नायकों के व्यक्तित्व एवं कृतित्व को सजोने की प्रवृति को कहीं से भी देवत्व प्रदान करने की शैली में नहीं रखा जा सकता। लगता है कि लेखक ने या तो जानबूझकर या अज्ञानतावश डा० अम्बेडकर को झूठा देवत्व प्रदान किया है। मूर्तिपूजा एवं स्तुति संस्कृति से प्रभावित लेखक का यह आरोपण निश्चय ही भ्रम पैदा करने के लिए किया गया है। लेखक ने कहीं भी अपने पूरे पुस्तक में डा० अम्बेडकर के किसी भी कथन को असत्य प्रमाणित नहीं किया है, न ही प्रमाणित करने की चेष्टा की है। डा० अम्बेडकर द्वारा वर्णित तथ्यों, तर्कों या कथनों से या तो सहमत हुआ जा सकता है या असहमत। लेखक ने डा० अम्बेडकर के किसी भी कथन को बिना असत्य सिद्ध किये, किसी भी तथ्य को बिना झूठा प्रमाणित किए एवं किसी भी तर्क को खंण्डित किये बिना जो आरोप लगाने का प्रयास किया है वह कुछ इसी प्रकार का कार्य है कि जैसे यदि आप किसी व्यक्ति के तार्किक कथनों का खण्डन नहीं कर पाते हैं तो उसके व्यक्तित्व के ऊपर ही मिथ्या आरोप लगाना प्रारंभ करते हैं। लेखक का यह प्रयास इसी कार्य श्रेणी के अन्तर्गत आता है। अत: पुस्तक के विषय वस्तु एवं शीर्षक की अतार्तम्यता के आधार पर यह कहा जा सकता है कि शीर्षक का चयन लेखक ने अपने निहित उद्देश्यों की पूर्ति के लिए किया है। शीर्षक के साथ लेखक न्याय नहीं कर पाया है, शीर्षक भ्रामक एवं त्रुटिपूर्ण है। यह लेखक के केवल अशुभ भाव को दर्शा पाने में सक्षम है। इससे यह भी स्पष्ट होता है कि लेखक का शैक्षणिक एवं बौद्धिक मान्यताओं से कोई सरोकार नहीं है। अरुण शौरी कृत 'नकली देवताओं की उपासना' नामक पुस्तक का संपूर्ण विश्लेषण एवं मूल्यांकन अगले पृष्ठों पर विभिन्न अध्यायों के आधार पर किया गया है।

प्रथम अध्याय : प्रथम अध्याय का शीर्षक 'स्वतंत्रता सेनानी' है । इस अध्याय में लेखक (अरुण शौरी) ने यह निष्कर्ष निकाला है कि डा० अम्बेडकर का राष्ट्रीय स्वतंत्रता आंदोलन में जो देश को ब्रिटिश आधिपत्य से मुक्ति दिलाने के लिए था उसमें कोई योगदान नहीं है, एक भी ऐसा प्रमाण नहीं है जिससे यह प्रमाणित हो सके कि डा० अम्बेडकर ने स्वतंत्रता आंदोलन में भाग लिया था ।

लेखक का यह निष्कर्ष तथ्यों के आधार पर नहीं निकाला गया है । साथ ही यह भी प्रतीत होता है कि लेखक डा० अम्बेडकर के स्वतंत्रता, राष्ट्रीयता, राष्ट्र इत्यादि अवधारणाओं से या तो परिचित नहीं है या तो जान-बूझकर उनको अपनी दृष्टि से ओझल कर दिया है । यदि लेखक में बौद्धिक ईमानदारी होती तो उपरोक्त निष्कर्ष निकालने के पूर्व राष्ट्र के प्रति, जनता की स्वतंत्रता के प्रति डा० अम्बेडकर द्वारा किये गये निम्नलिखित कार्यों पर ध्यान देते :

1. भारतीय राष्ट्रीय कांग्रेस एवं उनके नेता महात्मा गाँधी ने दूसरे गोलमेज सम्मेलन में हिंदुस्तान की स्वतंत्रता के लिए 'डोमिनियन राज्य' के दर्जा की माँग की । डोमिनियन राज्य का राजनीतिक अभिप्राय यह था कि प्रदेशों की सरकारें तो हिंदुस्तानियों के हाथों में होगी, किंतु केंद्रीय सरकार अंग्रेजों या ब्रिटिश सरकार के हाथों में होगी । इसी सम्मेलन में गाँधी जी ने हस्ताक्षर करके यह स्पष्ट कर दिया था कि अंग्रेजी सरकार (ब्रिटिश) जो फैसला देगी वह उन्हें मान्य होगा लेकिन डा० अम्बेडकर ने 'स्वराज' की माँग की । उन्होंने कहा "भारत में नौकरशाही की जगह जनता की, जनता द्वारा और जनता के लिए सरकार स्थापित की जाय ।"[1] लगता है कि अरुण शौरी ने जान-बूझकर उपरोक्त तथ्य की अवहेलना की है जो उनके असत्य लेखन का स्पष्ट प्रमाण है । इससे भारतीय राष्ट्रीय कांग्रेस एवं महात्मा गाँधी जैसे नेताओं एवं अरुण शौरी जैसे लोगों के आदर्शों की कलई खुल जाती है कि वे स्वराज्य के प्रति कितने गंभीर थे । तथ्यों के ठीक विपरीत उल्टे अरुण शौरी यह लिख रहे हैं कि डा० अम्बेडकर ने देश की स्वतंत्रता के लिए कुछ नहीं किया । लेखकीय ईमानदारी यह माँग करती है कि असत्य लेखन एवं डा० अम्बेडकर जैसे व्यक्तित्व की चरित्र हत्या के लिए कानून की परिधि में अरुण शौरी को दण्डित किया जाय ।

2. सन् 1937 ई० में डा० अम्बेडकर ने अपनी स्वतंत्र मजदूर पार्टी की नीति का उल्लेख करते हुआ कहा कि–"हिंदुस्तान की स्वतंत्रता एक अतिशीघ्र जरूरत है । इसको टाला नहीं जा सकता ।"[2] महात्मा गाँधी के भारत की स्वतंत्रता के बारे में 1937 में वही विचार थे जो 1930 में गोलमेज सम्मेलन में थे । गाँधी जी ने 1937 में श्री पोलोक को लिखे अपने पत्र में इस बात को दोहराया था कि, "वह देश के लिए डोमिनियन दर्जे के पक्ष में है ।"[3] सन् 1939 में डा० अम्बेडकर ने अपने भाषण में गोलमेज सम्मेलन में उठाई गई माँग को फिर दोहराया–"केंद्र में जिम्मेदारी को हवा में लटकते देखकर प्रादेशिक-स्वराज्य से चिपके रहने का कोई अर्थ नहीं, कोई लाभ नहीं, मुझे यकीन है कि केंद्र में (सरकार) वास्तविक जिम्मेदारी के बगैर प्रादेशिक-स्वराज्य एक खाली छिलका मात्र होगा ।"[4]

पाठक स्वयं देख सकते हैं कि सन् 1939 में महात्मा गाँधी अधिनस्थ राज्य की माँग ब्रिटिश सरकार के सामने रखते रहे जबकि डा० अम्बेडकर "पूर्ण स्वराज्य की माँग ।" अरुण शौरी ही बता सकते हैं कि कौन वास्तविक स्वतंत्रता सेनानी था महात्मा गाँधी या डा० अम्बेडकर । उपरोक्त तथ्य तो महात्मा गाँधी का स्थापना के विपरीत है ।

3. वायसराय हिन्द की कार्यसाधक परिषद के लेबर मेम्बर रहते हुए भी डा० अम्बेडकर ने कभी कोई ऐसा कार्य नहीं किया जिससे उनकी देशभक्ति पर प्रश्नचिहन खड़ा किया जा सके । प्रसिद्ध पत्रकार श्री दुर्गादास के अनुसार "डा० अम्बेडकर ने कई बातें मुझे सुनाई जब उनका न्यू दिल्ली में उच्च सत्ता के साथ संघर्ष हुआ और अंत में अपनी बात को मनवाया । एक बार एक भारतीय सदस्य ने दक्षिण-अफ्रीका के विरुद्ध कुछ प्रतिबन्ध लगवाने का प्रयास प्रस्तुत किया क्योंकि उस देश में रहने वाले भारतीयों के प्रति दुर्व्यवहार किया जाता था । यूरोपियन सदस्यों ने उसका कड़ा विरोध किया । डा० अम्बेडकर ने क्रोध में मेज को थपथपाया और कहा कि यह भारत के आत्मसम्मान का प्रश्न है उनका उत्तेजक हस्तक्षेप निर्णायक सिद्ध हुआ और काउन्सिल ने उस बिल को पास कर दिया ।"[5]

अरुण शौरी की बौद्धिक बेईमानी पृष्ठ संख्या 5 टिप्पणी दो से स्पष्ट है जिसमें उन्होंने डा० अम्बेडकर के गोलमेज सभा के कथन के अंत में अपने

विचारों को जोड़ दिया है लेकिन टिप्पणी से ऐसा लगता है कि यह डा० अम्बेडकर का कथन है । डा० अम्बेडकर ने गोलमेज सभा में जो तर्क दिया था वह यह था कि अंग्रेजों द्वारा हस्तांतरित राजनैतिक सत्ता व्यक्तियों के किसी समूह के हाथ में नहीं पड़नी चाहिए चाहे वह मुसलमान हो या हिन्दू । बल्कि हल इस तरह का होना चाहिए कि राजनैतिक सत्ता में भागीदारी सभी समुदायों की, उनकी जनसंख्या के अनुपात में होना चाहिए । डा० अम्बेडकर के इस न्यायिक एवं लोकतांत्रिक कथन को अरुण शौरी इस रूप में देखते हैं कि यह स्वतंत्र भारत के सरकार को बाँधने के लिए उठाया गया मुख्य बिन्दु था । कोई भी निष्पक्ष व्यक्ति मात्र इस उदाहरण से लेखक की सदाशयता को समझ सकता है । डा० अम्बेडकर ने बार-बार यह स्पष्ट किया है, "मेरे लिए देश की स्वतंत्रता से ज्यादा महत्वपूर्ण जनता की स्वतंत्रता है ।"[6]

शिक्षा, संपत्ति, समानता एवं मानव अधिकारों के लिए डा० अम्बेडकर सदियों से वंचित, दलित, पिछड़ी, अछूत एवं निर्धन जनता के हितों की स्वतंत्र भारत में सुरक्षा के लिए जब संविधान में विशेष प्राविधान की माँग कर रहे होते हैं, तब अरुण शौरी जैसे लेखकों को लगता है कि यह भारत की स्वतंत्रता के रास्ते में रूकावट डालना था । इसके पीछे उनको अंग्रेजों और ईसाई मिशनरियों की साँठ-गाँठ नजर आती है । इसको वे भारत की जनता एवं सभ्यता के प्रति एक आक्षेप के रूप में लेते हैं । इससे मात्र यही सिद्ध होता है कि अरुण शौरी परंपरागत रूप से जातिवादी, ब्राह्मणवादी, छुआ-छूतवादी, सामाजिक व्यवस्था के पोषक हैं तभी इनको दलितों के लिए समता, स्वतंत्रता, बन्धुत्व एवं सामाजिक न्याय की माँग भारतीय स्वतंत्रता के विरुद्ध लगती है । ऐसे लोकतंत्र विरोधी लेखक के लेखनी पर लोकतांत्रिक रोक लगनी चाहिए ।

पृष्ठ संख्या 6 से 17 तक अरुण शौरी ने अधिकतर डा० अम्बेडकर के लेखन को उद्धरित किया है और यह सिद्ध करने का प्रयास किया है कि डा० अम्बेडकर अंग्रेजों एवं ईसाई मिशनरियों के हाथ के राजनैतिक हथियार थे । इस तरह के आरोप डा० अम्बेडकर के जीवन काल में भी लगाये जाते रहे, जिसको केवल अरुण शौरी ने दोहराया भर है लेकिन इस तरह के आरोपों का उत्तर डा० अम्बेडकर ने स्वयं अपनी पुस्तक "कांग्रेस और गाँधी ने अछूतों के लिए क्या किया" नामक पुस्तक के अध्याय सात में दिया है । पाठ का शीर्षक है, "एक गलत आरोप ।"

झूठा आरोप

क्या अस्पृश्य अंग्रेजों की कठपुतली हैं?

जैसा मैंने पहले कहा था, जब से श्री गाँधी कांग्रेस के कर्ताधर्ता बने तब से उसका कायाकल्प हो गया । उसमें एक मोड़ ध्यान देने योग्य है, क्योंकि यही वह मोड़ है, जिस पर आकर कांग्रेस का भाव बढ़ा और लोगों का ध्यान कांग्रेस की ओर गया । श्री गाँधी से पहले कांग्रेस की गतिविधियाँ केवल विभिन्न स्थानों पर वार्षिक बैठकें कर लेने और भारत में ब्रिटिश प्रशासन संबंधी प्रस्ताव पास करने तक ही सीमित थी । 1919 में श्री गाँधी द्वारा कांग्रेस की बागडोर संभाल लेने के बाद यह कांग्रेस जीवंत दल बन गई और उसने ऐसे कार्य किए, जिनके विषय में कभी किसी ने सोचा भी नहीं था । जिन कार्यों से कांग्रेस को जनसमर्थन मिला और इसने एक के बाद एक हथियार प्रयोग किए जैसे (1) असहयोग (2) बहिष्कार (3) सविनय अवज्ञा, और (4) अनशन । असहयोग का उद्देश्य था सरकारी स्कूलों, कालेजों, न्यायालयों में सरकारी नौकरी से छुट्टी कर उनकी अनदेखी कर सरकार को पंगु बना देना । बहिष्कार कांग्रेस का दूसरा हथियार था, जिसका उद्देश्य था कांग्रेस के आदेशों के अनुसार ही लोगों को सरकार को सहयोग देने से रोकना । इसकी दो धारें थी, सामाजिक और आर्थिक । सामाजिक धारा वह थी जिसके द्वारा दोषी व्यक्ति के प्रति सामाजिक व्यवहार, यहाँ तक कि नाइयों, धोबियों, कसाइयों, पंसारियों तथा व्यापारियों की सेवाएं तक बंद कर देना था । आर्थिक धारा यह थी, जिसके द्वारा माल के क्रय-विक्रय आदि सभी व्यापारिक संबंधों से नाता तोड़ लेना । उसका लक्ष्य था वे व्यापारी, जो विदेशी माल बेचते थे । उनको सविनय अवज्ञा का सीधा हमला ब्रिटिश सरकार पर था । न्यायिक हिरासत में जेल भरो और सरकार को नीचा दिखाने के लिए जानबूझकर कानून का उल्लघंन करना उनका हथियार है । ऐसा सामूहिक सविनय अवज्ञा अथवा व्यक्तिगत सविनय अवज्ञा द्वारा किया जाता है । दुर्भाग्यवश कांग्रेस द्वारा सामूहिक अनशन नहीं किया गया । अनशन केवल व्यक्तिगत क्षेत्र तक ही सीमित रखा गया । दुर्भाग्यवश आमरण अनशन पर कांग्रेसियों ने ही अमल नहीं किया । यह सदैव किसी शर्त तक ही सीमित रहा । यह वह अमोघ अस्त्र है, जिसे श्री गाँधी ने अपने लिए सुरक्षित रखा हुआ है । वह भी उसे किसी विशेष परिस्थिति में चलाते हैं । ये वे चार हथियार हैं, जिन्हें कांग्रेस ने भारत की स्वतंत्रता की माँग करने में इस्तेमाल किया ।

इन्हीं चारों हथियारों का यथासमय प्रयोग करते हुए कांग्रेस ने आंदोलन किए। 1920 से 1942 के मध्य देश ने देखा कि कांग्रेस ने उन्हीं हथियारों में से किसी न किसी एक का सहारा लेकर देश में प्रदर्शन किए। उन कांग्रेसियों ने जनता का ध्यान अपनी ओर आकृष्ट करने के लिए जमीन आसमान एक कर दिया। उसका स्वाधीनता संग्राम के नाम से वर्णन किया जाने लगा। ऐसे कार्यों से क्या लाभ हुआ? यह एक ऐसा विषय है, जिस पर गंभीरता से विचार किया जाना चाहिए। परंतु उस पर विचार करने के लिए यहां स्थान नहीं है। यही समझना काफी है कि पुरानी कांग्रेस ने इतना खराब काम नहीं किया था। उन चारों अस्त्रों का प्रयोग वास्तव में एक दुखद घटना है। स्वराज की माँग जो कि पहले से ही की जा रही है, उसमें जनसमर्थन का असावधानी से उपयोग करने के कारण भारत के विभाजन की संभावना अधिक बननी निश्चित होने लगी तथा और नजदीक आने लगी। इस समर्थन के प्रयोग के परिणामस्वरूप क्या लाभ हुए उन पर विचार करना संभव नहीं है। परंतु तथ्य स्पष्ट होने ही चाहिए कि स्वाधीनता संग्राम का संचालन अधिकतर हिंदुओं द्वारा ही किया गया। इसमें मुसलमानों ने केवल एक बार भाग लिया था और वह भी खिलाफत आंदोलन के दौरान जो अल्पकालीन था। वे शीघ्र ही उससे अलग हो गए। दूसरे समुदायों मुख्यतया अस्पृश्यों ने कभी उस आंदोलन में भाग नहीं लिया कुछ भूले-भटके अस्पृश्य लोगों ने व्यक्तिगत स्वार्थवश उसमें हाथ बढ़ाया था, परंतु जहां तक समुदाय का प्रश्न है, वे उस आंदोलन से बाहर रहे। यह स्थिति अगस्त, 1942 में कांग्रेस द्वारा पास किए गए 'भारत छोड़ो' प्रस्ताव के बाद 'स्वतंत्रता संग्राम' के अन्तिम आंदोलन में विशेष रूप से थी।

यह एकदम स्पष्ट तथ्य है जिसे मुख्यतया भारत आने वाला विदेशी देखता है कि आधे से अधिक जनसंख्या स्वाधीनता संग्राम में कैसे कांग्रेस के साथ असहयोग करती है। स्वभावतः वह इस स्थिति को देखकर हतप्रभ हो जाता है। यह विदेशी पूछ बैठता है—मुसलमान, ईसाई और अस्पृश्य स्वाधीनता संग्राम में भाग क्यों नहीं ले रहे हैं? वह कांग्रेस से इसका स्पष्टीकरण मांगता है। कांग्रेस के पास इसका उत्तर तैयार रहता है। उत्तर यह है कि अस्पृश्य ब्रिटिश साम्राज्य की कठपुतली है और यही कारण है कि वे स्वाधीनता संग्राम में भाग नहीं लेते। इस लाछन की गूंज लड़ाई के दौरान बहुत से विदेशियों के मुख से सुनी गयी। जो बात बहुत ही निराशाजनक अनुभव की है वह यह है कि उन विदेशियों में बहुतों ने उस लांछन को सत्य माना है। सरलता और छदम के कारण ही ऐसे तर्क आसानी से हजम हो जाते हैं। इससे उनको

दोहरी कामयाबी हाथ लगती है । एक तो इससे कांग्रेस को स्थिति को स्पष्ट करने में सहायता मिलती है और परिस्थितियों के प्रपंच को वास्तविक सा बना देती है ।

यदि यह सच न होता कि महत्वपूर्ण विदेशी भी इस झांसे में आ गए हैं, तो ऐसे दुर्भाग्यपूर्ण प्रचार पर कोई ध्यान न देता । स्वतंत्रता संग्राम में अस्पृश्यों ने कांग्रेस से असहयोग क्यों किया? कांग्रेस का स्पष्टीकरण, वाहियात झूठा एवं आधारहीन है । केवल धूर्त ही ऐसा स्पष्टीकरण देने का साहस कर सकता है और बेवकूफ के सिवाय और कोई उस को सही नहीं मान सकता । जो घटनाएं घट रही हैं, उन पर विदेशी लोग भारत की समस्याओं के विषय में क्या सोचेंगे? मैं यही स्थिति स्पष्ट कर देना चाहता हूँ और अस्पृश्यों के विषय में जो गलत धारणा बनाई गई है, उसे उनके मस्तिष्क से निकाल देना चाहता हूँ । मुख्यतया इस संदर्भ में, जबकि यह सिद्ध करना आसान हो कि अस्पृश्यों पर लगाया गया यह आरोप बिल्कुल गलत है और यदि अस्पृश्यों ने "स्वतंत्रता संग्राम" में भाग नहीं लिया, तो इसका कारण यह नहीं है कि वे ब्रिटिश साम्राज्य के पिटठू थे बल्कि कारण यह है कि उन्हें डर है कि भारत की स्वतंत्रता से हिंदू राज्य स्थापित हो जाएगा । अस्पृश्यों के लिए सभी दरवाजे बंद हो जाएंगे और सदा के लिए उनकी आशाओं, स्वतंत्रता और खुशियों के रास्ते बंद हो जाएंगे, तथा वे केवल लकड़ी चीरने वाले और पानी खींचने वाले ही बना दिए जाएंगे ।

"स्वतंत्रता संग्राम" में अस्पृश्यों का शामिल होने से इंकार करना स्वयं में सबूत है कि कांग्रेस से असहयोग करने का उनका कारण बचकाना नहीं हो सकता जैसा कि कांग्रेस कहती है । इसमें कुछ वास्तविकता अवश्य हो सकती है । वह क्या है? जिस कारण से अछूत कांग्रेस से असहयोग करते हैं, वह उन्होंने सामान्य रूप से यह कह कर स्पष्ट कर दिया है कि वे "हिंदू राज" में विश्वास नहीं करते, जिसमें शासक वर्ग बनिया और ब्राह्मण होंगे और निम्न वर्ग के हिंदू उनके हुकम-बरदार होंगे जो पीढ़ी दर पीढ़ी अस्पृश्यों के शत्रु रहे हैं । यह भाषा कड़वी हो सकती है, परंतु यह नहीं समझना चाहिए कि ऐसे नारे आक्रामक हैं, उनके स्वर आपत्तिजनक हैं और वह नासमझी है अथवा उनके भावों के प्रतीक मात्र हैं और उनमें किसी को विवश करने की शक्ति नहीं है और वे राजनीतिक दर्शन को सही अर्थों में प्रस्तुत नहीं कर सकते ।

यदि इन्हें राजनीति शास्त्र के परिप्रेक्ष्य में देखा जाए तो इन नारों का क्या अर्थ है? उनका अर्थ है कि अस्पृश्य ब्रिटिश साम्राज्य से मुक्ति प्राप्त करने के

विरुद्ध नहीं हैं परन्तु वे ब्रिटिश साम्राज्य से केवल मुक्ति प्राप्त करने में ही संतुष्ट नहीं रहना चाहते । वे जोर देकर कहते हैं कि देश का स्वतंत्र होना ही काफी नहीं है । स्वतंत्र भारत को लोकतंत्र के योग्य बनाया जाना चाहिए । इस उद्देश्य के संदर्भ में वे कहते हैं कि भारत में एक खास तरह की सामाजिक व्यवस्था होने के कारण हिंदू सांप्रदायिक बहुमत के मुकाबले में कुछ अल्पसंख्यक जातियां हैं । यदि हिंदू सांप्रदायिक बहुमत के जहरीले दांत तोड़ने के लिए भावी संविधान में प्रावधान नहीं किया जाता, तो भारत लोकतंत्र के लिए सुरक्षित नहीं रह पाएगा । इसलिए अस्पृश्य इस बात पर जोर देते हैं कि ऐसे प्रयत्न किए जाएं कि संविधान में विशेष तौर पर ऐसे संरक्षण प्रदान किए जाएं, जो भारतीय समाज में हिंदू सांप्रदायिक बहुमत को ऐसे राजनैतिक अधिकार हड़पने से रोकें, जिनके द्वारा हिंदू अस्पृश्यों को दबाते और कुचलते रहे हैं और अस्पृश्यों को कम से कम इतने राजनीतिक अधिकार दे दिए जाएं कि वे शोषण तथा हिंदुओं के अत्याचार से अपनी सुरक्षा कर सकें और अपने अस्तित्व को कायम रखने के लिए सांप्रदायिक बहुमत से संघर्ष कर सकें । संक्षेप में अस्पृश्य ऐसे संरक्षण चाहते हैं जिनसे वे हिंदू सांप्रदायिक बहुमत के अत्याचारों से अपनी सुरक्षा कर सकें ।

दूसरी ओर कांग्रेस का चरम लक्ष्य केवल ब्रिटिश साम्राज्य से स्वाधीन हो जाना मात्र है । कांग्रेस स्वतंत्र भारत के लिए इससे और अधिक कल्याणकारी बात नहीं सोचती । जहां तक स्वतंत्र भारत के संविधान का प्रश्न है, कांग्रेस इस सिरदर्द से मुक्त रहना चाहती है । जब यह पूछा जाता है कि स्वतंत्र भारत का संविधान कैसा होना चाहिए तो कांग्रेस का उत्तर होता है कि वह लोकतंत्र और वयस्क मताधिकार पर आधारित होगा । क्या वयस्क मताधिकार से बढ़कर भी संविधान में ऐसे संरक्षण दिए जाएंगे जो हिंदू सांप्रदायिक बहुमत के अत्याचारों को रोकने में सक्षम होंगे? कांग्रेस का उत्तर पूर्णतया नकारात्मक है । पूछा जाता है कि संरक्षण के विषय में ऐसा विरोध क्यों? कांग्रेस का कहना है कि ऐसा करना राष्ट्र का विघटन करना होगा । यह एक ऐसा अजीब तर्क है जिसमें अपनी बेवकूफी छिपाने की कोशिश की गई है और जो श्री गांधी के मस्तिष्क की उपज है, जिसके लिए संरक्षण के विरोधी उच्चवर्गीय हिंदू श्री गांधी के बड़े कृतज्ञ हैं ।

अस्पृश्य इस प्रकार के बुद्धिहीन प्रपंच को सर्वथा अस्वीकार करते हैं । उनका कथन है कि भारतीय सामाजिक जीवन को उसके जातिवादी लक्षणों के परिप्रेक्ष्य में देखा जाना चाहिए । उससे भाग खड़े होने की कोई गुंजाइश नहीं

दिखती । जातियाँ भारतीय समाज की भयानक वास्तविकता हैं । जातीय प्रवृत्ति एवं प्रभाव तथा जातीय पक्षपात जातियों के बंधन को ढीले नहीं होने देते । हिंदू बहुसंख्यक समाज का सामाजिक-मनोविज्ञान उस धर्मनीति से दबा होता है, जो धार्मिक सिद्धांत केवल विषमता को ही मान्यता नहीं देता, वरन् उसमें असमानता की भी परतें बनी हुई हैं, जैसे कि वे सभी जातियों के आंतरिक संबंधों के नियामक सूत्र हों । विभिन्न परतों में ढली विषमता का धार्मिक सिद्धांत स्वतंत्रता और भ्रातृत्व का पक्का शत्रु है । यह विश्वास नहीं किया जा सकता कि इस प्रकार की वर्गीय विषमता कभी समाप्त होगी अथवा हिंदू सांप्रदायिक बहुमत कभी इसे तिलांजलि देने का प्रयास करेगा । इस प्रकार की परत दर परत विषमताएं आकस्मिक अथवा कभी मिटने वाली नहीं हैं । विषमताएं अटल सत्य हैं और इस बला से मुक्ति असंभव है । हिंदुओं का यही धर्म है । यह उनका मूल अधिकारिक सिद्धांत है । यह उनकी आस्था है और कोई हिंदू उसे तिलांजलि देने के लिए तैयार नहीं होगा । इसलिए हिंदुओं में परत दर परत सांप्रदायिकता बहुत फीकी नहीं पड़ सकती है । यह एक शाश्वत सत्य और अभिशाप है । भारत की संविधान रचना में रक्षा कवच की व्यवस्था कर समस्या की मौजूदा सांप्रदायिक बहुमत के रहते अनदेखी नहीं की जा सकती । यही अस्पृश्यों का तर्क है ।

अस्पृश्य जिस संवैधानिक रक्षा कवच की मांग एक अरसे से करते चले आ रहे हैं उसका उल्लेख अखिल भारतीय परिगणित जाति संघ के हाल में पारित प्रस्ताव में किया गया है, जो परिशिष्ट ग्यारह में दिया गया है । उसमें से मैं तीन बातों का उल्लेख करना चाहता हूँ : (1) विधानमंडलों में न्यूनतम प्रतिनिधित्व की गारंटी (2) कार्यपालिका में न्यूनतम प्रतिनिधित्व की गारंटी (3) सरकारी सेवाओं में न्यूनतम प्रतिनिधित्व की गारंटी । स्वयं सांप्रदायिक कांग्रेस और उसके पदलोलुप अस्पृश्य प्रतिनिधियों ने इसका सांप्रदायिक कह कर मजाक उड़ा दिया है । कांग्रेस ऐसी गारंटी से मुकरती है, जो राष्ट्रीयता के शिखर पर संकटमोचन बनी बैठी है । विदेशियों को संरक्षण के बारे में कांग्रेस के वाहियात तर्क समझ में आना कठिन है, परंतु यदि वे संरक्षण के तात्पर्य पर दृष्टि डालेंगे, तो वे भी उसे सांप्रदायिकता का हिस्सा और खुली बेहूदगी मान लेंगे ।

अस्पृश्यों द्वारा मांगी जाने वाली इन गारंटियों का उद्देश्य है, केवल विधायिका, कार्यपालिका और प्रशासन में अस्पृश्यों को प्रतिनिधित्व दिलाना ही नहीं वरन् ऐसी गारंटियां दिलाना है जिनका वास्तव में एक धरातल होगा और

जिनके नीचे अस्पृश्य गिर कर बहुसंख्यक सांप्रदायिक हिंदुओं द्वारा कुचले नहीं जायेंगे। वे बहुसंख्यक सांप्रदायिक हिंदुओं को सीमा में रखना चाहते हैं, क्योंकि यदि अस्पृश्यों के लिए ऐसी गारंटियां नहीं मिली तो परिणाम यह होगा कि बहुसंख्यक सांप्रदायिक हिंदू केवल विधायिका, कार्यपालिका और प्रशासन पर ही पूरी तरह हावी नहीं हो जाएंगे वरन् राज्य के ये तीन महत्वपूर्ण अंग अल्पसंख्यकों की सुरक्षा करने के बजाए, बहुसंख्यक सांप्रदायिक हिंदू समाज के शस्त्र बन जाएंगे।

इस स्पष्टीकरण के प्रकाश में किसी साधारण सोच वाले विदेशी को भी कांग्रेस और अस्पृश्यों के बीच मुद्दों को समझने में कोई कठिनाई नहीं होगी। पहली बात तो यह देखें कि इनके बीच जो मुद्दा है, वह कांग्रेस ने इस तथ्य को स्वीकार करने से इन्कार करके पैदा किया है कि सांप्रदायिक बहुमत के रहते राजनीतिक लोकतंत्र के लिए भारी खतरा पैदा हो जायेगा जबकि अस्पृश्यों का मत इसके विपरीत है और वे जोर देकर कहते हैं कि इस खतरे को दूर करने के लिए संविधान में ऐसी कारगर व्यवस्था की जानी चाहिए। दूसरे शब्दों में, अस्पृश्य भारत को लोकतंत्र के योग्य बनाने के उत्सुक हैं जबकि कांग्रेस भले ही लोकतंत्र के विरूद्ध न हो, परंतु वह उन परिस्थितियों के विरूद्ध है, जिनसे वास्तविक प्रजातंत्र बन पाएगा।

दूसरी बात यह है कि विदेशी को यह देखने को मिलेगा कि अस्पृश्यों की संरक्षणों की यह मांग कोई नई मांग नहीं है। यदि वह संरक्षणों को निगरानी मानकर चले तो उसे समझने में और भी आसानी होगी। राजनीतिक प्रजातंत्र को विनाश से बचाने के लिए कोई ऐसा संविधान नहीं है, जिसमें निगरानी रखने का प्रावधान न किया गया हो, जैसा कि अमरीका के संविधान में मौलिक अधिकारों और अधिकार के विभाजन पर है। यह विदेशी इस सिद्धांत से सहमत हो जाता है तो उसे इसे समझने में कोई कठिनाई नहीं होगी, कि अस्पृश्यों द्वारा मांगे गए संरक्षण वैसे ही हैं, जैसे कि दूसरे देशों में हैं। अंतर केवल दोनों के स्वरूप का है। क्योंकि राजनीतिक प्रजातंत्र के लिए खतरा पैदा करने वाली शक्तियों का स्वरूप संरक्षणों के स्वरूप से भिन्न हो सकता है जैसे कि भारत में है। यहां इन शक्तियों का स्वरूप भिन्न है और इसलिए संरक्षणों का भी भिन्न रूप होना आवश्यक है।

तीसरी बात यह है कि विदेशी को यह समझने में कठिनाई नहीं होनी चाहिए कि यदि कोई दल सांप्रदायिक है तो वह है कांग्रेस, न कि अस्पृश्य। कांग्रेस चाहे जो दार्शनिक आदर्श प्रस्तुत करे, कांग्रेस द्वारा संवैधानिक गारंटी की

मांग का विरोध करने में उसका वास्तविक उद्देश्य यही है कि वह राजनीतिक क्षेत्र में बहुसंख्यक हिंदू संप्रदाय को स्वतंत्रतापूर्वक विचरण करने देना चाहती है । उस विदेशी को यह भी समझ में आ जाएगा कि यद्यपि कांग्रेस खुल कर ऐसी बातें नहीं कहती तब भी कांग्रेस कितनी सांप्रदायिक है । बहुसंख्यक हिंदू समुदाय कांग्रेस का मेरूदंड है । यह संस्था हिंदुओं से बनी है और उसका पोषण हिंदुओं द्वारा ही किया जाता है । इस संस्था के अधिकांश सदस्य हिंदू हैं और उनके अधिकारों की रक्षा करने के लिए प्रतिबद्ध हैं । इससे यह आसानी से समझ में आ जाएगा कि अस्पृश्यों के अधिकारों के संरक्षण की मांग का विरोध कांग्रेस राष्ट्रीयता के नाम पर करके अपने तर्कों से लागों को कैसे-कैसे भ्रमित करती है । दूसरी बात यह भी समझ में आ जाएगी कि कांग्रेस राष्ट्रीयता के बहाने दुनिया को धोखा दे रही है ताकि उसे सांप्रदायिकता की मनमानी करने की पूरी स्वतंत्रता मिल सके ।

अंत में, उस विदेशी को यह भी ज्ञात हो जाएगा कि भारतीय राजनीति में कांग्रेस का प्रतिनिधिक स्वरूप उतने महत्व का मुद्दा कैसे बन गया है । उसे पता चल जाएगा कि कोई इस बात की परवाह नहीं करता कि कांग्रेस का प्रतिनिधिक स्वरूप क्या है? कांग्रेस किसका प्रतिनिधित्व करती है और किसका नहीं । कांग्रेस ने अपने आप ही यह कहने का अधिकार ले लिया कि स्वतंत्र भारत का संविधान कैसा होना चाहिए । देश के नाम पर इस प्रकार बोलने का अधिकार एक महत्वपूर्ण मुद्दा बनता है और जो इसे नहीं मानते उनके पास इस कथन को चुनौती देने के सिवाय और कोई विकल्प नहीं है ।

II

इस सबके बावजूद विदेशियों ने पूछा कि स्वतंत्रता संग्राम में कांग्रेस का साथ क्यों नहीं दिया जाता? कांग्रेस के साथ सहयोग करने से पहले संविधान में संरक्षण की शर्त क्यों रखी जाती है? स्वतंत्रता प्राप्ति के पश्चात् ही संरक्षण की बात चलाई जा सकती है । एक विदेशी इन तर्कों को सुन कर समझ जायेगा कि अस्पृश्यों ने स्वतंत्रता संग्राम में कांग्रेस का सहयोग करने में अपने को सुरक्षित क्यों नहीं समझा । परंतु कुछ ऐसे भी लोग होंगे, जो ऐसी कल्पना नहीं कर सकते और उसके विषय में जानना चाहेंगे । कारण अनेक हैं उनमें से जो महत्वपूर्ण हैं, वे इस प्रकार हैं :

प्रथम कारण सहज सोच पर आधारित है । अस्पृश्यों का कहना है कि कांग्रेस से अग्रिम रूप में मांग मनवाने में क्या हानि है? यदि कांग्रेस पहले ही

गारंटी दे देती है, तो इससे कांग्रेस का क्या नुकसान है? वे तर्क देते हैं कि यदि कांग्रेस पहले से ही संरक्षणों की मांग पर सहमत हो जाती है, तो उसका दोहरा असर पड़ेगा । पहली बात तो यह कि जो अस्पृश्य आशंकित हैं, उन्हें विश्वास दिलाना होगा कि बहुसंख्यक हिंदू संप्रदाय के अंतर्गत उनके भाग्य का निपटारा कैसे किया जाएगा । दूसरी बात यह कि इस प्रकार का आश्वासन कांग्रेस का सहयोग करने के लिए अस्पृश्यों को प्रेरित करने के अभिप्राय से किया जाता है । आखिरकार अस्पृश्य कांग्रेस से असहयोग क्यों करते हैं? इन सबका उत्तर यही है कि उन्हें इस बात का डर है कि यदि इस प्रकार स्वतंत्रता प्राप्त कर ली जाती है, तो बहुसंख्यक हिंदू उन्हें पुनः गुलाम बना लेंगे । तब इस डर को यदि थोड़ी कीमत चुका कर दूर किया जा सकता है, तो अग्रिम रूप में मांगे मानने का समझौता क्यों न कर लिया जाए?

दूसरा कारण आज तक के अनुभवों में निहित है । अस्पृश्यों का कहना है कि संसार के अनुभवों से इस आशा की पुष्टि नहीं होती कि स्वतंत्रता संग्राम की समाप्ति के बाद शक्तिशाली वर्ग कमजोर वर्ग को सुरक्षा देने की उदारता दिखाते हों । इस प्रकार के विश्वासघात के बहुत से उदाहरण दिए जा सकते हैं । सबसे कुत्सित उदाहरण अमरीका का है, जहां गृहयुद्ध की समाप्ति के बाद नीग्रो लोगों के साथ विश्वासघात किया गया । उस गृहयुद्ध मे नीग्रो लोगों ने जो भूमिका निभाई थी, उसके विषय में श्री हरबर्ट अपथेकर ने लिखा है*:

> "संघीय सेना मे गुलाम राज्यों से 12 लाख पचास हजार नीग्रों लोगों ने सेवा की । वे उत्तर के अस्सी हजार के साथ साढ़े चार सौ लड़ाइयों में बड़े उत्साह और साहस के साथ लड़े और गुलामी का जुआ उतारने में महत्वपूर्ण योगदान किया ।
>
> "दो लाख नीग्रो सैनिक बड़ी लगन और सत्यनिष्ठा के साथ लड़ रहे थे । परंतु फिर भी उन्हें नीच और गुलामी के काबिल ही समझा गया ।"
>
> और गणराज्य के नीग्रो लोगों ने शर्मनाक भेदभाव और प्रतिकूल परिस्थितियों के बावजूद लड़ाई लड़ी । गोरे सैनिक 13 डालर प्रतिमाह पाते थे, तो नीग्रो सैनिक मात्र सात डालर । 14 जुलाई 1864 तक, जब वेतन 1 जनवरी, 1864 से बराबर कर दिया गया, गोरे रंगरूटों को पारितोषिक रूप में सूचीबद्ध किया गया था, परंतु नीग्रो

* नीग्रो इन द सिविल वार पृष्ठ 35-40

लोगों को नहीं । (15 जून, 1864 तक), यही नहीं नीग्रो के लिए कमीशंड आफिसर के रैंक तक उन्नति पाने की कोई संभावनाएं नहीं थी । संघ (कन्फेड्रेसी) ने युद्ध में बंदी बनाये गये नीग्रो सैनिकों को जो गुलाम थे कभी युद्ध-बंदियों के रूप में मान्यता नहीं दी तथा युद्ध के बंदी आजाद नीग्रो को अक्तूबर 1864 तक युद्ध के बंदी का दर्जा नहीं दिया गया । नीग्रो या तो मारे गए या दासता में फिर जकड़ लिए गए अथवा उन्हें कठिन परिश्रम करने के लिए कारागार में डाल दिया गया ।

''हजारों नीग्रो लोगों को, जो अभी तक गुलाम थे और जिन पर जुल्म सितम होते रहते थे, हथियार दिए गए और उन्हें अपने देशों को भेज दिया गया ताकि वे वहाँ पर अपनी रक्षा कर सकें और इंसानों की तरह ही रह सकें तथा वे अपने साथियों को आजाद कर सकें और अपने माता-पिता और बच्चों और पत्नियों को स्वतंत्र कर सकें । यह बात सदैव याद रखी जाएगी कि प्रजातंत्र की रक्षा के लिए 37000 नीग्रो सैनिकों ने कुर्बानी दी ।''

गृहयुद्ध समाप्त होने के बाद नीग्रो लोगों का क्या हुआ? विजय के पहले चरण में गणराज्य के लोग, जिन्होंने संघ की सुरक्षा के लिए नीग्रो लोगों की सहायता ली थी, संविधान में तेरहवां संशोधन करने का प्रस्ताव लाए । उस संशोधन के अंतर्गत नीग्रो लोगों को कानूनन मुक्ति मिली । परंतु क्या नीग्रो लोगों को शासन में कोई अन्य अथवा मताधिकार प्रदान किए गए? दक्षिणी राज्यों को यह दिखाने के लिए कि नीग्रो लोगों को भी गोरे लोगों के समान ही राजनीतिक अधिकार हैं, गणराज्य के लोगों ने कदम उठाए । यह प्रयास संविधान में चौदहवें संशोधन द्वारा किया गया, जिसके अंतर्गत उन्हें नागरिकता प्रदान की गई । समस्त राज्यों और संघ में नीग्रो लोगों सहित सभी को नागरिकता दे दी गई । विशेषाधिकारों और कानून की परिधियों से मुक्ति के अधिकारों के विरूद्ध कानून बना और राज्यो में कांग्रेस ने उन नागरिकों की जनसंख्या के अनुपात में प्रतिनिधित्व कम किया, जहां मताधिकार प्राप्ति सीमित थी । दक्षिणी राज्य 14वें संशोधन को स्वीकार करने के लिए तैयार नहीं थे । टेनेसी के अतिरिक्त सभी ने संशोधन अस्वीकार कर दिया और गोरों की सरकारें बनाई गई । तब रिपब्लिकन लोगों ने आगे बढ़कर 2 मार्च 1867 को कथित पुनर्निर्माण अधिनियम (बागी राज्यों के लिए सक्षम सरकार देने का

विधेयक) पास करना चाहा, जिसका आशय उन सभी राज्यों को संघ में फिर शामिल करना था, जिन्हें उस समय तक संघ में शामिल नहीं माना गया था। (गोरे निवासियों द्वारा स्थापित सरकारों की उपेक्षा करते हुए और उन्हें दुबारा शामिल करने के लिए यथोचित शर्तों का निश्चय करना। इस अधिनियम के द्वारा उस समय वे राज्य अर्थात् टेनेसी के अतिरिक्त सभी विद्रोही दक्षिणी राज्य पांच सैनिक जिलों में बांट दिए गए और प्रत्येक जिला संघीय सेना के ब्रिगेडियर जनरल द्वारा उस समय तक शासित होता रहा, जब तक (1) राज्य एक नए संविधान का निर्माण नहीं कर लेता, (2) चौदहवें संशोधन की पुष्टि नहीं करता, और (3) राज्यों को विधिवत फिर शामिल नहीं कर लिया जाता। रिपब्लिकन लोगों द्वारा दूसरा संशोधन लाया गया, जिसे पन्द्रहवां संशोधन कहा जाता है। इसके अनुसार उन्हें वर्ण भेद अथवा पूर्व प्रचलित दासता और जाति-भेद बरतने के कारण मताधिकार से वंचित कर दिया गया था। वह संशोधन संविधान का एक भाग बना और सभी राज्यों को उसे मानना पड़ा। दक्षिणी राज्य के गोरे लोग नीग्रो लोगों को समान नागरिकता प्रदान नहीं करना चाहते थे। नीग्रो लोगों को मताधिकार से वंचित रखने का प्रश्न शीघ्रता से आगे बढ़ा। इसे दक्षिणी राज्य सरकारों तथा वहां के श्वेत नागरिकों का परम् कर्तव्य कहा गया। 15वें संशोधन को निरस्त करने के लिए राज्य सरकारों ने मताधिकार के ऐसे कानून बनाए जिनसे नीग्रो लोगों को वोट देने के अधिकार से जातिभेद और रंगभेद के अतिरिक्त अन्य आधारों पर वंचित कर दिया जा सकता था। उनमें से बहुतों ने पितामह धारा* घुसेड़ दी जिससे नीग्रो लोगों को मताधिकार से वंचित किया गया और गोरे निवासियों को पूरे अधिकार मिल गए। यह प्रस्ताव कूक्लक्स क्लान द्वारा लाया गया था। टेनेस के युवाओं ने विनोद के लिए मूल रूप में क्लान के नाम से एक गुप्त संस्था बनाई थी जिसे ऐसी संस्था के रूप में परिणित कर दिया गया, जिससे नीग्रो लोगों को दबाया जा सके और उन्हें राजनीतिक अधिकारों को उपयोग करने से रोका जा सके। उस संस्था ने नीग्रो लोगों पर अत्याचार करना आरंभ कर दिया और वे नाम मात्र के लिए गोरे लोगों पर भी ज्यादती करते थे, ताकि नीग्रो लोगों और दक्षिण के प्रति उनकी सहानुभूति भी प्रतीत हो। उन अत्याचारियों की जड़ का पता नहीं लगाया गया। इससे स्पष्ट है कि दक्षिण की समस्त श्वेत जनता क्लान संस्था

* इसलिए कहा जाता है कि इससे उस मनुष्य के मताधिकार पर यह बंदिश लगा दी गई कि उसके पितामह ने उस मताधिकार का उपयोग किया हो।

का समर्थन करती थी । उन्हें रोकने का कोई प्रयत्न नहीं किया गया । न तो उनकी गतिविधियां रोकी गई न कांग्रेस द्वारा पारित कानून ही उन अत्याचारों को रोकने के लिए लागू किए गए । दक्षिण में उन्हें बेतों से मारना, उनके घर जलाना और कत्ल करना किसी भी बात को प्रभावी ढंग से नहीं रोका गया ।

दक्षिणी राज्यों तथा दक्षिण के गोरे लोगों के कारनामों को अमरीका के सुप्रीम कोर्ट के फैसले से और भी शह मिली । सुप्रीम कोर्ट ने फैसला दिया था कि पन्द्रहवां संशोधन पास होने के बावजूद राज्य कानूनों के अंतर्गत नीग्रो लोगों को मताधिकार से वंचित रखना वैध है, क्योंकि मताधिकार से वंचित करना जातिभेद और रंगभेद पर आधारित नहीं है । इसी प्रकार सुप्रीम कोर्ट ने निर्णय दिया कि कूक्लक्स क्लान की वे करतूतें, जिनसे नीग्रोजन को मताधिकार से रोका गया था, ठीक थीं, क्योंकि पन्द्रहवें संशोधन द्वारा राज्यों को तो मताधिकार में हस्तक्षेप करने से रोक दिया गया, परन्तु निजी संस्थाएं मनमानी कर सकती थी ।

रिपब्लिकन लोगों ने क्या किया? संविधान में संशोधन कर नीग्रों लोगों को और अधिक प्रभावी ढंग से गारंटी देने के बजाए, वे दक्षिणी राज्यों को मान्यता देने और संघ में शामिल करने पर सहमत हो गए । यह भी कहा गया कि विद्रोहियों को क्षमा किया जाए और वहां भेजी गई सेना को वापस बुला कर नीग्रो लोगों की मेहरबानी पर छोड़ दिया जाए । जैसा कि श्री एपथेकर ने कहा है*:

> "परंतु नीग्रो लोग उनके साथी दक्षिण में प्रजातंत्र के लिए भूमि और नागरिक अधिकारों के लिए बड़ी बहादुरी से लड़े, परंतु उत्तर के उद्योगों और बुर्जुआओं द्वारा किए गए शर्मनाक विश्वासघात के कारण पराजित हुए । 1877 में उत्तर के लोगों ने दक्षिणी हथकंडों से मेल कर लिया । रिपब्लिकन पार्टी के प्रतिक्रियावादियों से मिलकर उत्तर के बुर्जुआ लोगों ने दक्षिणी राज्यों में पुराने गुलामों के अल्पतंत्र (होमरूल) के नाम पर क्रांति को नाकाम कर दिया । उस भलमनसाहत के समझौते का अर्थ था नीग्रो लोगों के मताधिकार को समाप्त करना, बटाईदारी हक छीन कर दैनिक मजदूर बना देना, मारपीट और नागरिक स्वतंत्रता तथा उनके शैक्षिक अवसरों पर डाका डालना ।"

* द नीग्रोज इन द सिविल वार पृष्ठ 45-46

विश्वासघात का किस्सा यहीं तमाम नहीं हुआ । यहां यह भी बताना आवश्यक है कि यदि रिपब्लिकन पार्टी दक्षिण के डेमोक्रेट्स का चुनावों में सामना करते, तो नीग्रो लोग नरक यातना भोगने से बचाए जा सकते थे । क्योंकि जानने वालों का कहना है कि यदि दक्षिण में उत्तर की तरह दोनों दल बंट जाते, तो दक्षिण में कोई राज्य ऐसा नहीं जहां नीग्रो लोगों का बाहुल्य न हो । रिपब्लिकन भी ऐसा न कर पाते । लगता है कि रिपब्लिकनों और डेमोक्रट की मिलीभगत थी कि नीग्रो लोगों का प्रचार न करें क्योंकि दक्षिण में रिपब्लिकन ढूंढे नहीं मिलते । वहां वे अस्तित्व में नहीं है । उन्हें डर था कि कहीं उन्हें नीग्रो लोगों का पक्ष न लेना पड़ जाए ।

अस्पृश्य नीग्रो लोगों की गति नहीं भूल सकते । इसी दगाबाजी से बचने के लिए उन्होंने स्वाधीनता आंदोलन के प्रति यह रूख अपनाया । इसमें गलती क्या है? क्या वे वर्क के कथन से भी आगे हैं कि आधी-अधूरी सुरक्षा को छोड़ कर पूरी के लिए दौड़ने से तो कायर कहलाना ही भला है ।

अस्पृश्य अनुभव करते हैं कि स्वतंत्रता के लिए भारत के अधिकार के बारे में ब्रिटिश सरकार के रुख को देखते हुए, इस लड़ाई का जिससे कांग्रेस को बहुत प्यार है, कोई औचित्य नहीं है । यह तो घोड़े के आगे गाड़ी खड़ी कर देना है । स्वतंत्रता के संबंध में भारत के अधिकार के विषय में ब्रिटिश सरकार का जो रुख है वह 1857 के विद्रोह के बाद बिल्कुल बदल गया है । एक समय ऐसा था जब ब्रिटिश सरकार का कहना था कि भारत की स्वतंत्रता के अधिकार की बात तक न की जाए । ऐसी घोषणा लारेंस द्वारा की गई थी । जिनकी मूर्ति कलकत्ता में लगी हुई है । उनका कहना था "ब्रिटिश ने भारत को तलवार की धार से जीता है और वे तलवार के बल पर ही राज करेंगे ।" अब यह दावा काफूर हो गया है और यह कहने में कोई अतिशयोक्ति नहीं कि आज प्रत्येक अंग्रेज को ऐसा कहने में लज्जा का अनुभव होता है । इस स्थिति के बाद दूसरी स्थिति आई, जिसमें भारतीय स्वतंत्रता के विरूद्ध ब्रिटिश सरकार का तर्क था कि जनतंत्र प्रणाली को चलाने में भारतीय अभी सक्षम नहीं है यह स्थिति लार्ड रिपन के काल से आरम्भ हुई जिसमें भारतीयों को राजनीतिक प्रशिक्षण देने का प्रयत्न किया गया । सबसे पहले स्थानीय स्वायत्त शासन के क्षेत्र में और उसके बाद मांटेग्यू चेम्सपोर्ड सुधारों के माध्यम से प्रांतीय सरकारों में प्रशिक्षण के तौर पर अवसर प्रदान किए गए । अब हम तृतीय चरण अर्थात् वर्तमान स्थिति पर पहुंचे हैं । ब्रिटिश सरकार को अब यह कहते हुए लज्जा आती है कि वह

तलवार के बल पर भारत पर शासन करेंगे । अब वह यह नहीं कहते कि भारतीय लोग जनतंत्र प्रणाली के अनुसार शासन चलाने में सक्षम नहीं हैं । ब्रिटिश सरकार स्वतंत्रता के लिए भारत के अधिकार को ही नहीं, वरन् पूर्ण स्वाधीनता के अधिकार को भी मानने लगी है । ब्रिटिश सरकार यह भी मानने लगी है कि भारतीय अपनी मर्जी का संविधान बना सकते हैं । उनके नए दृष्टिकोण का क्रिप्स योजना से बढ़कर और कोई बड़ा सबूत नहीं हो सकता, जो ब्रिटिश सरकार द्वारा भारत की आबादी के संबंध में रखा गया है । पहले की शर्तें यह थी कि भारतीयों को चाहिए कि वे ऐसे संविधान का निर्माण करें, जिसमें देश के राष्ट्रीय जीवन में सभी महत्वपूर्ण वर्गों की सहमति झलकती हो । आज हम इस स्थिति तक पहुंच चुके हैं । इसलिए अस्पृश्य नहीं समझ सकते कि कांग्रेस, भारतीयों में सहमति की प्राप्ति करने के बजाए, स्वतंत्रता संग्राम के सिद्धांत पर ही बात क्यों चलाती रहे और स्वतंत्रता संग्राम में शामिल न होने के लिए अस्पृश्यों को बदनाम करती रहे ।

III

कांग्रेस ब्रिटिश सरकार के प्रस्ताव का विरोध क्यों करती है? कांग्रेस दो बातों पर अपने विरोध को उचित ठहराती है । कांग्रेस का कहना है कि ब्रिटिश सरकार द्वारा निर्धारित शर्त, स्वतंत्रता में अस्पृश्यों के हाथों में वीटों के समान है । यह दलील दो कारणों से बेवकूफी की है । पहला यह कि अस्पृश्यों ने कोई आसमान के तारे नहीं मांगे । यहां तक कि उन्होंने कोई बेतुकी मांग भी नहीं रखी है । उन्होंने ऐसा भी नहीं कहा जैसा कर्सन ने रेडबोण्ड से कहा था–"तुम्हारे संरक्षण भाड़ में जाएं, हम तुम्हारे द्वारा शासित नहीं होना चाहते ।" हिंदुओं की असामाजिक तथा अप्रजातांत्रिक नीति के बावजूद अस्पृश्य बहुसंख्यक हिंदुओं के शासन मे आने को, पूर्णतः स्वीकार करने को तैयार है । परंतु शर्त यह है कि संविधान में उन्हें न्यायोचित संरक्षण प्रदान किए जाए । यह कहना कि अस्पृश्य असंभव मांगें पेश करके भारत की आजादी प्राप्त करने में वीटो का काम कर रहे हैं, सफेद झूठ है जिसका कोई औचित्य नहीं है । यदि कांग्रेस इस आशंका को सही मानती है, तो उसका निराकरण भी उसी के हाथ में है । क्योंकि कांग्रेस चाहे तो हिंदू और अस्पृश्यों में कोई समझौता न होने की स्थिति में यह मामला अंतर्राष्ट्रीय पंचफैसले के लिए भेज सकती है । यदि कांग्रेस इस बात पर सहमत हो, तो मुझे विश्वास है कि न तो ब्रिटिश सरकार को और न अस्पृश्यों को ही इस बात पर कोई एतराज

होगा । परंतु जब परस्पर समर्पित संविधान लाने के लिए ईमानदारी से सही प्रयत्न करने के बजाए कांग्रेस स्वतंत्रता आंदोलन छेड़ने की ही बात करती है, तो इससे अस्पृश्य यही निष्कर्ष निकालते हैं कि कांग्रेस अस्पृश्यों द्वारा की गई संरक्षण की मांग पर सहमत हुए बिना ब्रिटिश सरकार को सत्ता हस्तांतरित करने के लिए विवश करना चाहती है अथवा श्री गांधी के शब्दों में, "कांग्रेस को चाबी सौंप देने" की बात कहती है । संक्षेप में कांग्रेस चाहती है कि भारत को असीमित स्वाधीनता दी जाए और हिंदू अस्पृश्यों के साथ खुले खेल खेलते रहें । यदि अस्पृश्य इस बेईमानी के खेल में उनका हाथ न बंटाए तो इसमें आश्चर्य क्या है, भले ही उस खेल को स्वधीनता संग्राम जैसा भारी भरकम नाम ही क्यों न दे दिया गया हो?

दूसरा आधार जिस पर कांग्रेस समझौते के प्रश्न को टालने के लिए कहती है वह यह है कि ब्रिटिश सरकार ईमानदार नहीं है और ऐसी घोषणा करने पर भी ब्रिटिश सरकार सत्ता का हस्तांतरण नहीं करेगी चाहे भारतीय लोग संविधान के लिए सहमत ही क्यों न हो जाएं? अंततः इसीलिए भारतीय लोग अंग्रेज सरकार से सत्ता छीनने के लिए संघर्ष करेंगे ही । अस्पृश्यों का उत्तर है कि अंग्रेजों के वायदे पर अविश्वास करने का कोई कारण नहीं है । आखिरकार ब्रिटिश सरकार इस देश में भारतीय लोगों की आकांक्षाओं को पूरा करने की दिशा में कार्य करती रही है और कर रही है । यदि प्रगति धीमी पड़ती है, तो इसका भी कारण यही है कि भारतीय कम कीमत पर ही संतुष्ट होना चाहते हैं । जब से अंग्रेजों ने भारत पर आधिपत्य जमाया है, तब से 1886 तक भारतीयों ने इस बात की भी परवाह नहीं की कि उन पर कौन शासन कर रहा है अथवा किस प्रकार शासन किया जा सहा है । वे इन प्रश्नों से आंदोलित हुए बिना आंख मूंदे पड़े थे । वर्ष 1886 में कांग्रेस की स्थापना हुई और वह पहला अवसर था जब से भारतीयों ने देश के शासन में दिलचस्पी लेना आरंभ किया । परंतु कांग्रेस भी वर्ष 1910 तक केवल ठीकठाक सरकार के लिए ही आंदोलन कर रही थी । 1910 मे कांग्रेस ने सर्वप्रथम स्वायत्त शासन की मांग की । जब 1919 में मांटेग्यू चेम्सफोर्ड सुधार लागू हुए तो भारतीयों के लिए स्वायत्त शासन की मांग उठाने का ध्यान आया । भारतीयों ने 1917 में 19 मांगों का ज्ञापन तैयार किया । लोग जानते होंगे कि उस समय भारतीय अधिकतर प्रांतों की दोहरी शासन प्रणाली से ही संतुष्ट थे । कुछ भारतीय नेता जैसे सर श्री दिनेश वाचा और श्री समरनाथ इसे भी भारतीयों की लंबी-लंबी छलांग

मानते थे ।*

वर्ष 1930 में कांग्रेस के प्रस्तावों में पूर्ण स्वतंत्रता पर जोर दिए जाने के बावजूद गांधी जी गोलमेज सम्मेलन में केवल प्रांतीय स्वतंत्रता प्रदान कर देने से संतुष्ट हो जाने को तैयार थे ।**

अस्पृश्य सोचते हैं कि वह स्थिति कब की बीत चुकी है जब ब्रिटिश सरकार स्वतंत्रता रूपी धन पर सांप की तरह कुंडली मारे बैठी थी और लोगों को अपने पास फटकने तक न देती थी । भारत की स्वतंत्रता उस धन के समान है जो किसी मुख्तार के कब्जे में होता है । ब्रिटिश सरकार ने अपने आपको मुख्तार बना रखा था । जैसे ही आपसी विवाद समाप्त हो जाए और भावी संविधान का स्वरूप उभर कर सामने आ जाए तभी ब्रिटिश सरकार उस धरोहर को यथोचित अधिकारी स्वामियों अर्थात् भारतीयों को सौंप दे, अस्पृश्य पूछते हैं कि इससे फायदा क्यों न उठाया जाए? देश की संपत्ति के मामले को सीधे और ईमानदारी के साथ समझौता करके क्यों न निपटाया जाए और तब स्वतंत्रता का संयुक्त दावा क्यों न किया जाए? अस्पृश्यों का कहना है कि कांग्रेस उपरोक्त ढंग से स्वतंत्रता की लड़ाई नहीं लड़ना चाहती । इसीलिए स्वतंत्रता संग्राम का कांग्रेस का नारा जालसाजी के सिवाय कुछ नहीं है, जिसका उद्देश्य अस्पृश्यों की सर्व विधा समर्थित संविधान की मांग को दरकिनार करके ब्रिटिश सरकार से स्वतंत्रता प्राप्त करना है ।

---

* मांटेग्यू ने अपनी इंडियन डायरी में यह लिखा है कि जब उन नेताओं ने राजनीतिक सुधार के प्रश्न पर मुझसे बात की, तो उन्होंने कहा, ''सरकार पर प्रभाव डालने के प्रस्ताव पास करने का अधिकार हमें दिया जाए, जिसे हम मृदु स्वर में सरकार के सामने प्रयोग कर सकें। परंतु हम उत्तरदायी सरकार बनाने के योग्य नहीं हैं।

** गोलमेज सम्मेलन में क्या हुआ था, यह कहानी पहले ही बतलाई जा चुकी है। परंतु जो लोग गोलमेज सम्मेलन में उपस्थित थे, वे जानते हैं कि श्री गाँधी प्रांतीय स्वायत्तता से किस प्रकार सहमत हुए थे। यदि 1935 के गर्वनमेंट ऑफ इंडिया एक्ट में केंद्रीय सरकार के लिए जिन उत्तरदायित्वों तथा मौलिक तत्वों की व्यवस्था की गई है, उसका श्रेय गैर-कांग्रेसी पार्टियों के उन प्रतिनिधियों को जाता है जिन्होंने गोलमेज सम्मेलन में भाग लिया था। अंग्रेज सरकार ने उस मांग से अधिक मंजूर किया। यदि 1939 में इस दिशा में कोई रुकावट आई, तो उसका मुख्य कारण यही था कि भारतीय इस बात पर सहमत नहीं थे वे अपने देश के लिए कैसा संविधान चाहते हैं।

अस्पृश्य यह नहीं कहते कि वे ब्रिटिश सरकार द्वारा की गई घोषणा को कम करके देखना चाहते हैं, वे यह भी नहीं मानते कि यदि भारतीय समझौते पर सहमत हो जाते है तो तुरंत सिम-सिम का दरवाजा खुल जाएगा या अलादीन का जादुई चिराग करिश्मा दिखा देगा । उन्हें इस बात का भी अहसास है कि ब्रिटिश सरकार अपनी घोषणा से मुकर भी सकती है । यह भी हो सकता है कि सहमति का संविधान बन भी जाए तो भी वे अपने वायदे को पूरा न करें, तब स्वतंत्रता की लड़ाई आवश्यक हो जाएगी । अस्पृश्य इन संभावनाओं की उपेक्षा नहीं कर सकते । परंतु उस विषय में अस्पृश्यों का कहना है कि भारतीयों ने अंग्रेजों की अभी परीक्षा नहीं ली है । उनकी परीक्षा तब तक नहीं ली जा सकती, जब तक कि सर्व-समर्थित संविधान उनके सामने न प्रस्तुत किया जाए । जब तक कांग्रेस इस दिशा में पहली कार्यवाही नहीं करती–यद्यपि वह कार्यवाही का अंतिम चरण नहीं होगा–अस्पृश्यों को अनुभव होता है कि कांग्रेस का उनके प्रति यहां तक कि देश के प्रति ईमानदारी का रवैया वही था, कौन कह सकता है कि अस्पृश्यों का कांग्रेस के 'स्वतंत्रता संग्राम' में सम्मिलित न होने का उनका तर्क न्यायोचित नहीं है ।

एक दूसरा आरोप अरुण शौरी ने डा० अम्बेडकर पर यह लगाया है कि वे मो० अली जिन्ना के समर्थक थे, जबकि जिन्ना साहब को गाँधी जी ने 'कायदे आजम' (महान नेता) कह कर अलंकृत किया था । डा० अम्बेडकर ने तो उन दोनों के बारे में कहा है कि, "मैं यदि श्री गाँधी तथा श्री जिन्नाह से घृणा करता हूँ, इसका मतलब यह है कि मैं उनसे घृणा नहीं करता, मैं उन्हें नापसंद करता हूँ, उसका मात्र कारण यह है कि मैं भारत से अधिक प्रेम करता हूँ । यह एक राष्ट्रवादी की सच्ची निष्ठा है । मुझे आशा है कि मेरे देशवासी किसी न किसी दिन यह सीख लेंगे कि देश व्यक्ति से कहीं अधिक महान होता है । गाँधी या जिन्नाह की पूजा और भारत की सेवा में आकाश-पाताल का अंतर है और वह परस्पर विरोधी भी हो सकती है । जबकि कांग्रेसी छापाखानों में डा० अम्बेडकर के इस बात की आलोचना की थी कि वे जिन्ना की आलोचना क्यों करते हैं ।"[7] लेकिन अरुण शौरी का कथन है कि डा० अम्बेडकर जिन्ना के पक्षधर थे । अरुण शौरी ने सम्पूर्ण प्रसंग को अपने निहित अभिप्राय के अनुसार काट-छाँट कर नये रूप में प्रस्तुत करने में अत्यन्त कुशलता दिखाई है । इस प्रयत्न में अपने निहित अभिप्रायों के विरूद्ध तथा डा० अम्बेडकर के पक्ष के तथ्यों की अवहेलना करते चलते हैं लेकिन उनका यह प्रयास मात्र सत्य को झुठलाता भर है ।

पृष्ठ 55 पर अरुण शौरी ने यह निष्कर्ष निकाला है कि कांग्रेस के विशाल हृदयता के कारण डा० अम्बेडकर को संविधान के 'मसौदा कमेटी' का अध्यक्ष चुना गया जबकि तथ्य यह है कि संविधान बनाने की चुनौती सन् 1927 ई० में लार्ड वर्किनहैंड ने भारतवासियों को दी थी तब श्री मोती लाल नेहरू की अध्यक्षता में एक संविधान बनाया गया था जिसका नाम 'नेहरू संविधान'। लेकिन यह स्वीकार नहीं किया गया। 1930 ई० के गोलमेज सम्मेलन में दूसरी बार संविधान बनाने का मौका मिला था लेकिन भारतवासी संविधान नहीं बना सके, जबकि संविधान बनाने की शर्त पर ही भारत को स्वतंत्रता मिलनी थी। तीसरी बार 1934 में सप्रू कमेटी द्वारा संविधान बनाने का प्रयास किया गया लेकिन उसमें भी असफलता मिली। अत: कांग्रेसियों ने डा० अम्बेडकर की योग्यता, देश तथा दलित एवं गरीब जनता के हितों की प्रतिबद्धता के चलते ही संविधान मसौदा समिति का अध्यक्ष चुना था। लेकिन अरुण शौरी को नजर आता है कि डा० अम्बेडकर ने देश की स्वतंत्रता के लिए कुछ नहीं, किया। अत्यन्त अल्प समय में डा० अम्बेडकर ने संविधान का मसौदा संविधान सभा में प्रस्तुत कर दिया जिसकी प्रशंसा डा० राजेन्द्र प्रसाद, श्री पं० जवाहरलाल नेहरू, और डा० पाइली इत्यादि ने की। लेकिन अरुण शौरी जानबूझकर इन प्रसंगों को भूल जाते हैं।

पाकिस्तान के संदर्भ में डा० अम्बेडकर के विचार बहुत ठीक ढंग से एल० आर० बाली की पुस्तक "डा० अम्बेडकर ने क्या किया" के पृष्ठ संख्या 112 से 167 तक वर्णित है। डा० भीमराव अम्बेडकर देश की एकता और अखंडता के पक्षधर थे जिसके कुछ एक प्रमाण इस प्रकार है।

पहला : पाकिस्तान की योजना पर अपने विचार व्यक्त करते हुए डा० अम्बेडकर ने 1945 में इस प्रकार लिखा था :

"1939 में श्री जिन्ना ने एक कुदान ली और पाकिस्तान के पक्ष में वह शैतानी प्रस्ताव पारित करते हुए मुसलमानों को पृथक करने की खतरनाक एवं विनाश करने वाली अलगाव की नीति की रूपरेखा तैयार की। इस अलगाव का क्या कारण है? कोई कारण नहीं, केवल विचारधारा में परिवर्तन कि मुसलमान एक राष्ट्र है और एक जाति नहीं। किसी व्यक्ति को इस प्रश्न पर झगड़ना नहीं चाहिए कि मुसलमान एक राष्ट्र है अथवा जाति। परंतु यह बात समझना बहुत कठिन है कि किस प्रकार यह तथ्य कि मुसलमान एक राष्ट्र है, राजनैतिक अलगाव को एक सुरक्षित और सार्थक नीति का द्योतक है। दुर्भाग्यवश मुसलमान इस बात का अनुभव नहीं करते कि उक्त नीति के

फलस्वरूप श्री जिन्नाह ने उन लोगों का कितना उपकार किया है, परन्तु मुसलमान यह विचार करें कि मुस्लिम लीग को मुसलमानों का एक मात्र संगठन बनाकर श्री जिन्नाह ने क्या उपलब्ध किया? यह हो सकता है कि उक्त प्रक्रिया के फलस्वरूप उनके समकक्ष किसी अन्य व्यक्ति को नेतृत्व प्राप्त करने की संभावना न रही हो क्योंकि मुस्लिम शिविर में उन्हें अपने लिए सर्वप्रथम स्थान प्राप्त होने का पूर्ण विश्वास रहा है । परन्तु हिंदू राज्य से मुसलमानों के अलगाव की योजना द्वारा किस प्रकार लीग अपने को बचा सकती है? जिन प्रांतों में मुसलमान अल्पसंख्या में है, क्या पाकिस्तान वहाँ हिंदू राज्य के निर्माण की संभावना को रद्द कर सकता है? स्पष्टतः यह ऐसा नहीं कर सकता, अगर पाकिस्तान बना, तो अल्पसंख्यक मुस्लिम प्रान्तों में यह अवश्य होगा । अब संपूर्ण भारत पर दृष्टिपात कीजिए, क्या पाकिस्तान उन मुस्लिम अल्पसंख्यकों पर, जो हिंदुस्तान में बचे रहेंगे, केंद्र में हिंदू राज्य स्थापित करने में रूकावट डाल सकता है? यह स्पष्ट है कि ऐसा नहीं हो सकता, तब पाकिस्तान का क्या औचित्य रहा? क्या उन बहुसंख्यक मुस्लिम प्रांतों में हिंदू राज्य स्थापना को रोकना, जहाँ पर कि कभी भी हिंदू राज्य नहीं हो सकेगा । अन्य प्रकार से यह कहा जा सकता है कि पाकिस्तान मुसलमानों के लिए वहाँ अनावश्यक है जहाँ वे बहुसंख्या में है क्योंकि वहाँ हिंदू राज की स्थापना का कोई भय नहीं है । यह स्थिति मुसलमानों के लिए बेकार होने की अपेक्षा अधिक बुरी है, जहाँ मुसलमान अल्पसंख्या में है, क्योंकि पाकिस्तान हो अथवा नहीं, उन्हें हिंदू राज्य का सामना करना पड़ेगा, मुस्लिम लीग की राजनीति की अपेक्षा क्या कोई और राजनीति इतनी बेकार हो सकती है । मुस्लिम लीग ने अल्पसंख्यक मुसलमानों को सहायता देना प्रारम्भ किया और बहुसंख्यक मुसलमानों के हितों को आलिंगन करते हुए उसे समाप्त किया । मुस्लिम लीग के मौलिक लक्ष्य में किस प्रकार का हेर फेर हुआ । किस प्रकार का पतन ऊँचे से एक हास्यास्पद स्थिति तक हुआ । हिंदू राज्य के विपरीत विभाजन का विकल्प व्यर्थ की अपेक्षा ज्यादा बुरा है ।

दूसरा : पाकिस्तान की योजना को व्यर्थ करार देने के बाद डा० अम्बेडकर ने 1946 में एक दूसरा यत्न किया कि ऑल इंडिया मुस्लिम लीग संविधान सभा, जो 1946 में गठित हो चुकी थी और जिसका प्रथम अधिवेशन दिसम्बर 9, 1946 ई० को हुआ था, में शामिल होकर संविधान के निर्माण में योगदान करें और इस तरह देश का विभाजन टल जाए ।

मुस्लिम लीग के प्रतिनिधियों को संविधान सभा में भाग लेने के लिए प्रेरित करते हुए उन्होंने कहा था :

राष्ट्रों के भविष्य का फैसला करते समय, जनता के गौरव, नेताओं की प्रतिष्ठा अथवा राजनीतिक दलों के महत्व पर कुछ विचार नहीं किया जाना चाहिए । देश की प्रतिष्ठा का ही पूरी तरह से ख्याल किया जाना चाहिए ।

उन्होंने आगे कहा : श्री वर्क ने कहीं कहा है कि सत्ता देना तो सरल है किन्तु बुद्धि प्रदान करना कठिन है । हमे अपने व्यवहार से सिद्ध करना चाहिए कि संविधान सभा को जो प्रभुत्व-शक्ति मिली है, उसे हम बुद्धिमता से इस्तेमाल करें । यह एक तरीका है । जिस से हम देश के सभी वर्गों को अपने साथ चला सकते हैं । एकता को प्राप्त करने का कोई दूसरा रास्ता नहीं है, इसमें किसी तरह का कोई संदेह नहीं रहना चाहिए ।

अपने भाषण में मुस्लिम लीग को समझाते हुए डा० अम्बेडकर ने संविधान सभा में कहा : मुझे यह कहने में कोई झिझक नहीं है कि मुस्लिम लीग के हिंदोस्तान का विभाजन कराने के लिए चलाए जा रहे आंदोलन के बावजूद एक ऐसा भी दिन आएगा जब वह भी महसूस करेगें कि अखंड भारत ही सब के लिए हितकर है ।

तीसरा : हिंदोस्तान विभाजित न हो, इसके लिए डा० अम्बेडकर ने एक और प्रयास किया, उन्होंने (1) बरतानिया सरकार (2) हिंदुओं, और (3) मुसलमानों के सामने एक योजना पेश की ।

सभी पक्षों की आसानी के लिए उन्होंने अपनी योजना की एक विधेयक के मसौदे के रूप में प्रस्तुत किया जिस का नाम उन्होंने 'हिंदुस्तान सरकार (प्रारम्भिक उपबन्धों का) कानून' रखा । विधेयक के इस मसौदे द्वारा उन्होंने निम्नलिखित बातें सुझाई :

(क) यदि सरकार द्वारा निर्धारित तिथि के छ: महीने के अन्दर उत्तर-पश्चिमी सीमा प्रांत, पंजाब, सिन्ध और बंगाल के बहुसंख्यक मुसलमान प्रस्ताव पारित करें कि मुस्लिम प्रबलता वाले प्रान्त बरतानवी-हिंदोस्तान से पृथक कर दिया जाएं तो सरकार मुसलमानों और गैर मुसलमानों में अलग-अलग जनमत कराए ।

(ख) यदि मुसलमानों की बहुसंख्या पृथक होने और गैर-मुसलमानों की बहुसंख्या बरतानवी हिंदोस्तान से अलग होने के विरोध में हो तो एक सीमा आयोग गठित किया जाए जो मुस्लिम-बहुसंख्या वाले क्षेत्रों की

निशानदेही करेगा । ऐसे क्षेत्रों को जिलों में बांट दिया जाए । ये जिले अनुसूचित जिलों के नामों से पुकारे जाएं, पश्चिम के इन अनुसूचित जिलों को पश्चिमी पाकिस्तान और उत्तर में स्थित जिलों को पूर्वी पाकिस्तान का नाम दिया जाए ।

(ग) अनुसूचित जिलों में एक और जनमत यह जानने के लिए कराया जाए कि वे तुरंत अलग होने के पक्ष में है कि नहीं, यदि जनमत तुरंत अलग होने के समर्थन में न हो तो हिंदोस्तान और पाकिस्तान का एक ही संविधान हो और यदि जनमत तुरंत अलग होने के पक्ष में हो तो हिंदोस्तान और पाकिस्तान के लिए अलग-अलग दो संविधान होंगे ।

(घ) हिंदोस्तान और पाकिस्तान दोनों में सुखद सम्बन्ध कायम रखने के उद्देश्य से एक परिषद होगी जिस को हिंदोस्तान और पाकिस्तान की लोक सभाएं चुनेंगी ।

(ङ) यह योजना के लागू होने के दस वर्षों बाद तक इस में किसी प्रकार के परिवर्तन को नहीं स्वीकारा जाएगा ।

डा० अम्बेडकर की इस योजना का उद्देश्य यह था कि हिंदोस्तान और पाकिस्तान का कम से कम दस वर्षों के लिए संयुक्त-संघ हों । यदि दस वर्षों के बाद पाकिस्तान एक अलग देश होने के लिए जिद्द करता है तो फिर उसे पूर्णतः अलग कर दिया जाए । वर्षों बाद डा० अम्बेडकर की हिंदोस्तान-पाकिस्तान की इस संयुक्त संघ की योजना को पाकिस्तान बन जाने के बाद श्री जय प्रकाश नारायण और डा० राम मनोहर लोहिया ने दोहराया था किन्तु तब पानी सिर के ऊपर से गुजर चुका था ।

चौथा : जब गांधी जी, पंडित नेहरू और सरदार पटेल के तिकोन ने साम्प्रदायिकता के आगे हथियार डाल दिए तो फिर डा० अम्बेडकर ने यह यत्न किया कि ज्यादा से ज्यादा क्षेत्र भारत में रहे । इस उद्देश्य की पूर्ति के लिए उन्होंने सीमा-आयोग के सामने तर्क पेश किए और सिक्खों को भी प्रेरित किया कि वे भी भारत में ज्यादा क्षेत्र हासिल करने की खातिर बरतानिया सरकार पर दबाव डालें ।

अपनी पुस्तक 'पाकिस्तान और पारटीशन ऑफ इंडिया' (तीसरा संस्करण 1946) में जो नक्शे उन्होंने प्रकाशित किए विभाजन की रेखाएं उन्हीं के अनुसार खींची गई और अगस्त 15, 1947 को हिंदोस्तान में एक से दो देश बन गए--एक भारत और दूसरा पाकिस्तान ।

पांचवा : इस प्रकार डा० अम्बेडकर ने देश को अखंड रखने के निरंतर यत्न किए और जब पाकिस्तान की स्थापना हो ही गई तो आबादी के तबादले का प्रश्न पैदा हुआ । डा० अम्बेडकर ने पहले यह सुझाया था कि आबादी का तबादला यानि पाकिस्तान से हिंदुओं का और भारत के मुसलमानों का शांतिपूर्ण ढंग से सरकार द्वारा किया जाए । लेकिन कांग्रेस के नेता इसके लिए रजामंद न हुए । नतीजे के तौर पर लाखों लोगों को साम्प्रदायिक-दगों के कारण घरों से उजड़ना पड़ा, वे बरबाद हुए, अनेक कत्ल किए गए, हजारों नवयुवतियों के साथ बलात्कार हुआ, साम्प्रदायिक दंगों में ऐसे-ऐसे अत्याचार ढाए गये कि मानवता भी शर्मसार हो उठी थी ।

तब के प्रधानमन्त्री जवाहर लाल नेहरू इस दानवी नंगे नाच को बेबस दर्शक के तौर पर देखते गए । किन्तु डा० अम्बेडकर ने आबादी के तबादले के मामले में भी एक ठोस पग उठाया, उन्होंने प्रधानमन्त्री को पत्र लिख कर और इस मामले को प्रेस व जनता में उभारा और सेना को पाकिस्तान से लोगों का शांतिपूर्ण व सुरक्षित ढंग से निकालने के लिए नियुक्त कराया, इस काम में महार रैजीमेंट ने जो सराहनीय काम किया वह देश के इतिहास में स्वर्ण-अक्षरों में लिखा जाएगा ।

मामला देश की अखंडता का था अथवा एकता का, जो योगदान डा० अम्बेडकर ने किया उससे उनकी देश भक्ति की निष्ठता तो सिद्ध हुई ही, उन द्वारा लाखों लोगों की ऐसे समय पर सहायता भी हुई जब न कोई उनका रक्षक था, न कोई सहायक, यह एक ऐतिहासिक कार्य के रूप में सदा याद की जाती रहेगी ।''

उपरोक्त पृष्ठों पर दिये गये तथ्य एवं तर्क अकाट्य हैं । डा० अम्बेडकर देश की एकता एवं अखण्डता के पक्षधर थे इसकी पुष्टि भी उपरोक्त तथ्यों से हो जाती है । इन संदर्भों में अरुण शौरी की कूट रचना एक निंदनीय प्रयास मात्र ही मानी जा सकती है ।

अरुण शौरी ने अपनी इस पुस्तक में माननीय कांशीराम एवं उनके अनुयायियों पर भी शाब्दिक आतंकवाद, मारने एवं धमकाने का आरोप लगाया है । उनको इस बात की भी आपत्ति है कि डा० अम्बेडकर को दलित अपना नेता क्यों मानते हैं । उनकी मान्यताओं से क्यों दबे हुए हैं जबकि डा० अम्बेडकर की स्वतंत्रता आंदोलन में कोई भूमिका नहीं थी । स्वतंत्रता के बाद मंत्री पद भी श्री जगजीवन राम जा को संतुति के कारण मिला था ।

अरुण शौरी के कूट रचित आरोपों के खण्डन के लिए डा० अम्बेडकर का व्यक्तित्व एवं कृतित्व ही पर्याप्त है लेकिन फिर भी हम पाठकों का ध्यान इस तथ्य की तरफ आकर्षित करना चाहते हैं कि भारत को स्वतंत्रता केवल महात्मा गाँधी के नेतृत्व में चलने वाले आंदोलन के कारण नहीं मिला था । इस निष्कर्ष से डा० आर० सी० मजुमदार, श्री आर० आर० दिवाकर जैसे इतिहासविद् भी सहमत हैं । अरुण शौरी ने बौद्धिक तानाशाही का परिचय देते हुए अपने पुस्तक में जो अत्यन्त सरल निष्कर्ष निकाला है कि जो महात्मा गाँधी का समर्थक नहीं हैं, वह देश विरोधी है । अंग्रेजों का समर्थक है । मुस्लिम लीग का समर्थक है, पाकिस्तान बनने का समर्थक है । ऐसे निष्कर्ष संकीर्ण मस्तिष्क एवं फांसीवादी मनोवृत्ति के लोग ही निकाल पाते हैं, जबकि डा० अम्बेडकर की देश भक्ति, चरित्र एवं मानवीय मूल्यों के प्रति समर्पण असंदिग्ध है । क्या अरुण शौरी के पास निम्नलिखित प्रश्नों का उत्तर है :

1. गोलमेज सम्मेलन में जब महात्मा गाँधी और उनकी कांग्रेस अधिनस्थ राज्य की माँग कर रही थी तब डा० अम्बेडकर ने पूर्ण स्वराज्य की माँग की । देश की स्वतंत्रता के प्रति कौन ज्यादा गम्भीर था । डा० अम्बेडकर या गाँधी के नेतृत्व वाली कांग्रेस?
2. जातीय एवं वर्ण व्यवस्था से जकड़े हुए समाज में दलितों की मुक्ति के लिए डा० अम्बेडकर ने जो संघर्ष किया, क्या वह झूठा था?
3. दलितों के समान अधिकार दिलाने के लिए डा० अम्बेडकर ने जो संविधान में विशिष्ट प्रावधानों की माँग की, क्या वह लोकतंत्र न्याय, एवं मानवीय स्वतंत्रता के पक्ष में नहीं था?
4. दलितों के प्रति प्रतिबद्धता के कारण क्या डा० अम्बेडकर के सामने कुछ दशकों की अंग्रेजों की पराधीनता महत्वपूर्ण प्रश्न हो सकता था या हजारों साल से मानवीय अधिकारों से वंचित दलितों की स्वतंत्रता एवं अधिकार का प्रश्न?
5. क्या डा० अम्बेडकर ने अपने सार्वजनिक जीवन में छूआ-छूत मिटाने एवं ब्राह्मणवादी धर्मशास्त्रों की अवहेलना दलितों को मुक्ति दिलाने के लिए नहीं किया था?
6. क्या डा० अम्बेडकर ने पाकिस्तान के संस्थापक मो० अली जिन्ना की आलोचना नहीं की थी?
7. क्या दलितों, पिछड़ों को शिक्षित बनाने के लिए विभिन्न शैक्षणिक संस्थाओं को जन्म देकर महान कार्य नहीं किया था?

8. क्या दलितों, पिछड़ों एवं स्त्रियों के अधिकारों के लिए विधानसभा, लोकसभा एवं अपने सार्वजनिक जीवन में प्रयास नहीं किया था?
9. क्या महार रेजिमेंट की माँग कर कोई गुनाह किया था? तत्कालीन सामाजिक एवं राजनैतिक परिस्थितियों को देखते हुए क्या अलग से दलितों के प्रतिनिधित्व की बात करना भारतीय सामाजिक परिस्थितियों में गलत था?
10. क्या स्वतंत्रता आंदोलन के सभी नेताओं में डा० अम्बेडकर सबसे ज्यादा पढ़े-लिखे नहीं थे?
11. क्या वायसराय के कार्यकारी के सदस्य होते हुए भी डा० अम्बेडकर ने दलितों के उत्थान के लिए कोई कार्य नहीं किया?
12. क्या स्वतंत्रता प्राप्ति के लिए संविधान बनाने की चुनौती ब्रिटिश राज्य द्वारा भारतीयों को नहीं दी गई थी?
13. क्या डा० अम्बेडकर को ही आंदोलन के सभी नेताओं ने एक स्वर से इस चुनौती के योग्य नहीं माना?
14. क्या डा० अम्बेडकर मसौदा समिति के चेयरमैन नहीं थे?
15. क्या संविधान का स्वरूप सामने आने पर अनेक बड़े नेताओं ने डा० अम्बेडकर की प्रशंसा नहीं की?
16. क्या कानून मंत्री रहते हुए डा० अम्बेडकर ने हजारों साल से शिक्षा और संपत्ति के अधिकारों से वंचित नारी समाज के हितों की रक्षा के लिए हिंदू कोड बिल का प्रथम प्रारूप नहीं तैयार किया?
17. क्या डा० अम्बेडकर का वैचारिक दर्शन ज्ञान, सत्ता एवं प्रतिष्ठा से वंचित करोड़ों भारतवासियों के आशा का कारण नहीं है?

निश्चय ही अरुण शौरी एवं उनके जैसे जातिवादी सोच से ग्रस्त, संकीर्ण मानसिकता वाले व्यक्ति के पास इन प्रश्नों का यथोचित उत्तर नहीं होगा । इसलिए डा० अम्बेडकर के वैचारिक दर्शन से सहमत लोगों का कहना है कि अरुण शौरी जैसे लोगों को अकेला छोड़ दो । उनकी वैचारिक मौत अपने आप हो जायेगी, क्योंकि अरुण शौरी जैसे लोगों का वैचारिक दर्शन जो कि न केवल परम्परागत, दकियानूसी एवं सड़ा गला है, बल्कि शाश्वत मूल्यों से विहिन है । अत: वह आधुनिक मानवीय समाज के सम्मुख प्रस्तुत चुनौतियों का सामना नहीं कर सकती ।

अध्याय–2 : इसमें अरुण शौरी ने यह स्थापित करने का प्रयास किया है कि 1942 के पहले डा० अम्बेडकर ने जो आवाजें उठाई वे सब अंग्रेजी

हुकुमत चाहती थी और जो उनके लिए बहुत उपयोगी थीं । वे यहाँ तक कहते हैं कि डा० अम्बेडकर ने वह सब किया जिसकी ब्रिटिश शासकों को बहुत जरूरत थी । उन्होंने जो भी माँगें उठाई वह औपनिवेशिक शासकों के सुविधा के दृष्टिकोण से किया गया । इस संदर्भ में लेखक ने 1931 में हुए द्वितीय गोलमेज कान्फ्रेंस का वर्णन किया है । लेखक को आपत्ति है कि डा० अम्बेडकर ने यह क्यों स्थापित किया कि दलित वर्ग हिंदुओं से अलग है । उनको अलग से जनप्रतिनिधित्व दिया जाय । इस संदर्भ में उन्होंने गाँधी जी का तीव्र विरोध किया । गाँधी जी को यह लगा कि यह हिंदू समाज को तोड़ने का षडयंत्र है ।

अब प्रश्न यह उठता है कि लेखक के कथन कहाँ तक न्याय संगत है? कहाँ तक लेखक ने दुर्भावना से ग्रसित होकर डा० अम्बेडकर पर छिछले आरोप लगाये हैं । इस संदर्भ में अरुण शौरी से निम्नलिखित प्रश्न पूछे जा सकते हैं :

1. क्या यह सही नहीं है कि स्वतंत्रता के पूर्व सम्पूर्ण ऐतिहासिक काल में दलितों को सामान्य मानवोचित अधिकारों का हिंदू धर्मशास्त्रों ने विरोध किया? व्यवहार में भी दलित एवं शूद्र वर्ग तमाम मानवाधिकारों से वंचित था?
2. अगर इस प्रश्न का उत्तर हाँ में है तब दलितों के विशेषाधिकार की बात करना और उनके लिए अलग जनप्रतिनिधित्व की माँग करना एक दलित वर्ग के प्रतिनिधि एवं नायक के लिए स्वाभाविक था । अगर इस प्रश्न का उत्तर ना में है तो स्पष्ट है कि लेखक अरुण शौरी जान-बूझकर ऐतिहासिक तथ्यों की अनदेखी कर रहे हैं तथा एक महापुरूष के चरित्र पर कुत्सित इरादों से दोषारोपण कर रहे हैं ।
3. महात्मा गाँधी जी ने संघीय संरचना समिति (Federal Structure Committee) में न केवल रियासती जनता के अधिकारों का विरोध, बल्कि हिंदू, मुस्लिम, सिक्ख के अतिरिक्त किसी अन्य को विशेषाधिकार देने पर कड़े विरोध की धमकी दी । अगर गाँधी जी ने ऐसा किया तो डा० अम्बेडकर ने जो गाँधी जी का विरोध किया, क्या वह दलित वर्ग के अधिकारों के माँग की एक सिंह गर्जना नहीं थी? लेकिन अरुण शौरी को ऐसा लगता है कि डा० अम्बेडकर अंग्रेजों के हितों के साथ थे । पाठक स्वयं लेखक के तर्कबल का मूल्यांकन कर सकते हैं ।

4. अंग्रेजी राज्य के साम्प्रदायिक निर्णय की घोषणा एवं पूना पैक्ट पर भी लेखक को आपत्ति है जबकि कोई निष्पक्ष चिंतक होता तो पूना पैक्ट के लिए डा० अम्बेडकर की सराहना करता और गाँधी जी को हठधर्मिता के लिए कोसता । क्या इससे यह नहीं सिद्ध होता है कि अरुण शौरी मूलतः दलित हितों के न केवल विरूद्ध है बल्कि दलितों के महानायक की चरित्र हत्या कर दलित हितों पर कुठाराघात करना चाहते हैं?
5. डा० अम्बेडकर के साथ वायसराय की कार्यकारिणी में सर सी० पी० रामास्वामी अय्यर, सर मो० उस्मान, सर जे० पी० श्रीवास्तव और सरदार जोगिन्दर सिंह जैसे लोग सम्मिलित किये गये थे, लेकिन लेखक को केवल डा० अम्बेडकर के वायसराय के कार्यकारणी का सदस्य बनने का कष्ट है । अन्य लोगों के बारे में उन्होंने कहीं नहीं लिखा है कि उनको कार्यकारणी में क्यों सम्मिलित किया गया । क्या यह लेखक का एक पक्षीय दृष्टिकोण नहीं है?
6. वायसराय की कार्यकारणी परिषद में एक दलित को लिए जाने का अरुण शौरी को बहुत कष्ट है, जबकि उस समय अनेक नेताओं और महत्वपूर्ण व्यक्तियों जैसे सर तेज बहादुर सप्रू, लोकनायक बने, सर सुल्तान अहमद, महाराजा बिकानेर, बम्बई के मुख्य न्यायधीश श्री चिमनलाल सीटलवार, रायबहादुर, एम० सी० राजा आदि ने न केवल डा० अम्बेडकर को बधाई संदेश दिया बल्कि उनकी प्रशंसा भी की ।
7. लेखक अध्याय--2 के पृष्ठ 75 पर यह कहते हैं कि डा० अम्बेडकर को दलित हितों के स्थान पर व्यक्तिगत हित ज्यादा पसंद थे । डा० अम्बेडकर जैसे महान क्रांतिकारी व्यक्तित्व के बारे में इस तरह की टिप्पणी करना अरुण शौरी के न केवल पक्षपाती दृष्टिकोण को प्रदर्शित करता है बल्कि उनके व्यक्तित्व के सतहीपन को भी दर्शाता है । जिस व्यक्ति ने दलितों की समस्याओं के समाधान के लिए संघर्ष करना अपनी जीवन का लक्ष्य बनाया था । भाँति-भाँति के कष्ट उठायें । वकालत छोड़ी तथा हिंदू कोड बिल के सवाल पर पण्डित जवाहरलाल नेहरू से मतभेद होने पर मंत्रिमण्डल से त्यागपत्र दे दिया । उस व्यक्तित्व के लिए इस तरह की बातें अरुण शौरी जैसे मनुवादी ही लिख सकते हैं ।

8. लेखक ने यह स्थापित करने का प्रयत्न किया है कि 'अंग्रेजों की फूट डालो और राज्य करो' की नीति के कारण दलित वर्ग से डा० अम्बेडकर के नेतृत्व में हिंदू समाज से अलग होने का प्रयास किया । इस संदर्भ में अरुण शौरी से यह प्रश्न है कि क्या दलितों के हिंदू समाज में शिक्षा, संपत्ति या अन्य नागरिक अधिकार सुरक्षित थे? और अगर नहीं थे तो डा० अम्बेडकर के नेतृत्व में समानता के अधिकार की माँग करना क्या न्यायसंगत नहीं था? लेकिन लेखक को वंचित वर्ग के स्वाभाविक अभिव्यक्ति के पृष्ठभूमि में डा० अम्बेडकर एवं ब्रिटिश शासन के मध्य दुरभिसन्धि दृष्टिगोचर होता है । लेखक ने डा० अम्बेडकर के तर्कों का खण्डन न करके उनके व्यक्तित्व को कलुषित दृष्टि से प्रस्तुत करने का जो प्रयत्न किया है वह न केवल डा० अम्बेडकर एवं अनुयायियों के प्रति द्वेषपूर्ण है, बल्कि निंदनीय भी है ।

सन् 1942 के आंदोलन के संबंध में डा० अम्बेडकर का गाँधी जी के प्रति असहमति को लेखक अंग्रेजों के एक षड्यंत्र के सहभागिता के रूप में देखता है । लगता है कि लेखक डा० अम्बेडकर को बौद्धिक स्वतंत्रता एवं जीवन मूल्यों के प्रतिबद्धता से वंचित रखना चाहते है, जबकि प्रसिद्ध इतिहासकार आर० सी० मजूमदार ने 'भारत छोड़ो आंदोलन' के संबंध में निम्न प्रकार से लिखा है : ''लोगों ने 'करो या मरो' के नारे पर अमल किया और देश की आजादी के खातिर लड़ाई में जैसा कांग्रेसी नेताओं ने स्वयं कहा है, कूद पड़े । परंतु किसी नेता, योजनाबद्ध कार्यक्रम और संगठन के अभाव में वे अकेले कुछ न कर सके और ऐसे कष्टों और अत्याचारों के शिकार हुए जिनका वर्णन नहीं किया जा सकता । इतिहास में 1942 के आंदोलन के विषय में लिखा जाएगा कि कांग्रेसी नेता बहुत अयोग्य और संगठन के तौर पर अत्यन्त असफल रहे । 1942 पर विद्रोह वास्तव में सैनिक क्रांति थी । जनरैलों ने गड़बड़ की परन्तु इस सारी शान के पात्र वे सैनिक है जो बहुत ही उत्तम सिद्ध हुए और देश की आजादी के लिए शहीद हो गए ।

1942 की शानदार प्राप्ति की चर्चा करने के बजाय गाँधी जी और कांग्रेस ने, जैसा कि श्री आर० आर० दिवाकर ने कहा है, उस आंदोलन में भाग ले रहे लोगों के 'पागलपन' के लिए सफाईयाँ पेश की और क्षमा मांगी । कांग्रेस की कार्यकारणी के 11 दिसम्बर, 1945 के प्रस्ताव में 1942 से 1945

तक की घटनाओं के प्रेरक और वीरतापूर्वक, परंतु उद्देश्यहीन तथा सच्चाई के रास्ते से भटकाने वाली कहा है ।

मौलाना आजाद ने गाँधी जी का मजाक उड़ाते हुए कहा : 'जो कुछ घटित हो चुका है, गाँधी जी ने उसकी जिम्मेदारी अपने ऊपर ले ली । जैसा कि वह प्राय: करते ही थे, उस सब का प्रायश्चित करने के लिए वह व्रत रखने की योजना बना रहें हैं । मुझे उनसे व्रत रखने में, प्रायश्चित के सिवाए, कोई तुक दिखाई नहीं पड़ती' ।

1944 के पश्चात् गाँधी जी के 'भारत छोड़ो' आंदोलन का शेष कुछ नहीं बचा था सिवाए इस कलंक के जो कांग्रेस और उसके नेताओं के माथे पर लग चुका था । श्री मजुमदार ने आगे लिखा है "कोई भी व्यक्ति इस बात से इंकार नहीं कर सकता कि गाँधी जी ने जनता में राजनीतिक चेतना जागरित करने में बहुत ही महान रोल अदा किया है । किंतु भारत की स्वतंत्रता का सेहरा उसके सिर बाँधना सच्चाई का मजाक उड़ाना होगा । यह कहना कि गाँधी जी ने सत्याग्रह या चरखे से आजादी प्राप्त की, मूर्खता होगा ।"[8]

डा० एस० राधाकृष्णन ने 1942 ई० के आंदोलन के विरूद्ध 23 अगस्त, 1942 ई० को गाँधी जी को लिखे अपने पत्र में कहा कि, "यदि लोगों को इस प्रकार (हिंसा व तोड़-फोड़) की आदतें पड़ गई जैसी की संभावना है तो राष्ट्रीय-चरित्र में गिरावट आ जायेगी जिसके कारण यदि आजादी प्राप्त हो भी जाए तो हम उसे बरकरार रखने के अयोग्य हो जाएँगे ।"[9]

डा० एस० राधाकृष्णन ने गाँधी जी को भेजे पत्र की प्रति तत्कालीन वायसराय हिन्द लार्ड लिलिथगो को भी भेजी थी । जाहिर है कि एस० राधाकृष्णन ने भी गाँधी जी के दृष्टिकोण के विरोधी थे ।

इसी तरह अध्याय दो में लेखक ने अर्नगल, असंबंधित तथ्यों के माध्मय से, पत्राचार के तथ्यों के माध्यम से, डा० अम्बेडकर के व्यक्तित्व को संदिग्ध बनाने का प्रयास किया है । लेकिन किसी भी निष्पक्ष पाठक को अध्याय दो को पढ़ने के बाद यह स्पष्ट हो जायेगा कि इसमें से कहीं से भी लेखक डा० अम्बेडकर के दलितों के प्रति असंदिग्ध निष्ठा को संदेहास्पद नहीं बना पाया है ।

अध्याय–3 : इस अध्याय का शीर्षक 'विश्वसनीय मंत्री' है । शीर्षक से ही अरुण शौरी के लेखन की स्तरहीनता स्पष्ट होती है । उपरोक्त शीर्षक देकर लेखक ने यह सिद्ध करने का असफल प्रयास किया है कि डा० अम्बेडकर अंग्रेजी शासन के विश्वसनीय मित्र थे । लेकिन इससे यह कहां

सिद्ध होता है कि वह दलित हितों के विरोधी थे या उनमें राष्ट्रीयता की भावना गाँधी जी, नेहरू जैसे कांग्रेस के बड़े नेताओं की तुलना में कम थी । डा० एस राधाकृष्णन ने भी तो सन् 1920 में जार्ज पंचम चेयर स्वीकार किया था । जिससे उनका वेतन 500 रूपये से 1000 रुपये प्रतिमाह हो गया । फिर बाद में उनको 'सर' की उपाधि भी दी गई । और भी बहुत से तमाम भारतीयों को 'सर', नाइट, रायबहादुर का खिताब मिला था । तो क्या वे सभी राष्ट्र विरोधी थे । कविवर रविन्द्रनाथ टैगोर को भी तो अंग्रेजी शासन से 'नाइट' की उपाधि मिली थी जिसको उन्होंने बाद में लौटाया था । अत: अरुण शौरी से यह प्रश्न पूछा जाना चाहिए कि क्या अंग्रेजी शासन से प्राप्त उपाधि के पूर्व रविन्द्रनाथ टैगोर राष्ट्रभक्त नहीं थे । उनकी राष्ट्रभक्ति में किसी तरह का संदेह किया जा सकता है यदि नहीं तो क्यों लेखक डा० अम्बेडकर को राष्ट्रविरोधी सिद्ध करने पर लगे हैं?

लेखक यह भी कहते हैं कि डा० अम्बेडकर ने पिछले बीस वर्षों में जो भूमिका सार्वजनिक जीवन में की थी उसको देखते हुए वायसराय ने उनको अपनी कार्यसाधक कौंसिल का सदस्य बनाया था । डा० अम्बेडकर का सार्वजनिक जीवन एक खुली पुस्तक है । प्रत्येक व्यक्ति बहुत आसानी से उनके किये कार्यों एवं लेखन के आधार पर उनके व्यक्तित्व के बारे में जान सकता है । जिन बीस वर्षों का जिक्र लेखक कर रहे हैं, उन वर्षों में डा० अम्बेडकर ने अपने विभिन्न कार्यों के माध्यम से गरीब, दलित, स्त्रियों एवं पिछड़े लोगों के लिए न केवल संघर्ष किया बल्कि अपने व्यक्तित्व सुख-सुविधाओं की कुर्बानी दी । राजनैतिक चेतनाशून्य दलित एवं पिछड़े वर्गों में राजनैतिक चेतना का संचार किया । सामाजिक कुरूतियों के प्रति सचेत किया । उनके आत्मविश्वास को बढ़ाया । उनकी शैक्षिक, सामाजिक दशा सुधारने के लिए अनेक ऐतिहासिक कार्य किये, जो मानवता के इतिहास में स्वर्णक्षरों में अंकित रहेंगे । ऐसे व्यक्तित्व के बारे में लेखक के निष्कर्ष न केवल दुर्भावना पूर्ण है बल्कि उनके निकृष्ट मनोबौद्धिक स्तर के परिचायक है ।

सन् 1942 में जिस काल में डा० अम्बेडकर कार्यसाधक कौंसिल के सदस्य बने, वह द्वितीय विश्वयुद्ध का काल था । द्वितीय विश्व युद्ध में एक तरफ धुरी राष्ट्रों के रूप में जर्मनी, जापान, इटली जैसे फासीस्टवादी देश थे जो फासीस्टवादी, तानाशाही एवं नस्ली शुद्धता जैसे मूल्यों को सामने रखकर अपने साम्राज्य का विस्तार करना चाहते थे तो दूसरी तरफ मित्र राष्ट्रों जैसे ग्रेट ब्रिटेन, सोवियत यूनियन, अमेरिका, फ्रांस इत्यादि जैसे देशों का समूह था जो

लोकतांत्रिक मूल्यों की विश्व में स्थापना के लिए संघर्षरत थे । ऐसे विकट काल मे जिन्होंने हमेशा लोकतंत्र एवं सामाजिक मूल्यों की लड़ाई लड़ी थी यदि लोकतांत्रिक शक्तियों के साथ खड़े थे तो गलत क्या था ? सुभाष चन्द्र बोस जैसे लोग तानाशाही शक्तियों के साथ थे और गाँधी के नेतृत्व में कांग्रेस तोड़फोड़ का आंदोलन चला रही थी जिसका उद्देश्य सवर्ण हिंदुओं के हाथ में सत्ता का हस्तांतरण था । अत: आसानी से कोई भी विवेकवान व्यक्ति डा० अम्बेडकर के कार्यों से असहमत नहीं हो सकता । लेकिन अपने निहित अभिप्रायों के अनुसार लेखक ने डा० अम्बेडकर के व्यक्तित्व को लांछित करने का प्रयास किया है जो निंदनीय है ।

इसी अध्याय में अरुण शौरी ने एम० एन० राय को 13000 रुपया मासिक अदायगी के संदर्भ उठाये गये प्रश्न को बड़ा महत्व दिया है । और इस संदर्भ में यह सिद्ध करने का प्रयत्न किया है कि इस संदर्भ में डा० अम्बेडकर ने स्पष्ट वक्तव्य न देकर ब्रिटिश राज्य की बहुत बड़ी सेवा की है । अध्याय दो पृष्ठ संख्या 104-114 तक इन्हीं बातों की चर्चा है । इस संबंध में ज्ञातव्य है कि यह धन सर्व प्रथम सूचना प्रसारण विभाग द्वारा भारतीय श्रम संगठन के सचिव एम० एन० राय को दिया जा रहा था । बाद में यह धन श्रम विभाग द्वारा दिया जाने लगा जिसके प्रमुख स्वयं डा० अम्बेडकर थे । वास्तव में यह धन गुप्त कोष से सुरक्षा एवं युद्ध के प्रचार प्रयासों में दिया जा रहा था । सुरक्षा के दृष्टिकोण से सरकार इस तरह की बातों को गुप्त ही रखती है । यही परंपरा आज भी हमारी सरकार में है । ऐसे धन का विवरण बजट में भी नहीं होता । तब क्या जनहित में और साथ ही साथ सरकार के हित में ऐसे धन व्यय के प्रश्न का बचाव करना अनुचित था?

इसी अध्याय में लेखक ने डा० अम्बेडकर के कथन को उद्धरित कर गलत निष्कर्ष निकाला है । 1937 के चुनाव में गैर कांग्रेसियों की हार पर डा० अम्बेडकर ने कहा कि यह कांग्रेसी दुष्प्रचार था कि गैर कांग्रेसवादी अंग्रेज समर्थित उम्मीदवार हैं, जिन्होंने देश के लिए न कोई सेवा की है और न कोई कुर्बानी दी है । ब्रिटिश उपनिवेशवाद के साधक हैं । देश के दुश्मन हैं । नौकरी चाहने वाले हैं । देशद्रोही हैं आगे यह भी कहा कि कांग्रेस के पक्ष में एक बात यह भी थी कि सन् 1920 के मान्टेग्यू चेम्सफोर्ड रिफार्म कमेटी का बहिष्कार किया था । लेकिन लेखक ने कथन से इस प्रकार का निष्कर्ष निकाला है जिससे यह सिद्ध हो कि डा० अम्बेडकर और उनके अनुयायी उसी प्रकार के थे जैसा कांग्रेसी अखबारों ने प्रचार किया था । कौन ऐसा बौद्धिक

ईमानदार होगा जो इस प्रकार का निष्कर्ष निकालेगा । निश्चय ही यह निष्कर्ष निकालने की विधि तर्क पर आधारित नहीं है, बल्कि विद्वेषपूर्ण है । लेखक के निहित उद्देश्य एवं सतही मानसिकता का परिचय है । अपने निष्कर्ष की पुष्टि के लिए लेखक ने व्यर्थ की पं० नेहरू जी के कथन को उद्धत किया है ।

अध्याय–4 : इस अध्याय के पृष्ठ 119–143 तक लेखक ने महात्मा गाँधी जी और कांग्रेस के प्रस्तावित भारत छोड़ो आंदोलन' 1942 के पृष्ठभूमि में अंग्रेजी सरकार के दृष्टिकोण के बारे में बहुत से असंबंधित तथ्यों को पत्राचारों के माध्यम से प्रस्तुत किया है । अंग्रेज द्वितीय विश्व युद्ध में लिप्त थे । अंग्रेजी शासन के लिए यह कार्य संकटपूर्ण था । ऐसे समय में चलाये जा रहे हैं, आंदोलन को अंग्रेज प्रशासकों ने मुख्यत: जर्मनी, जापान जैसे धुरी राष्ट्रों का समर्थन माना ।

प्रस्तुत अध्याय में लेखक यह सिद्ध करना चाहते हैं कि जो सरकार गाँधी जी, कांग्रेस और राष्ट्रीय आंदोलन के विरूद्ध थी ऐसी सरकार में शामिल होकर डा० अम्बेडकर ने गाँधी एवं राष्ट्रीय आंदोलन का विरोध किया । ज्ञातव्य है कि डा० अम्बेडकर ने स्वयं गाँधी जी के नेतृत्व में चलाये जा रहे आंदोलन को सवर्ण हिंदुओं का आंदोलन कहा था जो देश की सत्ता को अपने हाथ में लेने के लिए सवर्ण हिंदुओं द्वारा चलाया जा रहा था । डा० अम्बेडकर एवं उनके अनुयायी आम जनता की स्वतंत्रता की आजादी की लड़ाई लड़ रहे थे, जबकि कांग्रेस गाँधी जी के नेतृत्व में राष्ट्र की स्वतंत्रता की लड़ाई लड़ रही थी । लेखक से यह प्रश्न पूछा जाना चाहिए कि आम जनता की स्वतंत्रता ज्यादा महत्वपूर्ण है या फिर राष्ट्र की स्वतंत्रता? अगर आम जनता को स्वतंत्रता दिलवाने के उद्देश्य से या भावी स्वतंत्र भारत में उनके अधिकारों को सुरक्षित रखने के लिए अगर डा० अम्बेडकर वायसराय के कार्यसाधक कौंसिल के सदस्य हो गये तो इसमें गलत क्या था?

लेखक ने पृष्ठ 152–155 तक सर सी० पी० रामास्वामी अय्यर एवं अंग्रेजी सरकार की सोच के बारे में कुछ तथ्यों को उद्धरित किया है जो कि पुस्तक के शीर्षक से असम्बन्धित है । लगता है कि लेखक ने पुस्तक की पृष्ठ संख्या बढ़ाने के उद्देश्य से अर्नगल तथ्यों को लिख दिया है । पुन: पृष्ठ संख्या 155–165 तक लेखक ने कांग्रेस, गाँधी और द्वितीय विश्व युद्ध की पृष्ठभूमि में सन् 1942 को भारत छोड़ो आंदोलन के इर्द-गिर्द कुछ असंगठित तथ्यों को रखा है जिनका कि डा० अम्बेडकर के व्यक्तित्व एवं कृतित्व से कोई सम्बन्ध

नहीं है । इस तरह हम देखते हैं कि अध्याय चार पूरी तरह से असंगठित, असंबंधित तथ्यों का पुलिन्दा है और पुस्तक के संदर्भ विषय से हटकर हैं । इस तरह के अनर्गल लेखन को आप किस श्रेणी में रखना चाहेंगे ?

अध्याय–5 : प्रस्तुत अध्याय में लेखक ने सन् 1942 ई० की अगस्त क्रांति और उसके बाद की परिस्थितियों में ब्रिटिश सरकार पर दबाव डालने की नियत से गाँधी जी द्वारा 21 दिन के अनशन का विस्तार से वर्णन किया है । प्रस्तुत अध्याय उच्चस्तरीय घटिया लेखन का एक अच्छा उदाहरण है । अन्त की कुछ लाइनों में सम्पूर्ण अनर्गल तथ्यों के आधार पर लेखक ने पाठकों पर यह प्रभाव डालने का प्रयत्न किया है कि चूँकि डा० अम्बेडकर ने वायसराय के कार्यसाधक कौंसिल से इस्तीफा नहीं दिया, इसलिए यह उनकी तथाकथित राष्ट्रीय आंदोलन के साथ गैरइंसाफी है । लगता है कि लेखक डा० अम्बेडकर के जीवन लक्ष्यों एवं प्राथमिकताओं से पूर्व परिचित नहीं हैं । उनके साहित्य का भली-भाँति अध्ययन नहीं किया है । या तो जान-बूझकर आसमान को कलंकित करने का प्रयास किया है ।

अध्याय–6 : प्रस्तुत अध्याय में लेखक ने निम्नलिखित विचार बिन्दुओं को प्रारम्भ में उठाया है :

1. 19 वीं सदी के उत्तरार्ध में अंग्रेजों ने अनुभव किया कि उनके विरूद्ध मुख्य आंदोलन हिंदुओं में उठ रहा है । अतः उन्होंने 19वीं सदी के उत्तरार्ध से लेकर भारत छोड़ो आंदोलन तक हिंदू समुदाय को विभाजित करने का प्रयास किया ।

2. अंग्रेजों के निर्देश पर और इनकी ही नीतियों के कारण कुछ संप्रदाय विकसित हुए, जिन्होंने दावा किया कि भारत एक देश नहीं है ।

स्वतंत्रता का आंदोलन सम्पूर्ण भारतीयों के हितों की बात नहीं करता है । राजनैतिक दृष्टिकोण से स्वतंत्रता का नारा सर्वप्रथम लोकमान्य बाल गंगाधर तिलक ने इस रूप में दिया था कि "स्वतंत्रता हमारा जन्म सिद्ध अधिकार है ।" बाद में यही नारा स्वतंत्रता आंदोलन का मूल मंत्र बन गया । लेकिन ये वही बाल गंगाधर तिलक थे जिन्होंने सन् 1894 ई० में स्त्रियों एवं दलितों के मानवीय अधिकारों का विरोध किया था । लोकमान्य तिलक ने स्त्रियों के संदर्भ में विधवा विवाह एवं विवाह की आयु 10–12 वर्ष करने पर तथा दलितों को समान अधिकार देन पर अपना प्रबल विरोध प्रदर्शित किया था । जातिवादी श्रेष्ठता के अहंकार में चूर कांग्रेस के सवर्ण हिंदू नेताओं ने दलितों के समान अधिकार का समर्थन नहीं किया था । सवर्ण हिंदुओं में कुछ

लोगों ने जो अंग्रेजी शिक्षा प्राप्त थे, अंग्रेजी शासन प्रणाली को देखते हुए अपने देश में लोकतांत्रिक प्रणाली की माँग करने लगे । लेकिन लोकसत्ता के नाम पर ज्ञान, सत्ता, प्रतिष्ठा एवं धन पर सम्पूर्ण रूप से एकाधिकार करना चाहते थे । स्त्रियों, दलितों एवं पिछड़ों के समान अधिकारों का प्रकट या अप्रकट रूप से विरोधी थे । इन परिस्थितियों में अगर कोई इन वर्गों के अधिकारों के लिए संघर्ष करता है तो उसको अंग्रेजों का पिछलगू कहकर कांग्रेसी अखबार प्रचार किया करते थे । उसी मनुवादी मानसिकता से ग्रस्त लेखक ने इस अध्याय में डा० अम्बेडकर के विरूद्ध अनेक कुतर्कों को प्रस्तावित किया है । लेखक ने डा० अम्बेडकर के सम्पूर्ण व्यक्तित्व, कृतित्व एवं चरित्र का मूल्यांकन करते समय अत्यन्त दुराग्रहपूर्ण रवैया अपनाया है । इस तरह के कुतर्कों का इतिहास अनेक महापुरुषों के बारे में गढ़ा जा सकता है । इस सम्बन्ध में एक किस्सा याद आता है । एक बार अकबर ने बीरबल से कहा कि जाड़े की अत्यन्त सर्द रात में अगर कोई व्यक्ति रातभर आगरे के निकट से बहने वाली यमुना नदी के जल में खड़ा रहेगा तो उसे बहुत सारा इनाम दिया जायेगा । इनाम के लोभ में एक व्यक्ति माघ में अत्यन्त सर्द मौसम में रातभर यमुना के जल मे खड़ा रहा । लेकिन जब वह अकबर के पास इनाम लेने पहुँचा तब अकबर ने कहा कि किले की रोशनी से इसे रात भर गर्मी मिलती रही, इसलिए इसे इनाम नहीं दिया जा सकता । अरुण शौरी के तर्कों पर यह किस्सा बहुत सटीक बैठता है । वर्गीकृत हिंदू वर्णव्यवस्था के अंतिम पायदान पर एक अछूत के रूप में जन्म लेने वाले डा० अम्बेडकर ने बचपन से ही निम्न हिंदू जाति में जन्म लेने की यंत्रणा एवं संत्रास को सहा था, जिससे दुःख, कष्ट एवं तिरस्कार के घनीभूत आवरण में उनके अन्दर एक महान मानवीय चेतना का सृजन हुआ । उस चेतना के आलोक में उन्होंने देखा कि हिंदू समाज में मानव अपने ही समान अन्य मानव के प्रति किस प्रकार पशुता, क्रूरता, कटुता एवं अन्यायपूर्ण व्यवहार कर रहा है । पिछड़ों एवं दलितों के कष्टों को देखकर उस महानपुरूष का हृदय द्रवित हो गया और उन्होंने आजीवन समाज के दबे, कुचले शोषित समाज के उत्थान के लिए संघर्ष का व्रत लिया । इन वर्गों के हित साधन के लिए अपने तमाम व्यक्तिगत सुख सुविधाओं का त्याग कर दिया । सम्पूर्ण जीवन दलित हितों के प्रति समर्पित कर दिया । ऐसे महामानव के प्रति इस तरह का ओछा आरोप गाँधी, पं० नेहरू एवं अन्य तत्कालीन महापुरूषों ने नहीं लगाया । लेकिन अगर अरुण शौरी इस तरह के तर्कों का सृजन करते हैं तो यह केवल उनके जातिवादी श्रेष्ठता के अहंकार

का परिचायक है । इस अध्याय में उन्होंने यह सिद्ध करने का प्रयास किया है कि जो केवल सवर्ण हिंदुओं के हाथों में सत्ता का हस्तांतरण नहीं होने देना चाहते थे, वे राष्ट्र विरोधी थे । भारतीय राष्ट्र की पहचान, उन्होंने सवर्ण हिंदू भारत के रूप में किया । डा० अम्बेडकर एवं अन्य कांग्रेस विरोधी नेताओं के राष्ट्रीयता पर आक्षेप लगाकर लेखक ने दलित वर्ग से निकले एक महापुरूष के चरित्र हत्या का प्रयत्न किया है, जो निंदनीय है । क्या दलितों, स्त्रियों के लिए समान अधिकार की माँग करना अंग्रेजी नीति का समर्थन है? क्या अंग्रेजों ने चार्तुवर्ण व्यवस्था की सृष्टि की थी? क्या अंग्रेजों ने स्त्रियों एवं शूद्रों, को शिक्षा, सम्पत्ति एवं समान नागरिक अधिकारों से वंचित किया था? अगर कोई हिंदू समाज से इन अन्यायपूर्ण, अमानवीय क्रूरतापूर्ण, हिंसक प्रथाओं के खिलाफ आवाज उठाता है तो स्वतंत्रता के पचास वर्षों बाद भी अरुण शौरी जैसे लोग उस महामानव को कलंकित करने का प्रयास करते हैं । इससे यही सिद्ध होता है कि यथार्थ में अभी भी भारतीय समाज, जाति एवं वर्ण की दृष्टि से स्तरीकृत समाज है । जातिवाद का दानवीय संस्कार अभी भी भारतीय समाज में विद्यमान है ।

सन् 1931 के गोलमेज सम्मेलन में पृथक निर्वाचन की माँग करना लेखक को बहुत खटकता है, लेकिन लेखक से यह पूछा जाना, चाहिए कि तत्कालीन हिंदू समाज के परिवेश में दलितों के मुक्ति का और क्या रास्ता था । जिस वर्ण के परछाई से सवर्ण हिंदू अस्पृश्य हो जाता था, उन सवर्ण हिंदुओं के हाथ में शासन आ जाने पर कमजोर एवं दलित वर्ग का हित क्या सुरक्षित रह सकता था? इतिहास के पन्नों में यह दर्ज है कि मुसलमानों के पृथक निर्वाचन की माँग पर गाँधी जी एवं कांग्रेस ने दलितों के अधिकार पर प्रश्न खड़ा किया था । पृष्ठ 225 पर लेखक उद्धरित करता है कि गाँधी जी को विश्वास था कि स्वतंत्रता रूपी सूर्य की गर्मी से साम्प्रदायिक विभिन्नता रूपी हिमखण्ड पिघल जायेंगे । यह कितनी कुतर्कपूर्ण एवं बहकाने वाली बात थी । साम्प्रदायिकता की भावना न तो परतंत्र भारत में मिट पायी थी और न आज तक स्वतंत्र भारत में मिट पायी है । और इसी संदर्भ में यह भी ध्यान देने की बात है कि डा० अम्बेडकर कितने सही थे जब उन्होंने कहा था कि "भारत जातियों का एक ढीला-ढाला संघ है" । लगता है कि लेखक 'मन्दिर बनाम मण्डल', 1984 में हुए सिक्खों के कत्लेआम, हिंदू-मुस्लिम दंगों एवं भारत के अनेक भागों में हो रहे जातीय एवं कबिलायी संघर्षों से अपरिचित हैं? लेखक अपरिचित तो नहीं हैं लेकिन अपने निहित उद्देश्यों की पूर्ति के लिए

भारतीय समाज के यथार्थ पर परदा डालना चाहते हैं । यथार्थ से दूर लेखक ने पृष्ठ पर पृष्ठ केवल इस बात को सिद्ध काने के लिए लिख दिया है कि डा० अम्बेडकर अंग्रेजों के साम्राज्यवादी हितों के साधन थे । अगर इस बात में तनिक भी सच्चाई होती तो इसको सिद्ध करने के लिए लेखक को 640 पृष्ठों में तमाम असम्बन्धित अर्नगल तथ्यों को उनके संदर्भों से काटकर इकठ्ठा करने की जरूरत नहीं पड़ती । इस कूटरचना में लेखक ने निरर्थक ही सैकड़ों पृष्ठ खर्च किये हैं ।

महात्मा गाँधी जी ने गोलमेज सम्मेलन में अछूतों के लिए पृथक निर्वाचन मण्डल का विरोध करते हुए यह कहा कि पृथक निर्वाचन मण्डल पाने पर मुसलमान, मुसलमान ही रहेंगे । क्या आप चाहते हैं कि हमेशा के लिए अछूत, अछूत रहें ? पृथक निर्वाचन से तो अछूतों का धब्बा और बढ़ जायेगा । उनका यह भी मानना था कि जब अस्पृश्यता का उन्मूलन हो जायेगा तो उच्च वर्ग द्वारा निम्न वर्ग पर लगाये गये इस निषेध की समाप्ति हो जायेगी (अरुण शौरी पृष्ठ संख्या 234) । यह कितना अछूतों को छलावा देने वाला गाँधी जी का तर्क था जिसको की माननीय लेखक ने अपनी पुस्तक में उद्धरित किया है । एक बार यह मान भी लिया जाय कि अस्पृश्यता की समस्या हिंदू समाज में समाप्त हो जायेगी तो क्या इससे दलितों की सारी समस्या का समाधान हो जायेगा । लेखक को शायद पता नहीं है कि शूद्रों में भी दो वर्ग हैं, एक स्पृश्य शूद्र एवं दूसरा अस्पृश्य शूद्र । अस्पृश्य शूद्रों की आज भी हिंदू समाज में क्या स्थिति है, लेखक को शायद बोध नहीं है । आज भी स्पृश्य शूद्र किस तरह तिरस्कार भेद-भाव के शिकार हैं इसको तो कोई स्पृश्य शूद्र समाज का ही मानव समझ सकता है । अरुण शौरी को यह बात कैसे समझ में आयेगी । आज भी स्पृश्य शूद्र ज्ञान, सत्ता, प्रतिष्ठा में सवर्ण हिंदुओं से हर तरफ से पिछड़े हुए हैं, दलितों की तो बात ही क्या? गोलमेज सम्मेलन के मूल बिंदुओं से पाठकों का ध्यान हटाने के लिए तथा डा० अम्बेडकर के चरित्र पर दोषारोपण के लिए ही शायद प्रस्तुत पुस्तक की रचना की गई है । गोलमेज सम्मेलन का आयोजन सभी वर्ग के राजनैतिक अधिकारों को निर्मित करने के लिए किया गया था । और अगर दलित वर्ग का प्रतिनिधि दलितों के अधिकारों की सुरक्षा के लिए पृथक निर्वाचन मण्डल की माँग कर रहे थे उसमें गलत क्या था । क्या डा० अम्बेडकर को अरुण शौरी के मतानुसार दलित हितों के संघर्ष को तिलांजली दे दी जानी चाहिए थी । दलितों के समान अधिकार का प्रश्न ही डा० अम्बेडकर के लिए सबसे महत्वपूर्ण था और जिसकी लड़ाई वे

आजीवन लड़ते रहे । ऐसे योद्धा के संघर्ष का मूल्यांकन अरुण शौरी जैसे लोग क्या कर पायेंगे? गाँधी जी को भय था कि इससे दलितों का नुकसान होगा और हिंदुत्व विखण्डित होगा । इस संदर्भ में स्वयं डा० अम्बेडकर ने बार-बार लिखा है कि हिंदू समाज स्वयं विघटित है । जन्मना जाति एवं वर्णव्यवस्था हिंदू समाज की एक ऐसी बुराई है जिससे हिंदुओं में कभी एकता की भावना पैदा नहीं होगी और न कभी वे एक मजबूत राष्ट्र के रूप में विश्व रंगमंच पर अपनी भूमिका का निर्वाह कर पायेगें । ऐसे असंगठित, विभाजित एवं स्तरीकृत समाज के अस्तित्व के लिए अगर गाँधी जी, डा० अम्बेडकर पर दोषारोपण किए तो यह एक भूल ही कही जायेगी या सच को जान-बूझकर छुपाने का एक प्रयत्न । हिंदुओं को खतरा न कभी दलितों से है, न था, उनको तो खतरा स्वयं अपनी सामाजिक प्रथाओं, मूल्यों एवं मान्यताओं से है जिसको सुधारने के लिए इतिहास के लंबे दौर में उन्होंने कभी प्रयत्न नहीं किया । उपरोक्त संदर्भ में गाँधी जी ने अनशन की भी धमकी दी जो की अपनी बात मनवाने का उनका एक प्रमुख हथियार था । आमरण अनशन की धमकी गाँधी जी ने अपने राजनैतिक जीवन में कई बार दी और ऐसा नहीं था कि वे मरना चाहते थे और न वे मरे । अंग्रेजी शासन के पृथक निर्वाचन की घोषणा को लेखक पुरस्कार कहता है (पृष्ठ 239) । जबकि यह विभिन्न सम्प्रदायों के राजनैतिक हितों की सुरक्षा के लिए लिया गया एक संवैधानिक निर्णय था । लेकिन लेखक पाठकों को यह संदेश देना चाहते है कि साम्राज्यवादी अंग्रेजी नीतियों के समर्थन के फलस्वरूप यह दलितों एवं अन्य अल्पसंख्यक वर्गों को दिया गया एक पुरस्कार था । लेखक के मतानुसार यह अंग्रेजों का एक उपकरण था जो मुसलमानों के केस में पूर्णतः सफल था । लेखक आगे यह भी कहता है कि यह अम्बेडकर जैसे लोगों के प्रभाव को बढ़ाने की एक प्रविधि थी । साम्प्रदायिक निर्णय पर अरुण शौरी की प्रतिक्रिया निहित स्वार्थों पर हुई चोट से तिलमिलाए हुए मात्र एवं सवर्ण हिंदू की प्रतिक्रिया है । सामाजिक तथ्यों एवं न्याय से बहुत दूर है । लेखक को इस बात पर आपत्ति है कि बहुत से दलितों को सम्प्रदायिक निर्णय के बारे में कोई जानकारी नहीं थी । उनके अन्दर राजनैतिक चेतना नहीं थी । लेखक का यह एक कुतर्क ही है, जिसका निहितार्थ यह है कि जिस वर्ग में राजनैतिक जागरुकता न हो उसके राजनैतिक अधिकारों की सुरक्षा नहीं की जानी चाहिए । लेखक की यह धारणा न केवल लोकतंत्र के विरूद्ध है बल्कि मानवतावादी मूल्यों के भी विरुद्ध है । अगर गाँधी जी की भी यह मान्यता थी जैसा कि लेखक पृष्ठ 247 पर लिखते हैं

तो उनके बारे में भी उपरोक्त टिप्पणी लागू होगी । लेखक यह भी कहते हैं कि दलितों में 'पूना पैक्ट' के विरोध में कुछ आक्रोश नहीं दिखाया था । इससे यह सिद्ध होता है कि पृथक निर्वाचन मण्डल की माँग उनकी अपनी माँग नहीं थी बल्कि साम्राज्यवादी नीतियों के समर्थन में डा० अम्बेडकर की माँग थी, जिसका समर्थन महाराष्ट्र का महार समुदाय कर रहा था । अगर लेखक का यह तर्क मान लिया जाय तो लेखक को यह भी मानना पड़ेगा कि भारत के विभाजन को स्वीकार कर गाँधी जी एवं कांग्रेस ने अंग्रेजों के साम्राज्यवादी नीतियों का समर्थन किया । क्योंकि देश की अधिकांश जनता भारत विभाजन के पक्ष में नहीं थी । इस तरह के तथ्यों से लेखक बहुत दूर तक निष्कर्ष निकालना चाहते हैं जो कि केवल उनके निहित एवं संकीर्ण प्रयोजन को ही सिद्ध करता है । इन सब बातों का राजनैतिक यथार्थ से कुछ भी लेना देना नहीं है । पृष्ठ 250 पर लेखक फिर कहते हैं कि 'मद्रास प्रेसीडेन्सी से दलितों का निर्णय डा० अम्बेडकर के ऊपर निर्भर करेगा ऐसा उस समय के मद्रास सरकार का आकलन था' । यह तथ्य लेखक द्वारा ऊपर कहे गये तथ्यों के विपरीत है और कहीं भी अरुण शौरी द्वारा सिद्ध नहीं किया गया है कि डा० अम्बेडकर दलितों का प्रतिनिधित्व नहीं कर पाये । यह एक अलग तथ्य है कि देश के अधिकांश दलित अशिक्षा, निर्धनता एवं सामाजिक व्यवस्था के जंजीरों में जकड़े हुए थे अत: उनका कोई मुख्य स्वर नहीं उभर पाया । लेकिन जहाँ-जहाँ दलितों की आवाज गूँजी वह डा० अम्बेडकर के नेतृत्व का ही परिणाम था । अत: यह बात निर्विवाद रूप से मानी जा सकती है कि डा० अम्बेडकर दलितों के स्वाभाविक नेता थे । केवल तस्करी संकेतों द्वारा एक पेशेवर अंदाज में अरुण शौरी ने डा० अम्बेडकर के चरित्र हत्या का जो प्रयास किया है वह कभी भी सज्जनों एवं सत्यनिष्ठ लोगों को स्वीकार नहीं होगा । आगे पृष्ठ 253 पर लेखक फिर से यह कहते हैं कि दलित वर्गों को अलग प्रतिनिधित्व के बारे में अपनी कोई राय नहीं थी बल्कि यह केवल आधे दर्जन दलित नेताओं की राय थी । इस संदर्भ मे अरुण शौरी जिन सरकारी टिप्पणियों को उद्धरित किये हैं उससे कदापि यह सिद्ध नहीं होता है कि डा० अम्बेडकर किसी भी मंच पर और कहीं भी किसी भी रूप में दलित हितों के विरूद्ध थे या उन्होंने दलित हितों के विरूद्ध अंग्रेजों से समझौता किया । हाँ यह जरूर है कि उन्होंने दलितों के राजनैतिक अधिकारों की माँग की जिसका गाँधी जी एवं अन्य कांग्रेसी नेताओं ने विरोध किया । अगर पृथक निर्वाचन मण्डल की माँग हिंदुओं को तोड़ने के लिए थी, उनमें जातीय संघर्ष पैदा करने के लिए

थी तो अरुण शौरी इस बात पर क्या कहेंगे कि हिंदुओं ने दलितों को गुलामों से भी बदतर जिन्दगी जीने के लिए बाध्य कर दिया था और ऐसी परिस्थिति में अगर दलित वर्ग के डा० अम्बेडकर जैसे नेता दलितों के अधिकार के प्रश्न पर संघर्ष करते हैं तो इसमें लेखक को गद्दारी नजर आती है । लोकतांत्रिक भारत में इस तरह की मान्यताओं के आधार पर अगर कोई तर्क करता है तो यह कहना ही पड़ेगा कि अभी उसके भावनाओं का लोकतंत्रियकरण नहीं हुआ है । पूर्वाग्रहों से ग्रस्त कोई अतार्किक मस्तिष्क ही ऐसे कुतर्कों को गढ़ सकता है । दलित अधिकारों को इस तरह से छद्म तर्कों के आधार पर नकारना आश्चर्यजनक लगता है । पृष्ठ 256-57 पर लेखक पुन: गाँधी जी के अनशन संबंधी बातें करते हैं जो कि इस अध्याय के विचार बिन्दु से असंबंधित है । पृष्ठ 261 से 269 तक लेखक ने साम्प्रदायिक निर्णय पर एम० सी० राजा (दलित नेता) की प्रतिक्रिया एवं अलग निर्वाचन मण्डल के सवाल पर कुछ तथ्यों को संग्रहित किये हैं । साथ-साथ अपनी टिप्पणियाँ भी देते गये हैं । इनकी सम्पूर्ण प्रतिक्रियाओं का मूल स्वर यह है कि डा० अम्बेडकर को छोड़कर अन्य दलित नेता संयुक्त निर्वाचन मण्डल के पक्ष में थे तथा संयुक्त निर्वाचन मण्डल में दलितों को ज्यादा प्रतिनिधित्व मिलने की संभावना थी, पृथक निर्वाचन मण्डल की तुलना में । अत: पृथक निर्वाचन मण्डल तथा साम्प्रदायिक निर्णय का डा० अम्बेडकर द्वारा समर्थन दलित हितों के विरूद्ध था । डा० अम्बेडकर की मान्यताओं के विरूद्ध अरुण शौरी ने एम० सी० राजा को प्रस्तुत किया हें जो पहले हिंदू धर्म के विरूद्ध एवं पृथक निर्वाचन के पक्ष में थे किन्तु अब बदली हुई परिस्थितियों में उनके विचार भिन्न हो गये थे । एम० सी० राजा के सम्बन्ध में डा० अम्बेडकर ने यह टिप्पणी की थी कि राजा तो ऐसा ही कहेंगे । ठीक ही वह संयुक्त निर्वाचन का चुनाव जीत जाय । डा० अम्बेडकर ने यह भी कहा कि गाँधी जी डा० अम्बेडकर के विरूद्ध षडयंत्रकारी थे, न ही ईमानदार थे और न ही विश्वसनीय थे । वह दलितों के शत्रु थे । वह उपवास के द्वारा अपनी शरीर की बाढ़ को रोक रहे थे । मैं कांग्रेस और हिंदू महासभा की उस नीति का विरोधी हूँ जिससे कि वे अछूतों में नेतृत्व उत्पन्न करें और उन्हें अपने प्रयोग में लायें । वास्तव में एम० सी० राजा, मून्जे के साथ मिल गये थे । पहले वे पृथक निर्वाचन के पक्षधर थे । उन्होंने इस माँग के पक्ष में सभायें की और डा० अम्बेडकर को लन्दन में तार भी भेजे । लगता है कि सवर्ण हिंदुओं के दबाव में उन्होंने अपना दृष्टिकोण बदल दिया था– "दक्षिण की अनेकों संस्थाओं जैसे कि दलित वर्ग, सैनिक

सेवाएं संस्थायें, मद्रास प्रान्त दलित वर्ग फेड्ररेशन, द्रविण मलियालम सभा, आन्ध्र सभा, केरल दलित वर्ग एसोसीएशन और लेबर युनियन ने संयुक्त रूप में डा० अम्बेडकर को अभिनन्दन पत्र पेश किया । बंगाल दलित वर्ग एसेसीएशन, समस्त आसाम दलित वर्ग एसेसीएशन, आदि धर्म मण्डल पंजाब और दलित वर्ग सहायक सभा दिल्ली आदि ने बाबा साहब अम्बेडकर का भरपूर समर्थन किया और उन्होंने एम० सी० राजा जो केंद्रीय विधान सभा का एक मात्र अछूत सदस्य थे, की गद्दारी की निन्दा की ।

बंगाल की नमोशूद्र सभा ने भी अपने कलकत्ता में चौदहवें अधिवेशन में जो डा० कालीचरण मण्डल की अध्यक्षता में हुआ, डा० अम्बेडकर के पक्ष का एक सर्मथन किया ।[10]

पृष्ठ 281 से लेकर पृष्ठ 319 तक अरुण शौरी ने पृथक निर्वाचन मण्डल के प्रश्न पर यरवदा जेल में गाँधी जी के आमरण अनशन सम्बन्धी पत्राचार एवं काल के महत्वपूर्ण बातों का जिक्र किया है । अन्त में जब डा० अम्बेडकर एवं गाँधी जी में समझौता हो जाता है तो उसके बाद की परिस्थितियों का ब्यौरा देते हुए प्रस्तुत अध्याय समाप्त होता है । यहाँ पर लेखक ने पुस्तक का शीर्षक दिया था 'नकली देवता की उपासना' । लेकिन अधिकतर पृष्ठों पर लेखक अम्बेडकर के दलित हितों के प्रति समर्पण एवं उनके दृढ़ व्यक्तित्व के बारे में तिनके के बराबर भी शंका उत्पन्न नहीं कर पाये हैं । डा० अम्बेडकर ने अपना पक्ष चाहे वह गोलमेज कान्फ्रेंस के संदर्भ में हो, चाहे वो पूना पैक्ट के संदर्भ में हो बहुत ही सहज एवं स्पष्ट ढंग से रखा है । अत: हम यहाँ पर डा० अम्बेडकर के पक्ष को स्वयं उन्हीं के शब्दों में प्रस्तुत करते हैं, क्योंकि डा० अम्बेडकर ने अपना पक्ष इतने सशक्त एवं स्पष्ट ढंग से प्रस्तुत किया है कि दूसरों के लिए व्याख्या की उसमें संभावना नहीं रह गयी है ।

गोलमेज सम्मेलन में ही डा० अम्बेडकर ने ब्रिटिश सरकार के विरूद्ध यह सिंहनाद किया था कि–"भारत में नौकरशाह शासन प्रणाली को बदलकर एक ऐसी सरकार स्थापित की जाय जो जनता की हो, जनता द्वारा चलाई जाय और जनता के लिए हो । मुझे विश्वास है कि दलित वर्गों के इस पक्ष पर कुछ हलकों में लोगों को विस्मय होगा । दलित वर्ग और ब्रिटिश एक असाधारण बंधन में बंधे हुए हैं । दलित वर्गों ने अंग्रेजों का रूढ़िवादी हिंदुओं के सदियों पुराने जुल्मों और अत्याचारों से मुक्ति दिलाने वालों के रूप में स्वागत किया था । उन्होंने हिंदुओं, मुसलमानों और सिक्खों के विरूद्ध युद्धों में लड़कर

अंग्रेजों को भारत का यह विशाल साम्राज्य जीत कर दिया था, जिसके लिए उन्होने दलित वर्गों के संरक्षक की भूमिका ग्रहण की थी । दोनों में इस प्रकार के घनिष्ट संबंधों को दृष्टिगत रखते हुए भारत में अंग्रेजी साम्राज्य के प्रति दलित वर्ग के विचारों में इस प्रकार का परिवर्तन नि:संदेह एक अत्यंत अद्‌भुत और महत्वपूर्ण घटना है, इस परिवर्तन के कारणों को जानने के लिए दूर नहीं जाना होगा । हमने यह निर्णय इसलिए नहीं लिया कि हम बहुसंख्यक जाति के साथ अपना भाग्य आजमाना चाहते हैं, जैसा कि आप जानते हैं कि बहुसंख्यकों और दलित वर्गों में कोई मधुर संबंध नहीं हैं, हमने यह निर्णय स्वतंत्र रूप से लिया है । अपनी परिस्थितियों को ध्यान में रखकर हमने वर्तमान सरकार का मूल्यांकन किया है और देखा है कि इसमें एक अच्छी सरकार के आवश्यक आधारभूत तत्वों का भी अभाव है । जब हम अंग्रेजी शासन के पहले की अपनी दुर्भाग्यपूर्ण स्थिति से अपनी वर्तमान स्थिति की तुलना करते हैं, तो हम देखते हैं कि आगे बढ़ने के बजाय हम वहीं के वहीं खड़े हैं । अंग्रेजी शासन से पहले अस्पृश्यता के अभिशाप के कारण हम घृणास्पद जीवन व्यतीत कर रहे थे । क्या अंग्रेजी शासन ने अस्पृश्यता को दूर करने के लिए कोई कदम उठाया है? अंग्रेजी शासन से पहले मंदिरों में हमारा प्रवेश वर्जित था । क्या अब हम मंदिरों में प्रवेश कर सकते हैं? अंग्रेजी शासन से पहले हमें पुलिस में नौकरी नहीं दी जाती थी । क्या अब हम पुलिस में जा सकते हैं? अंग्रेजी शासन से पहले हम सेना में भर्ती नहीं हो सकते थे? क्या सरकार ने हमारे लिए यह रास्ता खोला? इन प्रश्नों में से किसी प्रश्न का उत्तर 'हाँ' मे नहीं है ।''[11]

प्रस्तुत अध्याय में अरुण शौरी ने यह सिद्ध करने का प्रयास किया है कि साम्प्रदायिक निर्णय हिंदू समाज को बाँटने के लिए अंग्रेजों ने एक नीति के अंतर्गत प्रस्तावित किया था । दलितों को पृथक निर्वाचन देने के प्रश्न पर गाँधी जी अत्यंत मर्माहत थे । क्योंकि इससे उनको लगता था कि हिंदू समाज विघटित होगा । इन्हीं मूल मान्यताओं के आधार पर लेखक ने डा० अम्बेडकर की भूमिकाओं को भी रेखांकित करने का प्रयास किया है । अत: इस संदर्भ में लेखक से यह प्रश्न पूछा जाना चाहिए कि गाँधी जी तथा कांग्रेस ने सिक्खों के लिए अलग निर्वाचन की माँग क्यों स्वीकार की? क्या सिक्ख हिंदू समाज के अंग नहीं थे? इन संदर्भ मे यह बात विचारणीय है कि सिक्खों के अलग निर्वाचन मण्डल पर अरुंण शौरी जैसे लोगों को आपत्ति नहीं है, आखिर क्यों? स्पष्ट है कि सिक्खों को हिंदुओं से अलग मानते हैं । लेकिन क्या हिंदुत्ववादी इस तथ्य को सार्वजनिक मंच पर आज स्वीकारेंगे?

अध्याय–7 : प्रस्तुत अध्याय में लेखक ने यह रेखांकित करने का प्रयास किया है कि गाँधी जी तो गोलमेज सम्मेलन में साझा निर्वाचन मण्डल के भी विरूद्ध थे । लेकिन डा० अम्बेडकर के दबाव के कारण पूना पैक्ट में इन बातों को मानना पड़ा जिनके वे सर्वदा विरूद्ध थे । लेखक को इस बात का भी कष्ट है कि अस्पृश्यता निवारण के लिए जो "बहिष्कृत हितकारणी सभा" बननी थी तथा जिसके लिए 25 लाख रुपया इकट्ठा होना था उसमें भी डा० अम्बेडकर दलित सदस्यों का बहुमत चाहते थे । कोई सामान्य व्यक्ति इन तथ्यो के आधार पर यही निष्कर्ष निकालेगा कि डा० अम्बेडकर दलित हितों के प्रति किस सीमा तक प्रतिबद्ध थे । लेकिन अरुण शौरी महोदय पता नहीं किन आधारों पर इन सब बातों से संकेत देना चाहते हैं कि डा० अम्बेडकर दलितों के सच्चे मसीहा नहीं थे, उनमें राष्ट्रीयता की कमी थी । लेकिन यदि डा० अम्बेडकर की भूमिका असंदिग्ध थी तो उसके लिए अरुण शौरी के प्रमाण पत्रों की कोई जरूरत नहीं है । डा० अम्बेडकर ने स्वयं लिखा है कि "मैं मूर्तिपूजक नहीं हूँ । मैं तो मूर्तियाँ तोड़ने में विश्वास करता हूँ । मैं यह बात दोहराना चाहता हूँ कि मैं श्री गाँधी और मो० अली जिन्नाह से घृणा करता हूँ मैं उनसे घृणा नहीं करता, मैं उनको नापंसद करता हूँ, उनको नापंसद करने की मेरी वजह यह है कि मैं उनकी अपेक्षा अपने देश भारत को ज्यादा प्यार करता हूँ । एक सच्चे राष्ट्रवादी का यही विश्वास होता है । मुझे आशा है कि एक न एक दिन मेरे देशवासी इस हकीकत को समझ जायेंगे कि राष्ट्र किसी व्यक्ति से ज्यादा महान होता है । और फिर वे सीख जायेंगे कि श्री गाँधी अथवा श्री जिन्नाह की पूजा और देश सेवा दो अलग–अलग बातें हैं और हो सकता है ये एक दूसरे के प्रतिकूल भी हो ।"[12]

गोलमेज सम्मेलन में कांग्रेस और गाँधी जी दोनों देश को अधीनस्थ राज्य का दर्जा दिलाना चाहते थे । अधीनस्थ राज्य का तात्पर्य यह था कि प्रदेश की सरकारें तो हिंदुस्तानियों के हाथों में होगी लेकिन केंद्रीय सरकार अंग्रेजों के हाथों में होगी । गोलमेज सम्मेलन में ही गाँधी जी ने कांग्रेस का नेतृत्व करते हुए यह स्वीकार लिया था कि ब्रिटेन की साम्राज्यवादी सरकार जो भी फैसला देगी उन्हें मान्य होगा । किन्तु डा० अम्बेडकर ने हिंदोस्तान के भविष्य के निर्णय का अधिकार ब्रिटिश साम्राज्यवाद को देने से साफ इन्कार कर दिया था । डा० अम्बेडकर ने कहा "केवल स्वराज्य के संविधान में ही हमें राज सत्ता प्राप्त करने का अवसर मिल सकता है, स्वराज्य के बिना हम अपने लोगों को मुक्त नहीं कर सकते ।" डा० अम्बेडकर ने आगे कहा भारत में

नौकरशाही की जगह जनता की, जनता द्वारा और जनता के वास्ते सरकार स्थापित किया जाय, दूसरे शब्दों में अंग्रेज सरकार की जगह भारतीयों की अपनी सरकार हो और डा० अम्बेडकर के इन शब्दों ने बड़े-बड़े क्रांतिकारियों के थोथे नारों को भी शर्मसार कर दिया ।

1937 ई० में डा० अम्बेडकर ने अपनी स्वतंत्रता मजदूर पार्टी की नीति का उल्लेख करते हुए कहा–'हिंदोस्तान की स्वतंत्रता एक अति शीघ्र जरूरत है । इसको टाला नहीं जा सकता ।'

महात्मा गाँधी के आजादी के बारे में 1937 ई० में भी वही विचार थे जो 1930 ई० में गोलमेज सम्मेलन में थे, गाँधी जी 1937 में श्री पोलोक के लिए अपने पत्र में अपनी इस बात को दोहराया था कि वह देश के लिए डोमिनियन स्टेट (अधीनस्थ राज्य) के पक्ष में हैं ।

1939 ई० में डा० अम्बेडकर ने गोलमेज सम्मेलन में उठाई गई माँग को फिर दोहराया । केंद्र में जिम्मेदारी को हवा में लटकते देखकर प्रादेशिक स्वराज्य से चिपके रहने का कोई अर्थ नहीं, मुझे यकीन है कि केंद्र में (सरकार) वास्तविक जिम्मेवारी के बगैर प्रादेशिक स्वराज्य एक खाली छिलका मात्र होगा ।

1942 ई० में वायसराय हिंद की कार्यसाधक कौंसिल के लेबर मेम्बर रहते हुए भी डा० अम्बेडकर ने कभी कोई ऐसा काम नहीं किया जिससे उनकी देश-भक्ति पर आँच आती हो । देश के प्रसिद्ध पत्रकार श्री दुर्गादास ने डा० अम्बेडकर से हुई अपनी एक भेंट का निम्नलिखित शब्दों में वर्णन किया है, ''डा० अम्बेडकर ने कई बातें मुझे सुनाई, जब उनका न्यू दिल्ली में उच्च सत्ता के साथ संघर्ष हुआ और अंत में अपनी बात को मनवाया । एक बार एक भारतीय सदस्य ने दक्षिण-अफ्रीका के विरूद्ध कुछ प्रतिबंध लगवाने का प्रस्ताव प्रस्तुत किया क्योंकि उस देश में रहने वाले भारतीयों के प्रति दुर्व्यवहार किया जाता था, यूरोपियन सदस्य ने उसका कड़ा विरोध किया । डा० अम्बेडकर ने क्रोध में मेज थपथपाया और कहा कि यह भारत के आत्म सम्मान का प्रश्न है उनका उत्तेजक हस्तक्षेप निर्णायक सिद्ध हुआ और कौंसिल ने उस बिल को पास कर दिया ।

डा० अम्बेडकर ने अपने भाषणों व वक्तव्यों में बार-बार यह घोषणा की ,''मैं जानता हूँ कि मेरी स्थिति देश में अच्छी तरह समझा नहीं गया है । प्राय: उसे गलत ही समझा गया है । इसलिए मैं चाहता हूँ कि अपनी स्थिति को इस अवसर पर स्पष्ट करूँ मैं यह कह सकता हूँ कि जब कभी भी मेरे व्यक्तिगत हितों और देश के हितों के बीच कोई विरोध पैदा हुआ है तो मैंने

सदैव अपने देश के हितों को अपने हितों से ऊपर रखा है मैंने कभी भी निजी स्वार्थ की माँग नहीं अपनाया ... जहाँ तक देश की माँगों का प्रश्न है मैं कभी भी पीछे नहीं रहा ।"[13]

इन सब तथ्यों की अनदेखी करते हुए लेखक ने पृष्ठ 340 पर डा० अम्बेडकर पर यह आरोप लगाया है कि उनका वायसराय पर ज्यादा विश्वास था और गाँधी जी के बेईमानी एवं छलपूर्ण व्यवहार का हमेशा निन्दा किया करते थे । यह सब उन्होंने वायसराय के कौंसिल में सदस्य होने के लिए किया था । इसके लिए उन्होंने वायसराय लिललिथिगों को धन्यवाद दिया था । लेखक को यह बात क्यों नहीं समझ में आती है कि वायसराय ने एक दलित प्रतिनिधि को अपने कार्यकारिणी का सदस्य बनाया था, अपने मंत्रिमण्डल में स्थान दिया था । यह निश्चय ही न केवल डा० अम्बेडकर के लिए बल्कि सम्पूर्ण दलितों के लिए गौरव की बात थी । क्योंकि सवर्ण हिंदुओं ने उनको सारे मानवीय एवं नागरिक अधिकारों से वंचित कर रखा था । इस पृष्ठभूमि मे अगर डा० अम्बेडकर ने अंग्रेजी वायसराय की सराहना कर दी तो इसमें गलत क्या था ? इससे यह कहाँ सिद्ध होता है कि वे दलितों के सच्चे हितैषी नहीं थे? सच्चे राष्ट्र भक्त नहीं थे ?

लेखक को इस बात का दु:ख है कि महाराष्ट्र सरकार ने डा० अम्बेडकर के साहित्यों को क्यों सस्ते मूल्य पर प्रकाशित किया है । खेद के साथ लेखक यह भी कहता है कि गाँधीवाद के विरूद्ध डा० अम्बेडकर के लेखों को सरकारी स्तर पर प्रकाशित किया गया है । अरुण शौरी की इस मानसिकता से स्पष्ट है कि उनके मन में वैयक्तिक अभिव्यक्ति के प्रति न तो आदर है और न ही वैचारिक स्तर पर वे उदात्त हैं । स्पष्ट है कि लेखक के टिप्पणियों पर जो कि विचार अभिव्यक्ति की स्वतंत्रता के विरूद्ध हैं, अर्नगल मान्यताओं पर आधारित हैं, ज्यादा गहराई से विचार किया जाय । किन्तु फिर भी लेखक के दुश्प्रचार साहित्य के खण्डन के लिए कुछ कहना आवश्यक हो जाता है ।

अपने विपुल साहित्य में डा० अम्बेडकर ने गाँधीवाद के खण्डन में अनेक तर्कों एवं तथ्यों का समावेश किया है । यदि लेखक में बौद्धिक ईमानदारी होती तो डा० अम्बेडकर के उन तथ्यों एवं तर्कों का खण्डन करते । लेकिन उन्होंने तो अम्बेडकर के व्यक्तित्व को लांछित करने का प्रयास किया है जो किसी भी दृष्टि से अनुचित है । लेखक के इस पुस्तक का कुछ जातिवादी समाचार पत्रों ने भी प्रचार किया है, बिना दूसरे पक्ष की सच्चाई को परखे ।

मुद्दों के आधार पर समय-समय पर डा० अम्बेडकर ने कांग्रेस के दलितों के प्रतिनिधि की आलोचना की है । लेखक ने पृष्ठ 341 पर डा० अम्बेडकर पर असंगत होने का आरोप लगाया है । इस आरोप का आधार उन्होंने दलितों के राजनैतिक अधिकारों के संदर्भ से गढ़ा है । लेकिन लेखक यह भूल जाते हैं कि गाँधी जी एवं कांग्रेस ने भी दलितों के राजनैतिक एवं अन्य अधिकारों के प्रश्न पर अनेक बार अपने पक्ष को बदला है । वस्तुत: दलितों के अधिकारों के प्रश्न पर डा० अम्बेडकर एवं गाँधी जी के बीच लुकाछिपी का खेल चल रहा था । पहले तो गाँधी जी दलितों को अलग से प्रतिनिधित्व (राजनैतिक अधिकार) देने के विरूद्ध थे । उनके मंदिर प्रवेश के भी विरूद्ध थे । बाद में बदली हुई राजनैतिक परिस्थितियों के कारण उन्होंने अपने विचारों को बदला । डा० अम्बेडकर, गाँधी जी और कांग्रेस के राजनैतिक चालों से बखूबी परिचित थे इसलिए हमेशा उन्होंने दलित रूपी मेमनों को कांग्रेस एवं सवर्ण हिंदू रूपी भेड़ियों के चालों से बार-बार अगाह किया और जब तक भारतीय संविधान में उनके हितों के संरक्षण का प्रबन्ध नहीं करवा लिया तब तक उन्होंने चैन की सांस नहीं लिया । लेखक यह भी कहते हैं कि बहुत से मंदिरों को दलितों के लिए खोल दिया गया तब डा० अम्बेडकर ने यह क्यों व्यंग किया कि जो मंदिर खोले गये हैं उनका प्रयोग कोई करता नहीं है और यह वही मंदिर हैं जिनका उपयोग कुत्ते और गधे करते हैं । डा० अम्बेडकर की एक निश्चित विचारधारा थी, उनका निश्चित मत था कि ब्राह्मण, बनिया जातियाँ हिंदू समाज में शासक जातियाँ हैं और उन्हीं के हितों की पूर्ति के लिए कांग्रेस और गाँधी कार्य करते हैं । अत: डा० अम्बेडकर को ठीक से समझने के लिए यह आवश्यक हो जाता है कि उनके विचारों के सैद्धान्तिक पृष्ठभूमि को समझा जाय । लेकिन लेखक ने बिना डा० अम्बेडकर के सिद्धान्तों का विश्लेषण किये केवल कुछ दृष्टान्तों के आधार पर दोषारोपण करने का प्रयास किया है । लेकिन किसी आरोप को तार्किक ढंग से सिद्ध नहीं कर पाये हैं । लेखक को इस बात पर आपत्ति है कि संवैधानिक व्यवस्था के लिए बनाई गई सर तेज बहादुर सप्रू कमेटी में डा० अम्बेडकर को इस कमेटी के अन्य सदस्यों के ऊपर विश्वास नहीं था कि दलित हितों के लिए कार्य करेंगे, तब वे क्यों ऐसी समिति में दलित सदस्यों को नामित करवाते । इस तरह के अर्नगल तथ्यों को लिखकर लेखक ने केवल पुस्तक के कलेवर को बढ़ाने का कार्य किया है । किसी के वैचारिकी को गलत सिद्ध करने के लिए दो चार तथ्य पर्याप्त होते हैं । लेकिन यहाँ पर लेखक अनेकों उदाहरण देते हैं ।

फिर भी संतुष्ट नहीं हो पाते हैं कि वे डा० अम्बेडकर के विचारों का खण्डन कर पाये और फिर अपनी पुस्तक के अगले पृष्ठों में उन्हीं कृतियों में लग जाते हैं । पृष्ठ 366 पर अरुण शौरी बहुत जोर देकर कहते हैं कि हमेशा गोलमेज कान्फ्रेन्स से लेकर संविधान सभा तक डा० अम्बेडकर यह मानते थे कि अवसर की समानता का तात्पर्य है 'आरक्षण' । 'और आरक्षण' । और पुनः एक बार 'आरक्षण' । अब कोई भी निष्पक्ष व्यक्ति क्या अरुण शौरी से सहमत हो सकता है कि अवसर की समानता के लिए आरक्षण से भी बड़ा कोई संवैधानिक उपकरण है । लगता है कि लेखक 'आरक्षण नीति' के विरूद्ध हैं लेकिन उन्होंने आरक्षण नीति की भी खुलकर आलोचना नहीं की है । 'आरक्षण नीति' की आलोचना करते समय वह ब्राह्मण, बनिया एवं सवर्ण हिंदुओं के हजारों साल के संपत्ति, शिक्षा एवं अन्य राजनैतिक अधिकारों के आरक्षण को भूल जाते हैं । क्या हिंदुओं के धर्मशास्त्र अनेकों आरक्षण एवं निषेध नियमों से भरे पड़े नहीं हैं ? क्या उनमें मनुष्यों के बहुत बड़े वर्ग को तमाम राजनैतिक, सामाजिक, धार्मिक एवं अन्य मानवीय अधिकारों से वंचित नहीं कर दिया गया है? स्वतंत्र भारत के लोकतांत्रिक प्रणाली में भी लेखक सामंतवादी-सांस्कृतिक अवशेषों को छोड़ नहीं पा रहे हैं ।

इन तथ्यों के आधार पर लेखक डा० अम्बेडकर और अंग्रेजों के ऊपर साँठ-गाँठ का आरोप लगाते हैं । पृष्ठ 368 पर यह भी कहते हैं कि अम्बेडकरवादी तार्किकता, नागरिक अधिकारों जैसे बोलने की स्वतंत्रता पर रोक लगाते हैं । इसी पृष्ठ पर लेखक 'जंगल कानून' के पक्ष में तर्क प्रस्तुत करते हैं कि दलितों की हालत इतनी गिरी हुई है तो उनके कारण वे स्वयं हैं । अतः उनको अपने में सुधार करना चाहिए । इस तरह के तर्कों के द्वारा लेखक दुनिया के करोड़ों लोगों के राजनैतिक अधिकारों के संघर्ष को नकार देना चाहते हैं । यह इतना हास्यास्पद है कि लेखक को कुछ अधिक कहने की आवश्यकता नहीं है । पाठक स्वयं समझ लें । व्यवस्थावादी शक्तियाँ हमेशा इसी तरह का तर्क दिया करती हैं । इन्हीं संदर्भों में पृष्ठ 371 पर लेखक मा० काशीराम, कु० मायावती एवं उत्तर प्रदेश, बिहार के सभी आरक्षित वर्ग के अधिकारियों पर मिथ्या दोषारोपण करते हैं । पृष्ठ 372 पर लेखक ने पुनः डा० अम्बेडकर पर यह आरोप लगाया है कि वह पद के ज्यादा इच्छुक थे । पृष्ठ 374 पर लेखक कु० मायावती तथा अन्य प्रबुद्ध नेताओं के उद्‌दघोष को जहरीला उद्‌दघोष कहते हैं साथ ही एक और निन्दनीय आरोप यह लगाते हैं कि इन नेताओं का गिरजाघरों के साथ साँठ-गाँठ है, उनके अधिनस्थ हैं । डा०

अम्बेडकर के वैचारिक दर्शन और क्रिया-कलापों की व्याख्या करते-करते न मालूम क्यों लेखक ने कु० मायावती एवं अन्य दलित नेताओं की अत्यन्त निन्दनीय शब्दों में पृष्ठ 375 पर भर्त्सना की है । लगता है कि लेखक दलित राजनीति के विरोधी है । दलितों के प्रति अत्यन्त वैमनस्य से युक्त है और अगर वे नहीं है तो क्या बता पायेंगे कि उन्होंने मायावती के स्वर को ''साँप का जहर'' क्यों कहा है? लगता है कि लेखक ने सभ्यता, शिष्टता और लेखकीय मर्यादा का पूर्णरूप से हनन कर दिया है । लेकिन यहाँ पर हम संदर्भ के बाहर बात नहीं करना चाहते हैं अत: लेखक की इन सब अशोभनीय टिप्पणियों पर ध्यान नहीं देंगे । जनता एवं सज्जन लोग इस बातों को ठीक से समझते हैं । पृष्ठ 376 पर लेखक पुनः यह कहते हैं कि डा० अम्बेडकर की बौद्ध धर्म की दीक्षा केवल एक राजनैतिक कार्य था । उनको बौद्ध धर्म से कुछ लेना देना नहीं था । इस संदर्भ में हम पाठकों को याद दिलाना चाहेंगे कि डा० अम्बेडकर ने बौद्ध धर्म का बहुत गहन चिंतन मनन किया था । एक धर्म दर्शन के विद्वान के रूप में उनकी पूरे विश्व में मान्यता थी । बौद्धों ने भी उनको अत्यंत आदर एवं सम्मान दिया है । वे बौद्ध सम्मेलनों में बुलाये जाते थे । यह स्मरणीय है कि 1949 में उन्होंने काठमान्डू नेपाल में विश्व बौद्ध सम्मेलन को सम्बोधित किया था । 1950 में उन्होंने विश्व बौद्ध सम्मेलन में भाग लिया था । सन् 1951 में ही उन्होंने ''बौद्ध उपासना पंथ'' नामक पुस्तक का संकलन किया था । सन् 1954 में ''विश्व बौद्ध सम्मेलन'' में नामित हुए थे । सन् 1955 में ''भारतीय बौद्ध महासभा'' का गठन किया था । सन् 1956 में उन्होंने बौद्ध धर्म ग्रहण किया । उसी वक्त एक प्रतिनिधि के रूप में 'विश्व बौद्ध सम्मेलन' (काठमान्डू) नेपाल में भाग लिया था, और वहाँ उन्होंने 'मार्क्सवाद बनाम बौद्ध दर्शन' पर विद्वतापूर्ण भाषण दिया था । जहाँ उनको 'नवबुद्ध' कहकर सम्मानित किया गया था । लेकिन लेखक ने बिना किसी आधार के डा० अम्बेडकर पर यह आरोप लगाया है कि उन्होंने अपने कल्पनाओं के अनुसार बुद्ध का निर्माण किया है । इन आरोपों के संदर्भ में केवल इतना ही कहना पर्याप्त होगा कि लेखक के आरोप न केवल विद्वेषपूर्ण है बल्कि झूठे है । लेखक को डा० अम्बेडकर रचित ''बुद्ध और उनका धर्म'' नामक पुस्तक का अध्ययन करना चाहिए । पृष्ठ 376 पर लेखक यह भी कहते हैं कि डा० अम्बेडकर ने हमें वही गालियाँ दी हैं जो ईसाई मिशनरियाँ हमारे भूतकाल के बारे में, हमारे धर्मग्रंथों के बारे में और हमारे पूजित मूर्तियों के बारे में लगाती रहती थीं । उन्होंने केवल उग्रता ही नहीं दिखाया है बल्कि

गाली भी दी है । लेखक काशीराम, कु० मायावती, राजशेखर तथा महाराष्ट्र के अम्बेडकरवादियों को उनकी संतति कहते हैं । डा० अम्बेडकर न केवल एक प्रख्यात अर्थशास्त्री थे बल्कि एक महान्यायवादी एवं संविधानवेत्ता भी थे । बिना तथ्यों एवं तर्कों के वे कोई बात नहीं करते थे । बिना उनके तथ्यों को जाने, उनके तर्कों को समझे लेखक ने उन पर मिशनरियों के अनुयायी होने का आरोप लगाया है । अगर मिशनरियों में प्रभावित करने का दम होता तो डा० अम्बेडकर हिन्दू धर्म त्यागने के बाद ईसाई धर्म ग्रहण करते न की बौद्ध धर्म । बिना डा० अम्बेडकर को समझे लेखक ने मिथ्यापूर्ण आरोप लगाया है जो कि मानवीय गरिमा के विरूद्ध है । लेखक की शिष्टता का पता इन तथ्यों से चल जाता है कि उसी क्रम में लेखक ने कांशीराम, मायावती, राजशेखर तथा महाराष्ट्र के अन्य अम्बेडकरवादियों पर भी छिछले आरोप लगाये हैं । इस तरह की लेखकीय अभिव्यक्ति पुस्तक के संदर्भों से हटकर है जो लेखक की मानसिक रूग्णता को प्रदर्शित करती है । अत: विचारणीय नहीं है । राजनैतिक संदर्भों के बीच लेखक स्वामी विवेकानन्द, स्वामी रामानुज, आदि शंकराचार्य, नानक , संत कबीर एवं महाप्रभु चैतन्य जैसे समाज सुधारकों की बात करने लगते हैं । उनका मुख्य तर्क यह है कि इन सब बातों में समाज सुधारकों ने निषेधात्मक तरीकों का प्रयोग नहीं किया था । इन आध्यात्मिक व्यक्तियों के चाहे जो भी सामाजिक उद्देश्य रहे हों लेकिन निश्चय ही वे लोग आधुनिक लोकतांत्रिक, वैज्ञानिक एवं मानवतावादी समाज के स्थापना के लिए राजनैतिक संघर्ष नहीं कर रहे थे । एक राजनैतिक एवं सामाजिक संघर्षों के लक्ष्यों की प्राप्ति के लिए संघर्षशील व्यक्तित्व की तुलना लेखक धार्मिक तथा आध्यात्मिक क्षेत्र के सुधारवादी नेतृत्व के साथ करते हैं जो कि अनुचित है । उन लोगों के प्रयत्नों में जिसमें केरल के नारायण गुरू सम्मिलित हैं जो कि एक दलित आध्यात्मिक व्यक्ति थे, दलितों के सामाजिक, आर्थिक राजनैतिक तथा कानूनी परिस्थितियों पर कोई विशेष प्रभाव नहीं पड़ा । लेकिन डा० अम्बेडकर एवं उनके अनुयायियों के संघर्ष के परिणामस्वरूप भारतीय संविधान में अभूतपूर्व परिवर्तन हुआ और जिनके कारण संवैधानिक रूप से दलितों को समानता का अधिकार मिला, वह भारतीय समाज में अभूतपूर्व है । अगर मनु ने हिन्दू समाज में द्विज जातियों को विशिष्ट अधिकारों से संयुक्त किया था तथा दलितों के सभी मानवीय अधिकारों को छीन लिया था तो डा० अम्बेडकर ने दलितों एवं अन्य पिछड़ें वर्गों को समानता एवं मानवीय अधिकारों से संयुक्त किया । ऐसे व्यक्तित्व के बारे में लेखक की निराधार टिप्पणियाँ अमर्यादित हैं । यह सब

केवल उनकी हठी एवं दुराग्रही विचारों का परिचायक हैं जो पेशेवर भाषा के तस्करी संकेतों के माध्यम से देना चाहते हैं । यह किसी भी विवेकशील व्यक्ति को अग्राह्य होगा ।

अध्याय–8 : पिछले सात अध्यायों में लेखक ने मुख्यत: दो तथ्यों के संदर्भ में तोड़-मरोड़कर निष्कर्ष प्रस्तुत किया गया है जो कि सर्वधा भ्रामक हैं । प्रथम तो डा० अम्बेडकर की वायसराय के कार्यसाधक कौंसिल के सदस्य के रूप में चुने जाने के प्रश्न को बहुत जोर-शोर से उठाया है । उसके द्वारा यह स्थापित करने का प्रयत्न किया है कि डा० अम्बेडकर की राष्ट्रभक्ति संदिग्ध थी । क्योंकि वे 1942 के 'भारत छोड़ो आन्दोलन' और महात्मा गाँधी जी के विरूद्ध थे । यह कितनी हास्यास्पद बात है । इसका खण्डन पिछले अध्यायों में किया जा चुका है । इस संदर्भ में यह भी विचारणीय है कि वायसराय की कार्यसाधक कौंसिल के सदस्य के रूप में डा० अम्बेडकर ने दलितों, पिछड़ों एवं देश के हित के लिए जो अनेकों कार्य किये हैं, उनको जान-बूझकर लेखक ने पाठकों के नजरों से ओझल कर दिया है । किसी भी व्यक्ति के द्वारा किये गये कार्यों की विवेचना उसके पृष्ठभूमि के संदर्भों को ध्यान में रखकर किया जाना चाहिए । पता नहीं लेखक ऐसा क्यों नहीं कर पाये हैं, इसलिए उनकी निष्पक्षता पर संदेह होता है । उसी तरह गोलमेज सम्मेलनों में डा० अम्बेडकर की भूमिका को लेखक ने रेखांकित करने का प्रयास किया है । लेकिन कोई भी निष्पक्ष व्यक्ति आसानी से समक्ष सकता है कि पूरी स्वतंत्रता की माँग करने वाले डा० अम्बेडकर की भूमिका गोलमेज सम्मेलन में प्रशंसनीय थी या कांग्रेस के प्रवक्ता के रूप में गाँधी जी की अधिनस्थ राज्य (डोमिनियन स्टेट) की माँग । इन संदर्भों में लेखक ने तमाम तथ्यों को अनदेखी करने का प्रयास किया है जो कि उनकी लेखनीय निष्ठा पर प्रश्न चिन्ह खड़ा करती है ।

उसी तरह अध्याय आठ और उसके आगे के अध्यायों में लेखक ने संविधान मसौदा समिति के अध्यक्ष के रूप में डा० अम्बेडकर द्वारा की गई महान देश सेवा को भी अनदेखी करने का प्रयास किया है । प्रस्तुत अध्याय आठ में लेखक ने यह संदेह खड़ा करने की कोशिश की है कि क्या वास्तव में डा० अम्बेडकर संविधान के निर्माता थे । इस प्रश्न का उत्तर देने के प्रयत्न में लेखक ने राज्यपाल के अधिकारों के संदर्भ में हुये बहस का उल्लेख करते हैं जिसमें डा० अम्बेडकर ने कहा है कि, "महोदय मेरे मित्र कहते हैं कि भारत का संविधान मैंने बनाया है । परन्तु मैं यह बात कहने के लिए तैयार हूँ कि

मैं ही इसको जलाने वाला पहला पुरुष होऊँगा। मैं इसको नहीं चाहता। यह किसी के लिए भी अनुकूल नहीं है।" पृष्ठ 386 पर इस टिप्पणी को उद्धरित करते समय लेखक को उन संदर्भों पर भी चर्चा करनी चाहिए थी जिनके कारण डा० अम्बेडकर को अपनी इच्छा के विरूद्ध बहुत से संशोधनों को शामिल करना पड़ा। मसौदा कमेटी ने जो संविधान का मसौदा तैयार किया था उसमें 7335 संशोधन संविधान सभा में पेश किये गये थे। जिनमें से 2473 संशोधनों पर चर्चा एवं बहस का उत्तर डा० अम्बेडकर एवं उनके सहयोगियों को देना पड़ा। इस अध्याय में सम्पत्ति के अधिकार संबंधी अनुच्छेद 31 का जिक्र किया गया है जिसमें डा० अम्बेडकर कहते हैं कि इस संदर्भ में कांग्रेस के तीन मत हैं। एक मत सरदार पटेल के नेतृत्व में यह चाहता था कि वर्तमान भूमि अवाप्ति अधिनियम के अंतर्गत बाजार मूल्य से 15 प्रतिशत अधिक दिया जाय, उन लोगों को जिनकी भूमि सार्वजनिक हित में अधिग्रहण की गई है। पण्डित नेहरू चाहते थे कि भूमि मालिकों को कोई मुआइजा दिया ही न जाए। जबकि पण्डित पंत जमींदारी उन्मूलन अधिनियम के अंतर्गत अधिरक्षा चाहते थे। डा० अम्बेडकर इन सब चीजों को नहीं चाहते थे। इस तरह उनको संविधान के विभिन्न प्रावधान के निर्माण में संविधान सभा के बहुमत पर ध्यान देना पड़ता था। जिससे की न चाहते हुए भी प्रस्तावित संविधान में बहुत से संशोधन करने पड़े। इससे यह कहाँ सिद्ध होता है डा० अम्बेडकर वर्तमान भारतीय संविधान के मुख्य शिल्पी नहीं थे। कुछ संशोधनों से असहमत होने पर उनके आक्रोशपूर्ण वक्तव्य को आधार बनाकर इस अध्याय में लेखक पाठकों को यह संदेश देना चाहते हैं कि चूंकि डा० अम्बेडकर संविधान के बहुत से संशोधनों से सहमत नहीं थे इसलिए वे इसके निर्माता नहीं हैं। अगले अध्यायों में लेखक ने इसी निर्बल संकेत को विभिन्न अनर्गल, सारहीन एवं असंबंधित तथ्यों के द्वारा पुष्ट करने का प्रयास किया है।

इस संदर्भ में लेखक ने दो ग्रंथमालाओं का उपयोग किया है जो निम्नलिखित है :

1. संविधान सभा की कार्यवाही–खण्ड 1 से खण्ड 12 (अंग्रेजी)
   प्रकाशक : लोकसभा सचिवालय, नई दिल्ली।
2. फ्रेमिंग ऑफ इण्डियन कानस्ट्टियूशन–खण्ड 1-5
   लेखक : बी शिवराव
   प्रकाशक : दी इन्स्टीटयूट ऑफ पब्लिक एडमिनिस्ट्रेशन एम० जी० रोड, नई दिल्ली, 1996।

ये दोनों ग्रंथमालाएँ अब उपलब्ध नहीं है अतः अब अरुण शौरी इन ग्रंथमालाओं के आधार पर जो संदर्भ दिए हैं उनका सत्यापन संभव नहीं है ।

स्वतंत्रता आंदोलन के समय यह समस्या बार-बार उठती रहती थी कि स्वतंत्र भारतीय राज्य का स्वरूप कैसा होगा, उसमें व्यक्ति और राज्य का परीसिमन किस तरह का होगा । सरकार के विभिन्न अंगों जैसे विधायिका, कार्यपालिका और न्यायपालिका का आपसी संबंध कैसा होगा । उनके अधिकारों एवं कर्तव्यों का स्वरूप क्या होगा? इस तरह भारत जैसे देश के लिए जिसमें अनेकों सम्प्रदाय एवं जातियाँ निवास करती हैं और जहाँ विभिन्न विचारधारा वाले राजनीतिज्ञ थे, संविधान बनाना कोई सरल कार्य नहीं था । सर्वप्रथम सन् 1927 ई० में लार्ड वर्कनहेड ने भारतीयों को चुनौदी दी कि ये आम सहमति से एक संविधान का निर्माण करें तभी उनको स्वतंत्रता मिल सकती है । तब एक संविधान निर्माण समिति बनाया गया जिसके अध्यक्ष पंडित मोतीलाल नेहरू थे । इसलिए इसको 'नेहरू संविधान' कहा गया । लेकिन वह सभी भारतीयों को स्वीकार नहीं हुआ । दूसरी बार सन् 1930 में गोलमेज सम्मेलन में फिर संविधान बनाने का प्रयत्न किया गया, मगर फिर भी स्वतंत्र भारत का संविधान नहीं बन पाया । तीसरी बार सप्रू कमेटी द्वारा संविधान बनाने का प्रयास किया गया । लेकिन उसमें भी सफलता नहीं मिली । अतः अंत में जब भरात की स्वतंत्रता की बात हवा में गूँजने लगी थी, ऐसे महत्वपूर्ण पृष्ठभूमि में डा० अम्बेडकर को ही संविधान मसौदा समिति का अध्यक्ष क्यों बनाया गया? क्या इस बात का उत्तर अरुण शौरी के पास है? अरुण शौरी के अनुसार तो डा० अम्बेडकर जो ब्रिटिश साम्राज्यवादी हितों का पोषण करते थे, हमेशा गाँधी जी का विरोध करते थे, और गोलमेज सम्मेलन में जिन्होंने गाँधी जी का विरोध किया था फिर उसी डा० अम्बेडकर को संविधान निर्माण समिति का अध्यक्ष कांग्रेस और गाँधी ने क्यों चुना? अगर डा० अम्बेडकर की योग्यता में संदेह होता, उनके राष्ट्रप्रेम पर शंका होती और स्वतंत्रता आंदोलन के समय कांग्रेस और गाँधी जी के पीठ में छूरा भोंका होता तो क्या उन्हें संविधान निर्मात्री समिति का अध्यक्ष बनाया जाता? संविधान समिति के सात सदस्य थे जिनके नाम इस प्रकार हैं :

सदस्य	चेयर में
1. डा० बी० आ० अम्बेडकर	अध्यक्ष
2. श्री अल्लादी कृष्णा स्वामी अय्यर	सदस्य

3.	श्री एन० गोपालास्वामी आयंगर	सदस्य
4.	श्री के० एम० मुन्शी	सदस्य
5.	श्री सय्यद मुहम्मद सादुल्ला	सदस्य
6.	श्री बी० एल० मित्र	सदस्य
7.	श्री डी० पी० खेतान	सदस्य

---

1. अल्लादी कृष्ण स्वामी अय्यर (जन्म 1883–मृत्यु 1952), अंग्रेजी राज्य में 1929 से 1944 तक एडवोकेट जनरल रहे ।
2. एन० गोपालास्वामी अयंगर (जन्म 1882–मृत्यु 1953), मद्रास सिविल सर्विस में 1905 से 1937 तक । 1937 से 1943 तक काश्मीर के प्रधानमंत्री रहे ।
3. श्री डी० पी० खेतान (जन्म 1888–मृत्यु 1948) बंगाल के उद्योगपति, अंग्रेजी राज में कलकत्ता कॉरपोरेशन के 1921 से 1924 तक और 1937 से 1938 तक कमिशनर रहे । बंगाल विधान परिषद के 1922 से 1926 तक सदस्य रहे ।
4. श्री एन० माधव राव । (जन्म 1887, मृत्यु) अंग्रेजी राज में मैसूर सिविल सर्विस में नौकर रहे । मैसूर रियासत में 1941 से 1946 तक दीवान रहे ।
5. श्री टी० टी० कृष्णमचारी (जन्म 1886, मृत्यु) मद्रास के उद्योगपति अंग्रेजी राज में 1937 से विधायक रहे । 1924 से 1945 तक केन्द्रीय विधान सभा के सदस्य रहे ।
6. मो० सादुल्ला (जन्म 1886–मृत्यु 1961) अंग्रेजी राज में 1912 से 1920 तक फिर 1923 तक विधायक रहे । 1937 से 1938 तक और 1939-1942 तक असम के मुख्यमंत्री रहे ।
7. नलिनी रंजन (जन्म 1888–मृत्यु 1953) गर्वनर जनरल की कार्यकारिणी के 1941 से 1942 तक शिक्षा मेम्बर, संविधान सभा की वित्तीय उपबंधों की सिफारिशें करने हेतु माहिर कमेटी के अध्यक्ष थे । (ऊपर वर्णित सभी सातों व्यक्तियों की बावत विवरण Framing of India's Constitution खण्ड 5 पृष्ठ 845 से लिये गये हैं) ।

30 अगस्त 1947 को डा० अम्बेडकर को संविधान की ड्राफ्टिंग कमेटी का अध्यक्ष बनाया गया । मसौदा समिति की पहली बैठक में शामिल होने के पश्चात् श्री बी० एल० मित्र ने 13, अक्टूबर 1947 को त्यागपत्र दे दिया ।

उनके स्थान पर श्री एन० माधव राव को दिसम्बर 5, 1947 का लिया गया। मसौदा समिति के संवैधानिक सलाहकार श्री बी० एन० राव 27 अक्टूबर से 6 दिसम्बर 1947 तक विदेशों के दौरें पर रहे। श्री डी० पी० खेतान का देहांत हो गया और उनकी जगह श्री टी० टी० कृष्णमाचारी को फरवरी 5, 1947 को लिया गया।

	देश	संविधान बनाने हेतु कितना समय होगा	धाराएं	कितने संशोधन पेश किये गये
1.	अमरिका	4 महीने	7	अमरीका, कनाडा
2.	कनाडा	2 वर्ष 5 महीने	147	
3.	आस्ट्रेलिया	1 वर्ष	128	आस्ट्रेलिया और दक्षिण अफ्रीका में संशोधनों के प्रस्तुत करते ही पारित कर दिया गया।
4.	दक्षिण अफ्रीका	1 वर्ष	153	
5.	भारत	114 दिन	395	2473 संशोधनों पर चर्चा व बहस की गई

डा० अम्बेडकर द्वारा संविधान निर्माण के लिए किए गये परिश्रम की प्रशंसा करते हुए, मसौदा समिति के सदस्य श्री टी० टी० कृष्णमाचारी ने संविधान सभा में भाषण में कहा था कि :

"सदन को शायद मालूम है कि जिन सात सदस्यों को मसौदा समिति में नामित किया गया था, उनमें से एक ने सदस्यता से त्यागपत्र दे दिया और उसके स्थान पर दूसरे को रखा गया। एक की मृत्यु हो गई उसका स्थान भरा नहीं गया। एक सदस्य बाहर अमरीका में था उसका स्थान खाली रहा। एक अन्य सदस्य राज्य के मामलों में व्यस्त था वह भी समय नहीं दे पाया। एक या दो सदस्य दिल्ली से बहुत दूर थे और शायद स्वास्थ्य की खराबी के कारण समिति की बैठकों मे उपस्थित नहीं हो पाये। परिस्थितियाँ अत: ऐसी बन गई कि संविधान का मसविदा तैयार करने का काम डा० अम्बेडकर के कंधों पर ही पड़ गया। इसमें कोई संदेह नहीं है कि हम उनके इस शानदार काम को पूरा करने के लिए आभारी हैं जो नि:संदेह एक प्रशंसनीय है।"[13]

संविधान सभा के अध्यक्ष डा० राजेन्द्र प्रसाद ने संविधान बनने के बाद डा० अम्बेडकर के महान कार्य की प्रशंसा निम्नलिखित शब्दों में की थी :

"प्रधान के रूप में प्रतिदिन कुर्सी पर बैठे मैंने किसी भी दूसरे व्यक्ति की अपेक्षा ज्यादा अच्छे ढंग से यह बात नोट की है कि प्रारूप समिति और इसके सभापति ने अस्वस्थ होते हुए भी, बहुत उत्साह और लगन से काम किया है (तालियों की ध्वनि) । हमने डा० अम्बेडकर को प्रारूप समिति में लेने और इसका सभापति बनाने का जो निर्णय लिया था हम उससे बेहतर और ज्यादा सही निर्णय ले ही नहीं सकते थे । इन्होंने न केवल अपने चुने जाने को सार्थक बनाया अपितु जो काम इन्होंने किया है, उसे चार चांद लगा दिये हैं ।"[14]

कांग्रेस के इतिहासकार डा० वी० पट्टभि सीतामैया ने डा० अम्बेडकर की प्रशंसा निम्नलिखित शब्दों में की थी–"उनकी बुद्धि इस महत्वपूर्ण और विशाल काम के लिए स्टीमरोलर की तरह थी : दुर्दमनीय, अधृष्य और अजेय, जिसने बड़े-बड़े पाम के वृक्षों और छोटे-छोटे पॉपी के वृक्षों को गिरा कर समतलता पैदा कर दी । उन्होंने जो सही जंचा, परिणाम की चिंता किए बगैर उसके लिए डट गए ।"[15]

तत्कालीन प्रधानमंत्री पं० जवाहरलाल नेहरू ने डा० अम्बेडकर को संविधान का 'मुख्य शिल्पीकार' कहा था ।

श्री एम० अनंथा सायनम अय्यंगर लोकसभा के प्रथम अध्यक्ष थे । उन्होंने संविधान सभा में 18 नवम्बर 1949 को अपने व्यक्तव्य में कहा कि–"डा० अम्बेडकर संविधान सभा में केवल एक साधारण सदस्य के रूप में आये थे, फिर उन्होंने संविधान के निर्माण का काम संभाल लिया–वह संविधान के एक मुख्य शिल्पीकार हैं ।[16]

सेठ गोविन्द दास मशहूर गाँधीवादी और राष्ट्र भाषा हिन्दी के पक्षधर और संसद के पुराने सदस्य ने निम्न शब्दों में प्रशंसा की थी–"मैं डा० अम्बेडकर को मुबाकरबाद देता हूँ कि जिन्होंने स्वतंत्र भारत के लिए ऐसा संविधान बनाया है जिस पर सारा राष्ट्र गर्व करता है ।"

महावीर त्यागी ने कहा कि मेरी 30 वर्षों की कड़ी मेहनत बन आई है । वह सपना जो मैं बहुत समय से देखता रहा हूँ मेरे रूबरू सार चित्र के रूप में प्रस्तुत है । डा० अम्बेडकर ने जो मुख्य कलाकार थे अपनी कूंची को थमा दिया है और संविधान के रूप में चित्र जनता के सामने है ।

समाजवादी नेता एच० बी० कामथ ने कहा, "डा० अम्बेडकर की कानूनी योग्यताओं का लोहा माना जा चुका है, यदि वह चाहें तो रात को दिन

में और दिन को रात में बदल सकते हैं यही नहीं वह इसे सम्पूर्णतया सिद्ध भी कर सकते हैं ।''

ऐंग्लोइंडियन संप्रदाय के प्रतिनिधि फ्रैंक एथोनी ने डा० अम्बेडकर की प्रशंसा करते हुए कहा–मैं विशेषतया डा० अम्बेडकर का प्रशंसा करना चाहता हूँ । हम उस बड़े काम और गम्भीर एकाग्रता का अनुमान नहीं लगा सकते जो संविधान के निर्माण जैसे दस्तावेज के लिए दरकार थी । मैं कई मामलों में डा० अम्बेडकर के साथ सहमत नहीं था तो भी उनके मूलभूत ज्ञान और मामलों की अति सरल व्याख्या करने की कृतियों को मैं बड़ी जिज्ञासा व प्रसन्नता से सुनता रहा ।''

मौलाना हसरत मोहनी उर्दू के भहान शायर, स्वतंत्रता सेनानी जिसने गाँधी जी से पहले पूर्ण स्वतंत्रता का प्रस्ताव किया था और जो कश्मीर को विशेष दर्जा देने के विरूद्ध थे, डा० अम्बेडकर के बहुत बड़े प्रशंसक थे ।

मुसलमान नेता ताजामुल हुसैन द्वारा डा० अम्बेडकर की प्रशंसा के शब्द इस प्रकार थे–''ये प्रतिभाशाली हैं, वे संसार के कानूनों और संविधानों के विषय में हर बात जानते हैं । जो इन्हें ज्ञात नहीं वह जानने के योग्य ही नहीं है । इन्होंने सेहत के खराब होने के बावजूद शुरू से ही बहुत परिश्रम किया है । इस अथक मेहनत के परिणाम स्वरूप ही यह उल्लेखनीय संविधान रचा जा सका है ।''

सरदार सचेत सिंह–''मैं डा० अम्बेडकर की मेहनत और विद्वता की अत्यन्त प्रशंसा करता हूँ जो उन्होंने संविधान के निर्माण में लगाई ।

मैं श्रीमति रेणुका रे मसविदा कमेटी के अध्यक्ष डा० अम्बेडकर के प्रति कृतज्ञता प्रकट करती हूँ जिन्होंने हमारी पीढ़ी को संविधान दिया है ।

तत्कालीन सभी प्रमुख राष्ट्रनायकों ने संविधान निर्माण का श्रेय डा० अम्बेडकर को दिया तथा इस कार्य को पूरा करने के उपलक्ष्य में उनकी भूरी-भूरी प्रशंसा भी की । लेकिन पता नहीं किन्हीं अज्ञात कारणों से जिसको शायद लेखक महोदय ही समझते हैं प्रस्तुत अध्याय–8 में डा० अम्बेडकर के संविधान निर्माण के श्रेय के बारे में शंका उत्पन्न करना चाहते हैं । अपनी बात की पुष्टि के लिए लेखक ने भाषायी आधार पर आंध्र प्रदेश गठन के बारे मे लाये गये बिल पर हुई परिचर्चा का उल्लेख किया है– पृष्ठ 386-388 । इस संदर्भ में उनका मुख्य तर्क यह है कि प्रारंभ में डा० अम्बेडकर ने भाषायी आधार पर प्रांतों के पुर्नगठन करने के कारण सरकार को आड़े हाथ लिया और आगे चेतावनी देते हुए यह भी कहा कि भाषायी आधार पर बने प्रांतों में

अल्पसंख्यकों के हितों को खतरा पहुँचेगा। पता नहीं क्या लेखक डा० अम्बेडकर के राजनैतिक दृष्टिकोण को विस्मृत कर जाते हैं, जो इस प्रकार है। राष्ट्रीयंता और भाषाई आधार पर पुर्नगठन से स्पष्ट है कि, "लोकतंत्र की समुचित क्रियाशिलता के लिए यह आवश्यक है कि उस राज्य की समस्त जनता का वितरण इस प्रकार का हो कि वह एक ठोस समरूपी इकाई लगे। भारत के सभी प्रांतों का जो पुर्नगठन प्रस्तावित है, उसके मूल में इसी तरह के लोकतंत्रात्मक शासन की भावना निहित है। संक्षेप में, किसी भी प्रांत के लोकतंत्र की सफलता के लिए उसकी जनता का समरूपी होना अनिवार्य है। दूसरे शब्दों में, लोकतांत्रिक साँचें में ठीक प्रकार से समाने के लिए हर प्रांत को एक भाषाई इकाई होनी चाहिए। भाषावार प्रांतों के निर्माण का औचित्य यही जान पड़ता है।"[17] लेकिन साथ ही लोकतांत्रिक मूल्यों के प्रति जो प्रतिबद्धता थी, वह हमेशा अल्पसंख्यकों के हितों एवं समस्याओं के प्रति जागरुक रहती थी। अतः उन्होंने अल्पसंख्यकों के सुरक्षा का प्रश्न भी उठाया जो कहीं से भी असंगत नहीं है। अगर कहीं कोई भी असंगति है तो लगता है कि यह लेखक के मानसिक उपज की देन है। अतः इन निर्बल आधारों पर लेखक का यह संकेत देना कि शायद डा० अम्बेडकर संविधान के मुख्य रचनाकार नहीं थे, भ्रामक है। इस अध्याय में और अनेक अर्नगल, असंगत और जान-बूझकर लाये गये तथ्यों के आधार पर कुछ ऐसा निष्कर्ष नहीं निकलता है जो कि लेखक के पूर्वाग्रहों को स्थापित कर दें।

अध्याय–9 : प्रस्तुत अध्याय के प्रारम्भ में ही 401 पर लेखक की लोकतंत्र के प्रति भ्रमपूर्ण टिप्पणी परिलक्षित होती है। लेखक का यह मानना है कि वायसराय का यह कहना कि भारतीय संविधान का निर्माण भारतीयों द्वारा हो यह तो ठीक था, लेकिन यह कहना कि यह कार्य भारतीय राष्ट्रीय जीवन के मुख्य तत्वों के प्रतिनिधि संगठन के द्वारा ही हो, यह गलत है। यहाँ पर लेखक यह मानते हैं कि सत्ता हस्तान्तरण एवं संविधान के निर्माण का अधिकार केवल बहुसंख्यक वर्ग के चुने हुए प्रतिनिधियों के हाथों में होना चाहिए। जिसका निहितार्थ यह हुआ कि सम्पूर्ण जनता के नाम पर केवल सवर्ण हिंदुओं की संस्था कांग्रेस के हाथों में ही संविधान निर्माण का कार्य मिलना चाहिए था। अल्पसंख्यकों, दलितों के प्रतिनिधियों को संविधान निर्माण में कुछ भी अधिकार नहीं मिलना चाहिए था। इस तरह के कुतर्कों को पाठकों के सामने अरुण शौरी ने पृष्ठ 401 पर प्रस्तुत किया है। जबकि अगर वायसराय ने राष्ट्रीय जीवन के मुख्य तत्वों को सम्मिलित करने की इच्छा

जताई तो इसमे गलत क्या था? अल्पसंख्यकों, दलितों एवं अन्य निर्बल वर्गों के हितों की सुरक्षा का प्रश्न अरुण शौरी के लिए महत्वपूर्ण नहीं था और न है । इसलिए उन्होंने इस तरह की कूट रचना की है । डा० अम्बेडकर दलितों को हिंदू और मुसलमानों की दया पर नहीं छोड़ना चाहते थे, इसलिए उनके मानवीय अधिकारों की सुरक्षा के लिए उन्होंने सुरक्षा अनुबंधों की माँग की । पृष्ठ 402 पर लेखक कहते हैं कि संविधान सभा में बम्बई से डा० अम्बेडकर का चयन कांग्रेस नेताओं के इशारे पर हुआ । यहाँ पर यह प्रश्न उठता है कि डा० अम्बेडकर हमेशा से महात्मा गाँधी और कांग्रेस के विरोधी थे । फिर भी उनका चयन कांग्रेस ने संविधान सभा के लिए क्यों किया । क्या इस प्रश्न का कोई तर्कसंगत उत्तर अरुण शौरी के पास है? अगर है तो उन्हें इस पुस्तक में लिखना चाहिए था । डा० अम्बेडकर तो संविधान सभा के गठन के ही विरूद्ध थे क्योंकि उनका मानना था कि भारतीयों में अपने लिए स्वयं संविधान बनाने की योग्यता ही नहीं थी । दूसरे इसलिए भी की उनमें इतना मत वैभिन्नता है कि वे किसी एक सहमति की योजना पर पहुँच ही नहीं सकते । पृष्ठ 409 पर लेखक कहते हैं कि नवम्बर, 1946 में ऐसा लगने लगा कि डा० अम्बेडकर मुस्लिम लीग के साथ दलित गठबंधन करेंगे एवं संविधान सभा का बहिष्कार करेंगे । इस तर्क के पक्ष में लेखक ने वायसराय लार्ड बावेल की टिप्पणी का उद्धरण दिया है । गोलमेज सम्मेलन के अवसर पर दलितों के संविधान अधिकारों के प्रति कांग्रेस एवं महात्मा गाँधी मुस्लिम लीग से मिल गये थे एवं उनकी सब माँग मानने को तैयार थे केवल इस शर्त पर कि दलितों की माँगों के संदर्भ में वे केवल कांग्रेस का साथ दे । अत: वायसराय लार्ड वावेल की टिप्पणी का जो अपने आप में केवल यही दर्शाता है कि लेखक की दलील कितनी लचर है, लेकिन फिर भी वे वायसराय के अनुमान एवं आकलन को महत्वपूर्ण तथ्य के रूप में पेश करके केवल पाठकों को दिग्भ्रमित करना चाहते हैं । पृष्ठ 421 पर लेखक पुन: यह कहते हैं कि संविधान सभा जिसकी डा० अम्बेडकर विरोध करते रहे, लेकिन जब जान गये कि अंग्रेजों ने संविधान सभा के पक्ष में निर्णय ले लिया है तब इसका सदस्य होने के लिए दबाव बनाया । लेकिन दबाव के पक्ष में लेखक ने कोई प्रमाण नहीं दिया है । पृष्ठ 412 से लेकर पृष्ठ 420 तक लेखक डा० अम्बेडकर के संविधान सम्बन्धी योजना को प्रस्तुत करते हैं, जिसमें डा० अम्बेडकर ने भारत को एकीकृत रखने के उद्देश्य से एक संविधान की योजना प्रस्तावित की थी । अंत में पृष्ठ 432 पर लेखक यह निष्कर्ष निकाल लेते हैं कि अम्बेडकर का भारतीय संविधान

का निर्माता होना हास्यास्पद है । क्योंकि वे अन्त तक संविधान सभा का विरोध करते रहे । वे यह नहीं चाहते थे कि संविधान सभा देश के संविधान का निर्माण करे । वे भारत की स्वतंत्रता के पक्ष में नहीं थे । 'भारतीयों में संविधान बनाने के लिए आवश्यक मानसिक क्षमता का अभाव', उनके द्वारा पूर्व में कहे गये तर्कों के आधार पर लेखक पाठकों को यह निष्कर्ष प्रेषित करते हैं कि डा० अम्बेडकर का संविधान निर्माता होना संहेदास्पद है । इस अध्याय का अंत इस व्यंग के साथ करते हैं कि अगर आप को संदेह है कि डा० अम्बेडकर संविधान निर्माता थे तो आप मनुवादी हैं । लेखक के तर्क कितने निर्बल हैं वे निम्नलिखित बातों से सिद्ध होता है ।

1. गोलमेज सम्मेलन में जब गाँधी जी और कांग्रेस अधिनस्थ राज्य की माँग कर रहे थे तो उस अवसर पर डा० अम्बेडकर पूर्ण स्वतंत्रता की माँग की । पता नहीं लेखक क्यों इस तथ्य को भूल जाते हैं । बिना पुष्ट प्रमाण के डा० अम्बेडकर के चरित्र पर इतना बड़ा आरोप लगाये हैं ।
2. एक तरफ लेखक यह कहते हैं कि डा० अम्बेडकर भारतीयों के द्वारा भारतीय संविधान के निर्माण के विरूद्ध थे और दूसरी तरफ सन् 1947 में ही डा० अम्बेडकर द्वारा बनाये गये संविधान की रूपरेखा प्रस्तुत करते हैं, क्या ये दोनों बातें परस्पर विरोधी नहीं हैं ?
3. डा० अम्बेडकर का यह कहना कहाँ गलत था कि भारतीय आम सहमति से अपने लिए संविधान नहीं बना सकते हैं क्योंकि पूर्व के अवसरों पर भी आम सहमति से संविधान बनाने का अवसर आया था किंतु भारतीय उस पर भी असफल रहे थे । अत: घटनायें स्वयं ही अरुण शौरी के गढ़े गये कुतर्कों का खण्डन करती हैं लेकिन प्रशंसा करनी होगी अरुण शौरी के साहस की जिन्होंने निराधार बातों को भी इतने हिम्मत के साथ प्रस्तुत किया है । अंतिम निष्कर्ष निकालने में लेखक ने इस तथ्य की अवहेलना की है कि भारत सरकार के संयुक्त सचिव श्री एस० एन० मुखर्जी ने सर्व प्रथम संविधान का स्वरूप बनाया था जिसके आधार पर बी० एन० राऊ ने संविधान का संक्षिप्त रूपरेखा तैयार किया था जिसमें से 243 अनुच्छेद और 13 अनुसूचियाँ थी । बाद में डा० अम्बेडकर ने स्वयं 315 अनुच्छेद एवं 8 अनुसूचियाँ तैयार किया था । दुबारा बने इस प्रारूप को डा० अम्बेडकर ने एस० एन० मुखर्जी की सहायता से सुधारा । बी० एन०

राऊ ने एक मात्र सलाहकार के रूप में कार्य किये थे, न कि उन्होंने संविधान निर्माण में कोई मौलिक योगदान दिया था और न ही उनके कार्यों के लिए संविधान में आधार प्रकट किया गया । डा० अम्बेडकर के समकालीन सभी बड़े नेताओं ने अपनी-अपनी भाषा में डा० अम्बेडकर को भारतीय संविधान का पिता माना है । इन महानुभावों की टिप्पणियों को पीछे उद्धरित किया जा चुका है अतः स्पष्ट है कि अरुण शौरी के आरोप दुर्बल हैं और प्रचार की दृष्टि से गढ़े गये हैं ।

अध्याय–10 : प्रस्तुत अध्याय के पृष्ठ 433–35 तक लेखक यह संदेश देना चाहते हैं कि संविधान सभा ने संविधान निर्माण का कार्य संविधान निर्माण समिति के गठन के पूर्व ही प्रारंभ कर दिया था । संविधान निर्माण समिति का कार्य केवल सचिव स्तर का था जिसको यह देखना था कि 'न्याय प्रारूप' संविधान सभा के निर्देशों के अनुरूप सभी सुझाओं को सम्मिलित कर सके । इस तरह संविधान निर्माण समिति का कार्य केवल सचिव स्तर का था । डा० अम्बेडकर ने भी यह कहा कि संविधान निर्माण समिति पर क्यों आरोप लगाया जाता है जबकि उसने सुझाओं को संविधान मसौदा में सम्मिलित किया जिसका की सुझाव संविधान सभा ने दिया था । इन तर्कों के आधार पर लेखक पाठकों को यह संदेश देना चाहते हैं कि संविधान निर्माण समिति ने केवल संविधान सभा के निर्देशों का पालन किया और उनको अंकित करने का कार्य किया । यहाँ पर ध्यान देने की बात यह है कि संविधान निर्माण के लिए संदेश देना और वास्तविक संविधान का निर्माण करना और उस पर आम सहमति कायम करवाना ये दोनों अलग-अलग तथ्य हैं । लेकिन लेखक ने डा० अम्बेडकर के योगदान को नगण्य दिखलाने के लिए इस तरह के कूट संकेतों का सहारा लिया है, जो कि बौद्धिक ईमानदारी के सर्वथा विपरीत है । पृष्ठ 434, 37 तक लेखक उस पृष्ठभूमि की बात करता है जिसके अंतर्गत पं० मोतीलाल नेहरू की अध्यक्षता में एक नये संविधान का निर्माण किया गया था । यह संविधान अधिनस्थ राज्य को मानकर निर्मित किया गया था । यह संविधान सबको मान्य नहीं हुआ, इसलिए अस्वीकृत कर दिया गया । इस असफल प्रयास के आधार पर लेखक पाठकों को पता नहीं क्या संदेश देना चाहते हैं । आगे पुनः लेखक सर तेज बहादुर सप्रू की अध्यता में बनाये गये संविधान के रूपरेखा के बारे में लिखते हैं कि जो कि पुनः संविधान निर्माण की दिशा में एक असफल प्रयास था । जुलाई 1946 में कांग्रेस कार्यकारणी समिति ने एक कांग्रेस विशेषज्ञ समिति को संविधान सभा के लिए संविधान संबंधी विषय वस्तु तैयार

करने के लिए नियुक्त किया था । इस समिति ने कैबिनेट मिशन के परिणामों के आधार पर संविधान की एक रूपरेखा तैयार की थी । इन तथ्यों के आधार पर लेखक पाठकों को यह निर्देश देना चाहते हैं कि वास्तविकताओं के अध्ययन एवं कार्यों के आधार पर संविधान निर्माण के लिए आधार तैयार किया गया था । पुनः लेखक इस तथ्य के प्रति ध्यान आकर्षित करते हैं कि सितम्बर 1946 ई० में ही सर बी० एन० राऊ ने मौलिक अधिकारों से संबंधित दो लेख तैयार किया था । श्री के० टी० शाह ने इस संदर्भ में एक लेख तैयार किया था । इस संदर्भ में लेखक मौलिक अधिकारों, अल्पसंख्यकों, आदिवासियों और बहिष्कृत क्षेत्रों के लिए बनी सलाहकार समिति के क्रिया-कलापों की चर्चा करते हैं । फिर लेखक संघीय संविधान निर्माण की बात करते हैं । फिर सर बी० एन० राऊ द्वारा बनाई गई प्रश्नावली की चर्चा करते हैं और समिति के अंतर्गत हुई क्रिया-कलापों की चर्चा करते हैं । फिर डा० अम्बेडकर की अध्यक्षता में संविधान सभा के क्रिया-कलापों की चर्चा करते हैं । इस संदर्भ में निम्नलिखित तथ्यों पर ध्यान देना आवश्यक है ।

"द्वितीय विश्व युद्ध के बाद 1945 में भारत की स्वतंत्रता का प्रश्न प्राथमिकता से स्वीकार किया गया । ब्रिटिश सरकार ने तीन व्यक्तियों के प्रतिनिधि मण्डल को सत्ता के हस्तांतरण के उपायों का सुझाव देने के लिए भारत भेजा । इस कैबिनेट मिशन ने 16 मार्च को अपने प्रस्तावों की घोषणा की, जिनमें भारत की भावी सरकार का संविधान बनाने के लिए संविधान सभा गठित करने का सुझाव था । तदनुसार संविधान सभा के चुनाव हुए, जिनमें प्रांतीय विधान सभाओं द्वारा सदस्य चुने गये । डा० अम्बेडकर कांग्रेस के भारी विरोध के कारण बम्बई से चुनाव हार गये । तब, वह बंगाल विधान सभा से श्री जोगेन्द्रनाथ मण्डल तथा अन्य अनुसूचित जाति के सदस्यों के समर्थन से चुनकर संविधान सभा में पहुँचे । संविधान सभा में 9 दिसंबर, 1946 को स्वतंत्र भारत के संविधान के निर्माण का कार्य आरंभ किया । उद्घाटन सत्र में कुल 296 सदस्यों को भाग लेना था परन्तु केवल 207 सदस्य ही उपस्थित हुए थे । अनुपस्थित सदस्य मुस्लिम लीग के थे, जिन्होंने संविधान सभा का बहिष्कार किया था । संविधान सभा की पहली बैठक संविधान हाल में 9 दिसम्बर, 1946 सोमवार को दिन में 11 बजे आरंभ हुई थी । डा० सच्चिदानन्द सिन्हा अस्थायी चेयरमैन नियुक्त हुए तथा फ्रैंक एन्थोनी डीप्टी चेयर मैन बनाये गये थे । बाद में विधिवत् चुनाव 11 दिसम्बर, 1946 के द्वारा डा० राजेन्द्र प्रसाद अध्यक्ष निर्वाचित हुए । स्वतंत्र भारत का कैसा संविधान होना चाहिए, इस पर

पं० नेहरू ने अपना प्रस्ताव संविधान सभा में प्रस्तुत किया । उनका प्रस्ताव था कि भारत एक स्वाधीन प्रभुसत्ता संपन्न गणराज्य हो, सभी राज्य एक संघ के अधीन हो तथा हर क्षेत्र में सभी नागरिकों को समान अवसर प्राप्त हों । पिछड़े वर्गों एवं अल्पसंख्यक वर्गों के हितों की भी चर्चा थी । डा० एम० आर० जयकर ने भी अपना संशोधन प्रस्तुत किया । इसके बाद अध्यक्ष के अनुमति से डा० अम्बेडकर का भाषण हुआ । उस समय के अखबार बताते हैं कि डा० अम्बेडकर के राजनैतिक जीवन का यह सबसे महत्वपूर्ण भाषण था । जिनका सभी सदस्यों ने जोरदार स्वागत किया था । नेशनल स्टण्र्डड ने 26 दिसम्बर 1946 में लिखा था, "यह पहला समय था जब उन्होंने सुलहकर्ता की प्रशंसनीय भूमिका निभायी थी ।" इस सभा में उन्होंने अखण्ड भारत की वकालत की थी । कांग्रेस के नेताओं ने डा० अम्बेडकर की कानून की योग्यता को उस दिन स्वीकार किया, खास तौर से मूलाधिकारों की व्याख्या को सभी ने सराहा था ।

इसके बाद कैबिनेट मिशन की सिफारिश पर संविधान सभा ने 24 जनवरी, 1947 को सरदार पटेल की अध्यक्षता में एक प्रस्ताव द्वारा मूल अधिकारों तथा अल्पसंख्यकों पर सलाहकार समिति गठित की, जिसमें पचास सदस्य थे, उसमें डा० अम्बेडकर भी एक थे । सलाहकार समिति ने अपनी सहायता के लिए चार उपसमितिया गठित की (1) मूल अधिकार उपसमिति, (2) अल्पसंख्यक उपसमिति, (3) उत्तर पूर्वी सीमान्त जनजातिय समिति, और (4) वर्जित तथा अवर्जित क्षेत्र समिति । (1) पहली दो उपसमितियों के सदस्य थे । मूलाधिकार उपसमिति को उन्होंने अपना ज्ञापन दिया था, जो राज्य और अल्पसंख्यक नाम से प्रकाशित है ।

संविधान सभा ने तीन अन्य समितियाँ गठित की थी–(1) यूनियन पावर कमेटी, (2) यूनियन कांस्टीटयूशन कमेटी, और (3) प्रविन्शियल कांस्टीटयूशन कमेटी । प्रथम दो समितियों के अध्यक्ष प्रधानमंत्री पं० जवाहर लाल नेहरू थे, जबकि तीसरी कमेटी के सरदार पटेल थे । ये समितियाँ 30 अप्रैल, 1947 को स्थापित हुई थी ।

डा० अम्बेडकर यूनियन कांस्टीटयूशन कमेटी के सदस्य थे । 4 जुलाई, 1947 को समिति की रिपोर्ट पं० नेहरू द्वारा सभापति को प्रस्तुत की गई । संविधान सभा की विभिन्न समितियों में डा० अम्बेडकर ने जो किया, वह इतना उपयोगी साबित हुआ कि कांग्रेस के स्वयंभूवों ने महसूस किया कि डा० अम्बेडकर की सेवाओं के बिना भारत का कानून बनाना आसान नहीं होगा ।

बंगाल के विभाजन के कारण डा० अम्बेडकर की संविधान सभा की सदस्यता समाप्त हो गयी थी। जिस कांग्रेस ने पूरी शक्ति से डा० अम्बेडकर को संविधान सभा में प्रवेश करने से रोका था, वह अब आगे बढ़कर उनकी सदस्यता का समर्थन कर रही थी।

संविधान सभा के अध्यक्ष डा० राजेन्द्र प्रसाद अपने 30 जून, 1947 के पत्र में बम्बई के प्रधानमंत्री श्री बी० जे० खेर से डा० अम्बेडकर को तुरंत निर्वाचित करने का अनुरोध किया। उन्होंने लिखा था कि, "हमने संविधान सभा में डा० अम्बेडकर के कार्य को, जो उन्होंने विभिन्न समितियों एवं उपसमितियों में किया, दूसरों के विचारों से अलग पाया है। हमें उनकी सेवाओं से वंचित नहीं होना है। जैसा कि आप जानते हैं कि वह संविधान सभा के अगले सत्र में अवश्य उपस्थित हो, जो 14 जुलाई 1947 से आरंभ होगा। इसलिए उनका तुरंत चुना जाना आवश्यक है।

तदनुसार डा० अम्बेडकर जुलाई 1947 में बम्बई से संविधान सभा के लिए पुन: चुने गये। शीघ्र ही पं० जवाहर लाल नेहरू उन्हें अपनी सरकार में 15 अगस्त, 1947 को स्वाधीनता की संध्या पर गठित हुई थी, शामिल करने की दावत दी। उन्होंने इसे स्वीकार किया और वह भारत के पहले विधि मंत्री नियुक्त हुए। 29 अगस्त, 1947 को संविधान सभा ने उन्हें सर्वसम्मति से भारतीय संविधान सभा के निर्माण के लिए 'प्रारूप समिति' का अध्यक्ष नियुक्त किया। कांग्रेस के प्रबल शत्रु डा० अम्बेडकर अब संवैधानिक मामलों में कांग्रेस के मित्र, दार्शनिक और मार्गदर्शक थे।"[18]

अंत में पृष्ठ 450 पर लेखक यह कहते हैं कि कुछ अर्थों में डा० अम्बेडकर ने महत्वपूर्ण भूमिका निभाई, लेकिन बहुत सारे लोगों में केवल एक थे। उनका कार्य केवल संकलनकर्ता का था, न कि वह जो नीतियाँ बनाते हैं और निर्माण करते हैं। अत: संविधान के प्रारूप को उनके किए गये कार्यों में सम्मिलित करना गलत है जो कि महाराष्ट्र सरकार ने किया है। लेखक शायद सृजन के विद्या से अपरिचित है या तो जानबूझकर पाठकों को भ्रम की स्थिति में रखना चाहते हैं और महाराष्ट्र सरकार पर गलत आरोप लगाते हैं। हमेशा पुराने उपलब्ध ज्ञान के आधार पर ही नये ज्ञान का सृजन होता है। कोई भी ज्ञान शून्य से नहीं पैदा होता, इसलिए नवज्ञान के सृजन से संबंधित साहित्य का अपना महत्व होता है। लेकिन लेखक शायद इस तथ्य से अपरिचित हैं, नहीं तो वे ऐसी भ्रमपूर्ण बातें नहीं लिखते। यदि लेखक के तर्कों को ज्यों का त्यों मान लिया जाय तब तो लेखक को यह भी मानना पड़ेगा कि संत तुलसीदास

रामचरित्रमानस के रचियता नहीं थे । क्योंकि कथा बाल्मिकी कृत रामायण से लिया है, अध्यायों का वर्गीकरण अध्यात्म रामायण के अनुसार किया गया है । विषय–वस्तु में तमाम आगम, निगम और अन्य ग्रंथों का सहयोग लिया गया है । पुस्तक के प्रारंभ में वे इसे स्वीकारते भी है । अपनी तरफ से भी कहीं-कहीं कुछ प्रसंगों को जोड़ा भी है । कहीं-कहीं तो गीता, उपनिषद इत्यादि ग्रंथों के श्लोकों का उन्होंने अवधि भाषा में मात्र अनुवाद कर दिया है । तब क्या अपने आधारों पर अरुण शौरी संत तुलसीदास को रामचरित्रमानस का निर्माता नहीं मानेंगे । तुलसीकृत रामचरित्रमानस का विषय–वस्तु विश्लेषण किया जाय तो शायद कहीं कुछ मौलिक बचेगा । लेकिन उन्होंने संपूर्ण कथानक का भाषा रूपांतरण करते हुए इस रूप में प्रस्तुत किया है कि वह ग्रंथ उनकी कृति मानी जाती है । केप्पलर के ग्रहों से सम्बन्धी नियमों के आधार पर न्यूटन ने गुरूत्वाकर्षण का सिद्धान्त दिया, क्या न्यूटन को गुरुत्वाकर्षण का मूल अविष्कारक नहीं माना जाता है । एक शिल्पी अगर ईट, गारा, चूना, पत्थर के आधार पर अनेक मजदूरों की सहायता से भवन का निर्माण कराता है तो क्या उसे भवन का शिल्पी नहीं माना जाता है । पं० मदन मोहन मालवीय जी बिना अपने घर का एक पैसा लगाये काशी हिंदू विश्वविद्यालय का संस्थापक माने जाते हैं । जबकि जमीन तत्कालिक राजा काशी नरेश ने दिया तथा धन देश के राजा, महाराजा सेठ, साहूकारों से लेकर सामान्य जनता ने दिया था । लेकिन फिर भी मालवीय जी को काशी हिंदू विश्वविद्यालय का संस्थापक माना जाता है । अरुण शौरी के निष्कर्षों के चलते और स्पष्ट होता है कि डा० अम्बेडकर भारतीय संविधान के प्रमुख शिल्पी थे, निर्माता थे ।

अध्याय–11 : प्रस्तुत अध्याय में लेखक ने श्री वी० शिवराव द्वारा लिखित ग्रंथमाला 'फ्रेमिंग ऑफ इण्डियाज कांस्टीटयूशन' खण्ड 1 से 5 तक के आधार पर यह सिद्ध करने की चेष्टा की है कि प्रावधानों की स्वीकृति संविधान सभा के मतों के आधार पर हो रही थी । विभिन्न प्रावधानों का सुझाव विभिन्न लोगों द्वारा दिया गया था । अत: डा० अम्बेडकर को संविधान का निर्माता कैसे माना जाय । इस अध्याय को लिखने में लेखक ने जिस ग्रंथमाला का सहारा लिया है अब वह उपलब्ध नहीं है । अत: उस पर कुछ नहीं कहा जा सकता, लेकिन लेखक इस तथ्य को ओझल कर देते हैं कि विभिन्न प्रावधानों एवं धाराओं के आधार पर आलोचना के दौरान बार-बार सुधार करने की आवश्यकता हुई, इसलिए अनेक धाराओं की व्याख्या करने का अवसर डा० अम्बेडकर को मिला । उन्हीं की योग्यता एवं मेहनत का

परिणाम था कि संविधान को वर्तमान स्वरूप मिला । उनके द्वारा प्रस्तुत संविधान में संवैधानिक समिति द्वारा बनाये गये संविधान के धाराओं से 152 धारायें ज्यादा थीं, लेकिन फिर भी लेखक यह सिद्ध करना चाहते हैं कि डा० अम्बेडकर ने संविधान का एक अक्षर भी नहीं लिखा ।

अध्याय–12 : अध्याय 12 के पृष्ठ 467 से 481 तक लेखक ने मूलाधिकार से संबंधित पूर्व की बनी समितियों एवं उपसमितियों के प्रतिवेदन का वर्णन किया है । इतने पृष्ठों के माध्यम से लेखक यह स्थापित करने की कोशिश करते हैं कि मूलाधिकार से संबंधित विविध प्रावधानों की अपनी एक ऐतिहासिक पृष्ठभूमि है । लगता है कि जैसे किसी को मालूम नहीं है । पृष्ठ 482 पर डा० अम्बेडकर के बारे में लेखक अपनी बात कहना प्रांरभ करते हैं । लेखक का मूल तथ्य यह है कि डा० अम्बेडकर की इतिहास के बारे में एक अपनी अवधारणा थी । उन अवधारणाओं के आधार पर राज्य सभा में प्रस्तुत हुए चतुर्थ संविधान सुधार बिल की परिचर्चा में भाग लेते हुए डा० अम्बेडकर ने कांग्रेस पार्टी के मूल अधिकारों के प्रति अभिवृति को स्पष्ट करने का प्रयास किया है । डा० अम्बेडकर की व्याख्या का लेखक खण्डन नहीं कर पाते हैं । लेकिन यह स्पष्ट संदेश पाठकों तक पहुँचाना चाहते हैं कि मौलिक अधिकारों से संबंधित संवैधानिक प्राविधानों के निर्माणकर्ता डा० अम्बेडकर नहीं थे । इस अध्याय में लेखक ने यह स्पष्ट संकेत देने का प्रयत्न किया है कि मौलिक अधिकारों के प्रति भारतीय स्वतंत्रता आंदोलन में अत्यन्त संवेदनशीलता थी । यह स्वतंत्रता आंदोलन का लोकगीत था । निश्चय ही लेखक का यह निष्कर्ष ऐतिहासिक रूप से गलत है । ऐतिहासिक तथ्यों पर पर्दा डालने का अभिजात्य षडयंत्र है । इसी की तरफ इशारा करते हुए डा० अम्बेडकर यह कहते हैं कि स्वराज्य की माँग के पूर्व कांग्रेस ने कभी आम जनता के मौलिक अधिकारों की माँग नहीं की थी जो कि ऐतिहासिक रूप से सत्य है । क्या अरुण शौरी यह बता सकते है कि 1885 से लेकर 1925 के पूर्व कभी कांग्रेस से आम जनता के मौलिक अधिकारों के प्रति कोई माँग उठायी थी? इस संबंध में कोई प्रतिवेदन ब्रिटिश हुकूमत के समक्ष पेश किया था । फिर लेखक किन आधारों पर यह निष्कर्ष निकाल लेते है कि यह कांग्रेस के राष्ट्रीय आंदोलन का एक लोकगीत था?

डा० अम्बेडकर कहाँ गलत हैं यदि वे यह कहते हैं कि इस संवैधानिक मंशा के अनुरूप मूल अधिकारों की अवधारणा बहुसंख्यक हिंदू समाज में नहीं थी । इनका तो चार्तुवर्ण व्यवस्था स्वीकृत संविधान हैं जिनमें केवल ब्राह्मणों

एवं गायों के मूल अधिकार सुरक्षित हैं । और अलंघनीय हैं । अगर मूल अधिकारों की अवधारणा भारतीय नहीं थी तो निश्चय ही वह लोकतंत्र के साथ आयातित हुई एक विदेशी अवधारणा हैं । इस संदर्भ में 1925 से एवं उसके बाद जितनी भी समितियाँ और उपसमितियाँ गठित हुई थीं उनके प्रतिवेदनों का संविधान सभा में स्वीकार नहीं किया गया । डा० अम्बेडकर के नेतृत्व मे गठित संविधान निर्माण समिति के प्रतिवेदनों को ही तमाम बहसों, सुझाओं और संशोधनों के बाद संविधान सभा द्वारा स्वीकार किया गया, फिर इस निर्माण का श्रेय किसको दिया जाना चाहिए । डा० अम्बेडकर को या पूर्व में गठित एवं असफल प्रतिवेदनों का सम्प्रेषित करने वाले विभिन्न समितियों के प्रधानों को ? सर तेज बहादुर सप्रू के नेतृत्व में गठित समिति को लेखक सप्रू समिति के नाम से प्रस्तुत करते हैं । पं० मोतीलाल नेहरू के नेतृत्व में गठित समिति को नेहरू समिति के नाम से, लेकिन डा० अम्बेडकर के नेतृत्व में गठित समिति को लेखक कोई श्रेय नहीं प्रदान करना चाहते हैं । इस तरह के विद्वेषपूर्ण लेखन का अन्य उदाहरण मिलना कठिन है । पाठको को भुलावे में डालने के लिए लेखक पाठ का शीर्षक ''स्वतंत्रता का लोकगीत'' के रूप में देते हैं, जो एक लेखकीय साजिश के अलावा और क्या है ?

अध्याय–13 : प्रस्तुत अध्याय के सृजन, बी० शिवराऊ की पुस्तक ''दी फ्रेंमिंग ऑफ इण्डियन कांस्टीटयूशन'' और ''आसेम्बली डिबेट'' के आधार पर किया गया है । प्रथम पुस्तक अनुपलब्ध है तथा द्वितीय स्रोत से जो कुछ भी उद्धरित किया गया है उसका इस निष्कर्ष से कहीं सामंजस्य नहीं बैठता है कि डा० अम्बेडकर के नेतृत्व में संविधान का निर्माण नहीं हुआ था । स्वयं संविधान समिति के प्रमुख सदस्य श्री टी० टी० कृष्णमाचारी ने बताया था कि डा० अम्बेडकर को अकेले संविधान के निर्माण का काम करना पड़ा था । उन्होंने अपने तर्क की व्याख्या इन शब्दों में की थी—''सदन को शायद मालूम है कि जिन सात सदस्यों को मसौदा कमेटी में नामित किया गया था । उनमें से एक ने सदस्यता से त्यागपत्र दे दिया और उसके स्थान पर दूसरे को रखा गया । एक की मृत्यु हो गई । उसका स्थान नहीं भरा गया । एक सदस्य बाहर अमरीका में था उसका स्थान खाली रहा । एक अन्य सदस्य राज्य के मामलों में व्यस्त था वह भी समय नहीं दे पाया । एक या दो सदस्य दिल्ली से बहुत दूर थे और शायद स्वास्थ्य की खराबी के कारण कमेटी की बैठकों में उपस्थित नहीं हो पाए । परिस्थितियाँ अत: ऐसी बन गई कि संविधान का मसविदा तैयार करने का काम डा० अम्बेडकर के कंधों पर ही पड़ गया । इसमें कोई संदेह

नहीं है कि हम उनके इस शानदार काम को पूरा करने के लिए आभारी हैं जो निःसंदेह एक प्रशंसनीय है ।''[19]

सरदार बल्लभभाई पटेल बीमारी के कारण संविधान के मसविदा पर विचार के समय ध्यान न दे पाए । इसी प्रकार संवैधानिक सलाहकार बी० एन० राव की सेवाएँ भी उपलब्ध नहीं थी क्योंकि वे यू० एन० ओ० चले गये थे ।

संविधान के सलाहकार ने डा० अम्बेडकर के नेतृत्व वाली मसविदा कमेटी के लिए जो रूपरेखा तैयार की थी उसमें 243 धारायें और 13 सूचियाँ थी किन्तु संविधान के मसविदा कमेटी में जो संविधान का मसविदा तैयार किया गया उसमें 315 धाराएँ और 8 सूचियाँ थीं । जब इस मसविदा पर संविधान सभा में चर्चा की गयी तो यह 386 धाराओं तक बढ़ गया । अंतिम मसविदा में 395 धाराएँ और अनुसूचियाँ थी । इस प्रकार संवैधानिक सलाहकार द्वारा प्रस्तुत रूपरेखा से 152 धाराएँ ज्यादा हैं । इस मसविदा पर 7635 संशोधन पेश किये गये जिनमें से 2473 संशोधनों पर चर्चा व बहस का उत्तर डा० अम्बेडकर और उनके एक या दो सहयोगियों ने दिया । यह निष्कर्ष तो ठीक है कि डा० अम्बेडकर पूर्णतः अपने वैचारिक दर्शन के आधार पर संविधान नहीं बना पाये क्योंकि संविधान सभा में हिंदुत्ववादी सदस्यों का जमघट था । उसमें 150 स्नातक तो काशी हिंदू विश्व विद्यालय के उपस्थित थे । वह बात भी सही है कि संविधान की कई धारायें ऐसी हैं जिन्हें डा० अम्बेडकर ने प्रस्तुत नहीं किया । उनमें काश्मीर संबंधित धारा 370 है । संपत्ति से संबंधित मूल आधेकार धारा 24 आदि ।

इस अध्याय में लेखक ने संविधान के प्रावधानों के निर्माण संबंधी प्रक्रिया की तरफ ध्यान आकर्षित किया है और पाठकों तक यह निष्कर्ष पहुँचाना चाहा है कि, ''क्योंकि संविधान निर्माण प्रक्रिया के अंतर्गत बहुत से लोगों की भागीदारी थी इसलिए डा० अम्बेडकर संविधान निर्माता नहीं थे ।'' यहाँ पर यह तथ्य विचारणीय लगता है कि लेखक यह क्यों भूल जाते हैं कि विभिन्न प्रावधानों का अंतिम रूप डा० अम्बेडकर ने दिया था । बहसों में उनकी व्याख्या प्रस्तुत की थी, तथ्य संबंधित जिज्ञासाओं का समाधान किया था । इस प्रकार उन्होंने संविधान निर्माण में मुख्य शिल्पी की भूमिका निभायी थी । इन्हीं कारणों से तत्कालित सभी श्रेष्ठ व्यक्तियों ने एक स्वर से डा० अम्बेडकर को संविधान का निर्माता कहा था तथा संविधान निर्माण मे उनके द्वारा किये गये श्रम एवं निष्ठा की भूरी-भूरी प्रशंसा की थी । इन सब बातों

का विवरण पिछले पृष्ठों पर दिया जा चुका है । यहाँ पर केवल यह बात मुख्य रूप से शोचनीय है कि अरुण शौरी के द्वारा निकाले गये निष्कर्षों को सही माना जाय या तत्कालीन श्रेष्ठ व्यक्तियों द्वारा जैसे डा० राजेन्द्र प्रसाद, श्री टी० टी० कृष्णमाचारी, डा० बी० पट्टाभिसीता रमैया, श्री एम० अनंथा सायनम अय्यंगर, श्री महावीर त्यागी, सेठ गोविन्द दास, समाजवादी नेता एच० बी० कामथ, फ्रैंक एन्थोंनी, मौलाना हसरत मोहनी, ताजामुल हुसैन, सरदार सचेत सिंह (पेप्सु), श्रीमती रेणुका रे, आदि । अतः निष्कर्ष उचित ही प्रतीत होता है कि जातिवादी, मनुवादी, वैचारिक कट्टरता के कारण लेखक गलत निष्कर्षों पर पहुँचते हैं । डा० अम्बेडकर के महत्व एवं महानता से कहीं न कहीं पीड़ित हैं । दलित होने के कारण डा० अम्बेडकर की श्रेष्ठता को स्वीकार नहीं कर पा रहे हैं अतः उन्होंने उनके व्यक्तित्व एवं चरित्र पर मिथ्या दोषारोपण का कार्य किया है । अस्पष्ट, अपुष्ट संकेतों द्वारा डा० अम्बेडकर के महान योगदान को अत्यंत लघुरूप प्रदान करना चाहते हैं ।

अध्याय–14 : प्रस्तुत अध्याय के पृष्ठ 408 पर लेखक यह निष्कर्ष देते हैं कि अंग्रेजों के चले जाने के कारण डा० अम्बेडकर स्वतंत्रता के पक्षधर बन गये । मात्र यह एक लाइन का निष्कर्ष यह प्रमाणित करने के लिए पर्याप्त है कि लेखक महोदय ने डा० अम्बेडकर के व्यक्तित्व एवं कृतित्व को कितना कम महत्व दिया है । डा० अम्बेडकर तो प्रारंभ से ही मानवमुक्ति के लिए संघर्ष कर रहे थे । उन्होंने तमाम् सामाजिक, धार्मिक, अवैज्ञानिक, अंधविश्वासों, रूढ़ियों, अंध मान्यताओं, विचारों, दर्शनों एवं रीति रिवाजों का विरोध किया था । यह जानते हुए भी लेखक का यह कहना है कि अंग्रेजों के चले जाने के बाद डा० अम्बेडकर स्वतंत्रता के पक्षधर बन गये । अरुण शौरी से यह पूछा जाना चाहिए कि गोलमेज सम्मेलन में भारत के लिए पूर्ण स्वतंत्रता की माँग डा० अम्बेडकर ने किया था या महात्मा गाँधी और उनकी कांग्रेस ने? जनता की स्वतंत्रता को राष्ट्र की स्वतंत्रता से ज्यादा महत्व डा० अम्बेडकर ने दिया था या महात्मा गाँधी और कांग्रेस के नेताओं ने । ऐसे स्वतंत्रता के लिए आजीवन संघर्ष के लिए डा० अम्बेडकर के बारे में इस तरह की अमर्यादित टिप्पणी लेखकीय मर्यादा के विरूद्ध है ।

प्रस्तुत अध्याय में संविधान निर्माण के विभिन्न चरणों को बिना रेखांकित किए लेखक ने यह प्रश्न उछाला है कि संविधान के लेखक कौन से डा० अम्बेडकर है । क्या वे डा० अम्बेडकर जिन्होंने अमरीकी, जापानी संविधान के प्रावधानों को अक्षरस सम्मिलित करने की कोशिश की या वह डा० अम्बेडकर

जिन्होंने संविधान सभा में अपने विचारों को बदला और एक नये अनुच्छेद का विचार दिया या वे डा० अम्बेडकर जिन्होंने प्रावधानों को आखिरी निर्णय देने का काम सम्मिलित रूप से कांग्रेस के बड़े नेताओं पर छोड़ दिया था । पुनः लेखक संविधान निर्माण की प्रक्रिया की पूर्ण जानकारी न रखने वाले पाठकों को भ्रम में डालने का प्रयास करते हैं । यह कौन कहता है कि भारतीय संविधान किसी व्यक्ति विशेष के दिमाग की संपूर्ण उपज है । इस तरह के कुतर्कों का खण्डन पीछे दिया जा चुका है । फिर भी यहाँ इतना कहना पर्याप्त होगा कि डा० अम्बेडकर भारतीय संविधान रचना-प्रक्रिया के मुख्य शिल्पी थे । अतः उनको संविधान निर्माण का श्रेय दिया गया है । जो कहीं से भी अनुचित नही है ।

अध्याय–15 : प्रस्तुत अध्याय में लेखक ने संविधान के निर्माण की पृष्ठभूमि में घटित घटनाओं एवं अन्य समसामयिक राजनैतिक घटनाओं का वर्णन किया है । पृष्ठ 535 पर लेखक यह प्रश्न उठाते हैं कि संविधान का निर्माण पं० नेहरू और केंद्रीय पावर समिति के सदस्यों ने किया था या घटनायें या उन प्रारूपकारों ने जिन्होंने 1935 के विधान को रख दिया था? लेखक का पहला तर्क कितना हास्यापद है कि जब संविधान मसौदा समिति बन गई और उसमें संविधान का प्रारूप तैयार किया गया तब पंडित नेहरू को संविधान का निर्माता कैसे कहा जा सकता है? यह बात किसी के मस्तिष्क में नहीं आई । न तो तत्कालीन राष्ट्रीय नेताओं ने और न ही बाद के नेताओं एवं इतिहासकारों के मन में । लेकिन अरुण शौरी के दिमाग में यह बात आई है तो निश्चय ही इसमें कोई गुढ़ार्थ है और यह गुढ़ार्थ मात्र यही हो सकता है कि संविधान निर्माण में डा० अम्बेडकर के योगदान को नकारने के लिए लेखक ने निहायत दुर्बल तथ्यों के आधार पर पं० जवाहर लाल नेहरू के नाम प्रस्तावित किया है । घटनाओं के स्वरूप निर्धारण को अवश्य प्रभावित किया है लेकिन क्या घटनायें अपने आप में स्वयं संविधान का निर्माण कर सकती हैं? इस तरह की सोच केवल किसी पूर्वाग्रही लेखक के मस्तिष्क में ही आ सकती है । 1935 का भारतीय सरकार अधिनियम अवश्य ही संविधान निर्माण में आधार बनाया गया था । उसको ज्यों का त्यों नहीं स्वीकारा गया था । फिर यह कुतर्क क्यों? संविधान मसौदा समिति में मात्र 114 दिन में भारत का संविधान पास करवाया, जिसमें 395 धारायें थी एवं 2473 संशोधनों पर चर्चा व बहस की गई । प्रस्तुत संविधान पिछले तमाम प्रयासों के आधार पर एक सुधरा हुआ प्रारूप था । क्या लेखक इस बात से इंकार कर सकते हैं कि डा० अम्बेडकर के नेतृत्व में

प्रस्तुत संविधान एक सुधरा हुआ प्रारूप नहीं था? इसी प्रकार पृष्ठ 538 पर लेखक पुनः देशी रियासतों के सवाल पर कुतर्क करते हैं। राजनीतिक घटनाओं का अपना एक अलग महत्व होता है, लेकिन उनके आधार पर विधान का स्वरूप प्रस्तुत करना जिस पर आम सहमति बन सके एक अन्य बात हो सकती है। यहाँ पर भी लेखक ने मात्र भ्रम पैदा करने की कोशिश की है। इसी तरह का प्रश्न लेखक पुनः पृष्ठ 544 पर उठाते हैं जिसके बारे मे इतना ही कहना पर्याप्त होगा कि लेखक संविधान निर्माण प्रक्रिया को क्यों एकांगी रूप में देखते हैं? क्यों पृष्ठभूमि के कारकों को महत्व देकर मुख्य धारा में लाना चाहते हैं? इन प्रश्नों का अभिप्राय लेखक के पूर्वाग्रही विचारों में निहित है। पृष्ठ 546 से 554 तक लेखक ने विधान सभाओं में सामुदायिक आरक्षण पर विचार किया है। इस संदर्भ में मात्र यह टिप्पणी पर्याप्त होगी कि 15 अगस्त सन् 1947 के बाद सांप्रदायिक आधार पर देश का बँटवारा कांग्रेस नेताओं ने स्वीकार कर लिया। इस प्रश्न पर देश का विभाजन कर दिया जबकि डा० अम्बेडकर संवैधानिक आधारों पर इस समस्या का हल ढूढ़ना चाहते थे। लगता है कि लेखक को डा० अम्बेडकर के संवैधानिक रूप से एकीकृत भारत का प्रस्ताव स्वीकार नहीं है। लेकिन देश का विभाजन ही इसी समस्या के समाधान में हो गया तो फिर पुनः इस समस्या के आधार पर डा० अम्बेडकर को संविधान निर्माण के योगदानों को रेखांकित करना मात्र एक असफल प्रयास है। पृष्ठ 554 से 561 तक लेखक मंत्रिमण्डलों में सांप्रदायिक आरक्षण पर विचार करते हैं। इस संदर्भ में डा० अम्बेडकर के विभिन्न भूमिकाओं को एकाकार करते हुए संविधान निर्माण में उनके योगदान को नकारने की चेष्टा करते हैं। पता नहीं क्यों बार-बार लेखक इस तथ्य को भूल जाते हैं कि भारतीय संविधान आम सहमति के आधार पर स्वीकृत हुआ था। राजनैतिक परिस्थितियों के अनुरूप राष्ट्रीय नेताओं की भूमिकायें बदलती रही हैं और यह तथ्य न केवल डा० अम्बेडकर के संदर्भ में लागू होता है बल्कि कांग्रेस के सभी नेताओं, महात्मा गाँधी सहित सब पर लागू होता है। इन निराधर तर्कों के आधार पर लेखक का डा० अम्बेडकर के बारे में संदेह उत्पन्न करना कहीं से भी बौद्धिक ईमानदारी की सीमा में नहीं आता है। इसी तरह से पृष्ठ 561 से लेकर 568 तक लेखक मंत्रिमण्डल के गठन के बारे में वे विभिन्न मत मतांतरों की चर्चा करते हैं। जब इस संदर्भ में मौलिक योगदान किसी का भी नहीं है तो फिर डा० अम्बेडकर को नकारने की ही चेष्टा क्यों? लेखकीय तर्कों एवं व्याख्याओं में जो सबसे बड़ी त्रुटि यह है कि जो मापदण्ड

लेखक डा० अम्बेडकर पर लगाते हैं, वही मापदण्ड व अन्य दूसरे संविधान निर्माण से संबंधित लोगों पर नही लगाते । अतः इस तरह की रचना को एक ईमानदार लेखन की संज्ञा नहीं दी जा सकती । पूर्वाग्रहों से ग्रसित लेखक ने अपने निर्णय के कसौटियों को बार-बार बदला है । अलग-अलग लोगों पर अलग-अलग तरह से लागू किया है अतः इस तरह की रचना में वस्तुनिष्ठता का अभाव है । पृष्ट 568 से 570 में पुनः लेखक यह तर्क करते हैं कि अगर किसी दूसरे समिति के सुझाव को संविधान मसौदा समिति ने स्वीकार कर लिया तो क्या इसे डा० अम्बेडकर की रचना समझी जाय । जब कि डा० अम्बेडकर स्वयं कहते हैं कि प्रारूप अनुच्छेद 144(1) किसी दूसरे समिति की संस्तुति है । इस तरह के अनेक आक्षेपों का उत्तर पूर्व के पृष्ठों में दिया जा चुका है । पता नहीं लेखक यह समझने को क्यों नहीं तैयार है कि संपूर्ण पूर्व के आधारों, सुझावों, संशोधनों, इत्यादि के आधारों पर एक नये संविधान का प्रारूप तैयार करना, उनको इस तरह से प्रस्तुत करना जो सबको स्वीकार हो, उन प्रावधानों का संविधान सभा में बचाव करना, तमाम आक्षेपों का उत्तर देना, शंकाओं का समाधान करना, नये सुझावों को सम्मिलित करना तथा संविधान का सुधरा स्वरूप प्रस्तुत करना, एक महानकर्ता का ही कार्य हो सकता है जिसका श्रेय एक मात्र स्वर से सभी लोगों ने डा० अम्बेडकर को दिया था । लगता है कि लेखक संविधान निर्माण की प्रक्रिया की जटिलता से या तो परिचित नहीं हैं या उस पर पर्दा डालने की कोशिश करते हैं ।

अध्याय–16 : इस अध्याय में लेखक उन बार-बार कहे गये अपने पुराने तर्कों को दोहराते हैं कि प्रस्तुत संविधान सन् 1935 को भारत सरकार अधिनियम पर आधारित था । बहुत से अन्य देशों के संविधानों से लिया गया था या इसको वर्तमान स्वरूप देने में मदद ली गयी थी । इसमें बहुत से लोगों से सुझाव, सहयोग, संशोधन लिए गये थे । अतः कोई एक व्यक्ति इसका कैसे रचनाकार हो सकता है । इस संदर्भ में पुनः यह कहना अप्रासंगिक नहीं होगा कि लेखक संविधान निर्माण के कुछ तथ्यों की चर्चा तो कर रहे हैं, लेकिन इन तमाम ईंट-पत्थरों के आधार पर जो स्वीकृत संविधान का प्रारूप तैयार किया गया वह डा० अम्बेडकर के ही परिश्रम एवं दिशा निर्देशन का परिणाम था । इसलिए उनको संविधान निर्माता का मुख्य श्रेय दिया जाता है । डा० अम्बेडकर को नकारते-नकारते अंत में पृष्ठ 585 पर मो० अली बेग के कथन का अरुण शौरी उद्धृत कर ही देते हैं कि संवैधानिक मुद्दों पर उनका अधिकार बहुत सुंदर, अद्वितीय,विलक्षण और पूर्ण रहा है, लेकिन वे स्वतंत्र एजेन्ट के

रूप में कार्य नहीं कर सके । अत: आज हमारे सामने रखे संविधान में जो बुराईयाँ या त्रुटियाँ हैं वे उन परिस्थितियों में सन्निहित हैं, जिसमें डा० अम्बेडकर को रखा गया था । अत: उनके लिए वह व्यक्तिगत रूप से जिम्मेदार नहीं हैं । संविधान सभा के इस वाद-विवाद को दर्शाने के बावजूद समझ में नहीं आता कि लेखक को डा० अम्बेडकर की भूमिका पर क्यों संदेह है । यह तो डा० अम्बेडकर की महानता है कि उन्होंने अपने कथन में सभी छोटे-बड़े सुझावों के महत्व को स्वीकार किया है । अत: इतने स्पष्ट तथ्य को अस्वीकारने के कारण लेखक को मनुवादी नहीं कहा जायेगा तो और क्या कहा जा सकता है?

अध्याय–17 : प्रस्तुत अध्याय के पृष्ठ 587 पर लेखक कहते हैं कि संविधान प्रारूप समिति के द्वारा निर्मित संविधान के प्रारूप को पूरे देश में वितरित किया गया, जिससे कि उस पर 7600 आलोचनाएँ और सुझाव आये । अगर इसी तर्क पर विचार किया जाय तो यह बात स्पष्ट होती है कि डा० अम्बेडकर की अध्यक्षता वाली प्रारूप समिति ने संविधान के प्रारूप को अंतिम रूप दिया था, उसी को पूरे देश में वितरित किया गया था । फिर भी लेखक संविधान प्रारूप समिति के अध्यक्ष डा० अम्बेडकर को संविधान निर्माण का श्रेय नहीं देना चाहते हैं । इसी प्रारूप पर जो 7600 सुझाव एवं आलोचनाएं आयी थी, उनमें से केवल 2473 को ही बहस के लिए स्वीकार किया गया । उनको संविधान प्रारूप समिति द्वारा संविधान सभा में डा० अम्बेडकर ने पेश किया । उनकी अध्यक्षता एवं निर्देशन मे उसको स्वीकार किया गया । फिर भी लेखक यह कहते हैं कि संविधान निर्माण में डा० अम्बेडकर की मुख्य भूमिका नहीं थी । सभी के सुझावों, संशोधनों एवं आलोचनाओं को देखते हुए जो संविधान में आवश्यक सुधार किया तथा उसको जो वर्तमान स्वरूप दिया गया, यह या तो डा० अम्बेडकर के द्वारा किया गया था या उनके निर्देशन एवं सुझावों के अनुसार हुआ । लेकिन फिर भी लेखक संविधान निर्माण में डा० अम्बेडकर की भूमिका को अत्यंत गौड़ रूप से रेखांकित करते हैं । आगे वह यह भी कहते हैं कि डा० अम्बेडकर को भारतीय संविधान का निर्माता इसलिए मान लिया जाता है कि इस देश की जनता निरक्षर है । मगर यह बात सत्य है तब तो फिर देश की जनता के सारी आस्थाओं के सामने एक प्रश्न चिन्ह लग जाता है । फिर तो यह भी कहा जा सकता है कि केवल निरक्षर जनता को भ्रम में डालकर भारतीय स्वतंत्रता का श्रेय महात्मा गाँधी एवं कांग्रेस को दिया जाता है । केवल प्रचार के बल पर गाँधी जी को राष्ट्रपिता कहा गया है

इत्यादि । प्रचार को राजनैतिक हथियार बनाने की कला जितनी अरुण शौरी जैसे मनुवादियों को आती है उतनी शायद किसी को भी नहीं आती । ऐसा केवल डा० अम्बेडकर के साथ नहीं हो रहा है । मनुवादियों ने महर्षि वाल्मिकी को जो रामायण के रचियता थे, को परिवर्ती काल में ब्राह्मण घोषित कर दिया जब कि वे अछूत थे । प्रचार के बल पर ही उपनिषदों में उन तमाम रचनाकारों को ब्राह्मण ही सिद्ध करते हैं और उपनिषद को ब्राह्मण साहित्य का अंग बताते हैं जबकि अनेक उपनिषदों के रचनाकार गैर ब्राह्मण थे । अनेक पुराणों के रचियता सूत जी थे जो कि एक शूद्र थे, लेकिन पुराणों को भी आज हिंदू जनता ब्राह्मणों द्वारा रचित साहित्य मानती है । महाभारत के रचनाकार के बारे में निश्चय रूप से नहीं कहा जा सकता है कि वे ब्राह्मण थे फिर भी मनुवादियों ने ब्राह्मण ऋषि प्रचारित कर रखा है । यहाँ तक की संत कबीर को भी विधवा ब्राह्मणी के गर्भ से उत्पन्न होना बताया गया है जिसका कि कोई निश्चित प्रमाण नहीं हैं । इसी तरह के अनेकों उदाहरण दिये जा सकते हैं । मनुवादियों की इस देश में सदैव नियति रही है कि ब्राह्मण वर्ण व्यवस्था में श्रेष्ठ स्थान रखते हैं इसलिए जो कुछ भी श्रेष्ठ कार्य इस देश में किया जाता है वह ब्राह्मणों के अलावा कोई कर ही नहीं सकता । जबकी यथार्थ इन सब बातों से कहीं बहुत दूर है । क्या यह सत्य नहीं है कि डा० अम्बेडकर, महात्मा गाँधी एवं कांग्रेस की नीतियों के प्रबल विरोधी थे फिर भी कांग्रेस ने उनको संविधान सभा का सदस्य बनाया । संविधान निर्माण समिति का अध्यक्ष बनाया । लेकिन प्रश्न उठता है कि देश में अन्य श्रेष्ठ विधि विशेषज्ञ उपलब्ध थे तो कांग्रेस ने डा० अम्बेडकर को इतना महत्वपूर्ण कार्य क्यों सौंपा? अगर डा० अम्बेडकर अंग्रेजों के पक्षधर थे तब तो यह कार्य और भी उन्हें नहीं देना चाहिए था । लेखक से यह पूछा जाना चाहिए कि कांग्रेस ने ऐसा क्यों किया? डा० अम्बेडकर संविधान प्रारूप समिति का अध्यक्ष होना क्या महात्मा गाँधी के उदारता के कारण संभव हुआ या उनकी विधि विशेषज्ञता के कारण । तब तो इससे यह निष्कर्ष निकलता है कि महात्मा गाँधी ने संविधान के साथ धोखा किया । इतने महत्वपूर्ण सवाल पर देश को छला । संभवतः इस तरह के शंकाओं का उत्तर न लेखक के पास है और न वे दे सकते हैं । उस समय डा० अम्बेडकर जैसी शैक्षिक उपाधि रखने वाले कितने लोग थे? कितने लोगों को वह विधि विशेषज्ञता हासिल थी जो डा० अम्बेडकर को थी? संभवतः उस समय डा० अम्बेडकर सबसे ज्यादा एवं सबसे अधिक शैक्षिक उपाधि धारक जन नेता थे । पता नहीं क्यों लेखक इन तथ्यों की उपेक्षा करते हैं ।

दूसरा कारण लेखक के अनुसार यह है कि डा० अम्बेडकर की प्रशंसा में जो कुछ अन्य महत्वपूर्ण लोगों द्वारा कहा गया, उनको डा० अम्बेडकर के समर्थकों द्वारा आंशिक रूप से प्रस्तुत किया गया है । लेखक ने उनको पूर्ण रूप से प्रस्तुत किया है, लेकिन उनको देखने के बाद ऐसा नहीं लगता है कि डा० अम्बेडकर का महत्व कहीं से कम हो रहा है । केवल मनुवादी मानसिकता के कारण लेखक डा० अम्बेडकर के संविधान निर्माण में योगदान को स्वीकार नहीं कर पा रहे हैं और कारण मात्र इतना है कि वे दलित वर्ग से संबंधित थे ।

एक अन्य कारण लेखक बतलाते हैं कि जातिवादी राजनीति और प्रचार के द्वारा राजनीतिज्ञ दलितों का वोट प्राप्त करने के लिए डा० अम्बेडकर को प्रतिमा के रूप में प्रस्तुत करते हैं । उन पर उपलब्धियों एवं श्रेष्ठाओं को चिपकाया गया है और जिसमें से संविधान भी एक है । अगर ऐसा ही है तो अन्य पिछड़े वर्गों, जन जातियों या अल्पसंख्यकों में किसी अन्य को क्यों नहीं इतने महत्वपूर्ण व्यक्ति के रूप में प्रचारित किया जाता है । इससे भी तो वोट की राजनीति हो सकती है । पुनः यहाँ पर लेखक अपनी न केवल मनुवादी मानसिकता को प्रदर्शित करते हैं, बल्कि एक मनुवादी हथियार के बारे में आवश्यक जानकारी भी देते हैं । इस देश में सबसे ज्यादा प्रतीकों को गढ़ने का कार्य मनुवादियों ने किया है । मानवीय प्रतीकों को वे नित्य नये-नये रूप में गढ़ने में माहिर हैं । वैदिक युग के देवताओं जैसे सूर्य, इन्द्र, वरूण, पूषण आदि की आज कहीं भी आम जनता के द्वारा पूजा नहीं की जाती है । परवर्ती कालों मे निरंतर नये-नये दैवीय प्रतीकों को गढ़ने में मनुवादी लगे रहते हैं । गौतम बुद्ध स्वयं भगवान एवं देवत्व के बारे में मौन थे, लेकिन मनुवादियों ने उन्हें ही अवतार घोषित कर दिया । आज ऐसे बहुत से देवी-देवताओं की पूजा होती है जिनके प्रतीकों को या तो मध्यकाल में गढ़ा गया है या वर्तमान काल में । लेखक इन सब बातों से अपरिचित नहीं होंगे । लेकिन उन्होंने प्रतीक गढ़ने का आरोप दलितों पर लगाया है, और वह भी कोई छोटा-मोटा आरोप नहीं बल्कि डा० अम्बेडकर के रूप में एक महान व्यक्तित्व के प्रतीक के रूप में गढ़ने का । उनको अप्रासंगिक सिद्ध करने के लिए, उनके व्यक्तित्व की गरिमा को भुलाने एवं उनके योगदान को नकारने के लिए बहुत श्रम से इस पुस्तक रूपी प्रचार साहित्य का सृजन किया गया है । यदि यही श्रम लेखक महोदय स्वतंत्रता के बाद भारत में पैदा हुए नकली भगवानों एवं गुरूओं के ढोंग एवं मिथ्या आरोपों के आडम्बर के पर्दाफाश में लगाते तो वह देश की एक सच्ची

सेवा होती । कितनी अजीब बात है कि जब देश विदेशी सत्ता के अधीन था तब किसी हिंदू ने अपने को भगवान के रूप में प्रस्तुत करने की हिम्मत नहीं की । सब अपने को आचार्य एवं दास ही कहते रहे । लेकिन स्वतंत्रता के बाद मनुवादियों ने एक निश्चित योजना के अंतर्गत अपने को भगवान के रूप में प्रस्तुत करना प्रारंभ कर दिया । इस संदर्भ में एक तथ्य यह भी है कि इनमें से कई महागुरू एवं भगवानों पर विभिन्न अपराधों के अंतर्गत वाद न्यायालय में लंबित हैं । कितने तो जेल की यात्रा भी कर आये हैं । पर इन प्रतीकों की तरफ लेखक महोदय ध्यान नहीं देते बल्कि निहित कारणों के अंतर्गत दलित चेतना के प्रतीक महान देशभक्त एवं स्वाभिमानी विद्वान डा० अम्बेडकर के चरित्र हत्या जैसे कार्यों पर उतर आये हैं । लेखक महोदय का यह भी कहना है कि जातिवादी राजनीति एवं प्रचार के द्वारा वोट प्राप्त करने के लिए लोगों को अम्बेडकर को एक प्रतीक के रूप में गढ़ने की जरूरत पड़ी और उन्हीं कारणों से उनको संविधान का निर्माता कहा गया । इस विडम्बना पर कोई प्रश्न चिन्ह नहीं खड़ा किया जा सका क्योंकि इस तरह की राजनीति का विरोध करने वाले को शाब्दिक आतंकवाद और शारीरिक अपमान का भय है ।

पृष्ठ 604 पर लेखक कहते हैं कि डा० अम्बेडकर केवल अपने को ही ईमानदार एवं प्रखर व्यक्ति समझते थे । और सारे अन्य लोग उनके महत्व के पहचान को मूल्यहीन बनाने के षडयंत्र में लगे रहते हैं । यह आदत उनके जीवन पर्यन्त बनी रही । एक असमान जातिवादी समाज के सबसे निचले वर्ग से उठा हुआ व्यक्ति यदि अपने सार्वजनिक जीवन में सवर्ण, जातिवादी शक्तियों द्वारा अपने को अपमानित एवं छला हुआ महसूस करता है तो, इसमें आश्चर्य की क्या बात है । यह तो उनके भोगे हुए यथार्थ की प्रतिक्रिया मात्र है । लेकिन लेखक जब डा० अम्बेडकर जैसे व्यक्ति पर प्रतिक्रिया अभिव्यक्ति का लांक्षन लगाते हैं तो करोड़ों भूखे, नंगे, अशिक्षित, दबे-कुचले दलितों की बात ही क्या है ।

अध्याय–18 : अध्याय 18 में लेखक ने डा० अम्बेडकर पर लिखे अपने कुछ लेखों के संदर्भ में अम्बेडकरवादियों द्वारा की गई कुछ प्रतिक्रियाओं को चुना है और उन पर अपनी प्रतिक्रिया व्यक्त की है । इस संदर्भ में लेखक यह मानता है कि इसके द्वारा यह प्रमाणित किया जा चुका है कि :

1. वायसराय के कार्यसाधक समिति में डा० अम्बेडकर की श्रममंत्री के रूप में की गई भूमिका राष्ट्रीय हितों के विरूद्ध थी ।

2. गोलमेज सम्मेलन में डा० अम्बेडकर की भूमिका राष्ट्रीय स्वतंत्रता के विरुद्ध थी ।
3. भारतीय संविधान निर्माण समिति के अध्यक्ष के रूप में डा० अम्बेडकर द्वारा किये गये कार्य उनको संविधान निर्माता सिद्ध नहीं करते ।

इन संदर्भों को ठीक से समझने के लिए कुछ तथ्यों को विस्तार से जानना आवश्यक है । उन आवश्यक तथ्यों पर विस्तार से प्रकाश पिछले अध्यायों में डाला जा चुका है । यहाँ पर इतना ही कहना पर्याप्त होगा कि वर्तमान लेखक भी कुछ पाठकों की प्रतिक्रियाओं से सहमत हैं कि अरुण शौरी की यह पुस्तक कष्टदायक है, लज्जाजनक है अत: त्याज्य है ।

अध्याय–19 : प्रस्तुत अध्याय के पृष्ठ 638 में लेखक दलित पिछड़े एवं मुस्लिमों के राजनैतिक विचारधाराओं पर अत्यंत निंदनीय आरोप लगाते हैं कि इन वर्गों की राजनैतिक विचारधारा "एक को कुचलो और सैकड़ों को डराओ", 'हर कोई और प्रत्येक की अवहेलना करो जो पिछड़े, दलित और मुस्लिम नेताओ के कूड़े को साफ करना चाहता है" "सामाजिक न्याय आज कुछ नहीं बल्कि जातिवादी राजनीति के लिए एक आवरण है ।" जरा विचार करें कि पचासी फीसदी जनता के वैचारिक दर्शक को इस तरह से निंदित करने का कार्य अरुण शौरी जैसे लेखक कर रहे हैं । लेखक के नजर में पिछड़ों, दलितों एवं मुस्लिम नेतृत्व के प्रति असम्मान की भावना है । लेखक जान-बूझकर उनको अपमानित करना और नकारना चाहते हैं । वह बिना प्रमाण के लिखी गई इन बातों से पूर्णत: स्पष्ट है कि एक ब्राह्मणवादी हिंदू को 'सामाजिक न्याय की राजनीति' कैसे प्रिय हो सकती है । उसको अगर सामाजिक न्याय की बात प्रिय नहीं है तो निश्चय ही वह जातिवादी सोच से ग्रसित है, न्याय की भावना से दूर हैं, विवेक रहित है, तथा उनके अंदर लोकतांत्रिक मूल्यों का सम्यक विकास नहीं हुआ है । साथ ही यह भी कहा जा सकता है कि उनके अंदर संवैधानिक मूल्यों के प्रति कोई आस्था नहीं है । दलितों के प्रति लेखक आक्रोश से परिपूर्ण हैं । इसी पृष्ठ पर लेखक का यह भी कहना है कि 'दलित एक दलित है' गाली के औचित्य को सिद्ध करने और आक्रोश के प्रदर्शन के लिए एक प्रहार शब्द है । आगे पुन: लेखक यह लिखते हैं कि पिछडों एवं दलितों के नाम पर समाज में जहर फैलाया जा रहा हैं । लेखक को इस बात पर भी दु:ख है कि हमारे समाज की ऐसी दशा है कि जो लोग सार्वजनिक क्रिया-कलापों और राजनैतिक नेताओं पर नियंत्रण रखते हैं वे चाहते हैं कि इस

जहर के बारे में कोई कुछ न बोले । ध्यान दें और विचार करें कि पिछड़ों, दलितों एवं मुसलमानों की राजनैतिक क्रिया-कलापों पर इस तरह की टिप्पणी करने वाले लेखक की आंतरिक संरचना किस प्रकार की हो सकती है । उनके व्यक्तित्व पर भी गौर करें । इस सब बातों से क्या यह नहीं लगता है कि इस तरह का लेखकीय व्यक्तित्व सत्य एवं न्याय जैसे मूल्यों से बहुत दूर है । इतना ही नहीं अंत में लेखक यह भी कहते हैं कि इस तरह की विचारधारा को यदि वापस नहीं लपेटा गया तो इससे प्लेग की तरह अनेक समस्यायें पैदा होगी जिनका कि कोई अंत नहीं है । लेखक ने इस पुस्तक में एक ऐसे पेशेवर भाषा का प्रयोग किया है जो किसी भी चीज को प्रमाणित और खण्डित तो नहीं कर सकती बल्कि तस्करी संकेत मात्र दे सकती है । इन तस्कर संकेतों के द्वारा अपने निहित वर्गीय स्वार्थों की पूति लेखक की इच्छा है । अत: इस प्रकार के साहित्य को मात्र एक दु:प्रचार साहित्य माना जाना चाहिए । लेखक को भी वर्ग विशेष के हितों के पोषण करने वाले लेखक के रूप में जानना चाहिये न कि एक वस्तुनिष्ठ, यथार्थवादी, बौद्धिक व्यक्ति के रूप में ।

डा० अम्बेडकर के कुछ विचार एवं कृतित्व

यहाँ पर हमने अरुण शौरी के तर्कों के विश्लेषण का उत्तर दिया है तथा इस निष्कर्ष पर पहुँचे हैं कि किस प्रकार लेखकीय तर्क पूर्वाग्रह से ग्रसित है । एक विशिष्ट प्रकार की अभिजात्य सामंती मानसिकता की उपज है । अब हमारा उद्देश्य उन तथ्यों को रखना है जिनकों की लेखक ने जान-बूझकर छोड़ दिया है । निहित उद्देश्यों की पूर्ति के लिए तथ्यों का उनके संदर्भों में पूर्ण रूप से प्रस्तुत न कर केवल काँट-छाँट कर अपने निहित उद्देश्यों की पूर्ति के लिए चयन किया है और उस पर रंगीन टिप्पणी प्रस्तुत की है ।

अरुण शौरी कृत 'वार्सिपिंग फाल्स गाड' अर्थात 'नकली देवताओं की उपासना' नामक पुस्तक के अध्याय एक के पृष्ठ 4 एवं 5 पर दिये गये दोनों तथ्यों के संदर्भ में हम पाठकों का ध्यान गोलमेज अधिवेशन के पाँचवीं बैठक 20 नवम्बर, 1930 में कहे गये डा० अम्बेडकर के कथन को प्रस्तुत करते है:

"हमारा आरोप यह नहीं है कि अंग्रेजी शासन ने हमारी उपेक्षा की है अथवा उनकी हमारे प्रति सहानुभूति नहीं है । हम इस निष्कर्ष पर पहुँचे हैं कि वह हमारी समस्याओं का समाधान कर हीं नहीं सकते । यदि उन्होंने हमारी उपेक्षा की होती तो बात इतनी गंभीर नहीं थी और उसके कारण हमारे विचारों में इतना गंभीर परिवर्तन नहीं आता । स्थिति का गहन विश्लेषण कर हम यह

जान गए हैं कि यह केवल उपेक्षा का मामला नहीं है, बल्कि इस कार्य को करने के लिए उनमें बिल्कुल भी काबलियत नहीं है । दलित वर्गों ने देखा है कि भारत में बिल्कुल भी काबिलियत नहीं है । दलित वर्गों ने देखा है कि भारत में अंग्रेजी सरकार के सामने दो बड़ी गंभीर सीमाएं हैं । पहली आंतरिक सीमा है, जो सत्तारूढ़ लोगों के चरित्र, उद्देश्य और हितों के द्वारा पैदा हुई है । बात यह नहीं कि ऐसा करना उनके चरित्र, उद्देश्य और हितों के विरुद्ध है । बाहरी विरोध के भय से भी वह हमारी सहायता नहीं कर रहे हैं । भारत सरकार उन सामाजिक बुराइयों को दूर करने की आवश्यकता को समझती हैं जो भारतीय समाज को घुन की तरह खाए जा रही है, जिनके कारण दलित वर्ग अनेक वर्षों से अभिशप्त जीवन जीने को विवश है । भारत सरकार जानती है कि जमींदार जनता का खून चूस रहे हैं । पूँजीपति कामगारों को जीवनयापन के लिए उचित मजदूरी नहीं दे रहे हैं तथा उनके लिए काम की बेहतर स्थिति भी पैदा नहीं करते हैं । बड़े दुख की बात है कि सरकार ने इन बुराइयों को दूर करने का साहस नहीं दिखाया । इसका कारण क्या है? क्या इन बुराइयों को दूर करने के लिए उसके पास कानूनी शक्ति का अभाव है? नहीं, यह बात नहीं है । इसका कारण यह है कि उसे भय है कि वर्तमान सामाजिक और आर्थिक व्यवस्था में परिवर्तन करने से उनका विरोध होगा । ऐसी सरकार जनता के लिए किस काम की है ? इन दो सीमाओं के पाटों में फंसी सरकार दलित वर्गों की स्थिति में सुधार करने और उनके जीवन को बेहतर बनाने के लिए कुछ नहीं कर सकती । हमे ऐसी सरकार चाहिए जिसमें सत्ता में बैठें व्यक्ति देश के हित मे अविभाजित राज्यनिष्ठा प्रदान करेंगे । हमें ऐसी सरकार चाहिए जिसमें सत्ता में बैठे व्यक्ति इस बात को समझते हों कि कब सरकार की आज्ञाकारिता समाप्त हो जाती है और प्रतिरोध आरंभ हो जाता है, फिर वे न्याय और समय की आवश्यकताओं को देखते हुए सामाजिक और आर्थिक जीवन की आचार संहिताओं में परिवर्तन करने में नहीं हिचकिचाएं । अंग्रेजी सरकार यह भूमिका कभी नहीं निभा सकेगी । यह कार्य केवल सही सरकार कर सकती है जो जनता की सरकार हो, जनता के लिए हो तथा जनता द्वारा चुनी गई हो ।

दलित वर्गों की ओर से उठाये गए यह कुछ प्रश्न हैं और उनकी दृष्टि में प्रश्नों के ये उत्तर हैं । इसलिए दलित वर्ग इस अनिवार्य निष्कर्ष पर पहुँचें है कि भारत की नौकरशाह सरकार सदाशय के बावजूद हमारी तकलीफों को दूर करने के लिए किसी प्रकार का परिवर्तन नहीं ला सकती । हम महसूस

करते हैं कि हमारे अतिरिक्त हमारे दुख-दर्द को कोई भी दूर नहीं कर सकता और जब तक राजनीतिक शक्ति हमारे हाथों में नहीं आती, हम भी उसे दूर नहीं कर सकते । जब अंग्रेजी सरकार बनी रहेगी, तब तक इस राजनीतिक सत्ता का अंश मात्र भी हमें मिलने वाला नहीं । स्वराज्य के अंतर्गत ही हमें राजनीतिक सत्ता में साझेदारी का कोई अवसर मिल सकता है, राजनीतिक सत्ता के बिना हमारे लोगों का उद्धार संभव नहीं है ।''

दलित वर्ग यह अनुभव करते हैं कि जब तक नये संविधान की निमात्र्री, राजनीतिक मशीनरी विशिष्ट प्रकार की नहीं होगी, दलित वर्गों की राजनीतिक सत्ता में रत्ती भर भी साझेदारी नहीं होगी । नए संविधान का निर्माण करते समय भारत की सामाजिक व्यवस्था के कुछ ठोस तथ्यों को ध्यान में अवश्य रखा जाना चाहिए । इस बात को मानकर चलना होगा कि यहाँ की सामाजिक व्यवस्था उच्च वर्ग के लिए आदर और निम्न वर्ग के लिए घृणा की अन्यायपरक मान्यताओं पर आधारित है । इसलिए वर्ग और जाति पर आधारित इस व्यवस्था में लोकतांत्रिक शासन प्रणाली के लिए आवश्यक समता और बंधुत्व की मानवीय भावनाओं के विकास की कोई संभावना नहीं है । इस बात को भी मानना होगा कि यद्यपि बुद्धिजीवी भारतीय समाज का एक महत्वपूर्ण अंग है किंतु सभी उच्च वर्ग से आते हैं, यद्यपि यह देश-हित की बात करते हैं और राजनीतिक आंदोलनों का नेतृत्व करते हैं, किंतु वे जातिगत संर्कीणताओं का परित्याग नहीं कर पाते । दूसरे शब्दों में, दलित वर्ग यह चाहते हैं कि राजनीतिक तंत्र ऐसा हो, जो समाज के मनोविज्ञान के अनुकूल हो । अन्यथा आप एक ऐसा संविधान का निर्माण करेंगे, जो चाहे कितना ही संतुलित क्यों न हो, वह एक विकृत संविधान होगा और जिस समाज के लिए उसे बनाया जायेगा, उसके लिए उपयुक्त नहीं होगा ।

इस विषय पर अपनी बात समाप्त करने से पहले मैं एक बात और कहना चाहता हूँ । हमें बार-बार याद दिलाया जाता है कि दलित वर्गों की समस्या एक सामाजिक समस्या है और उसका समाधान राजनीति में नहीं है । हम इस विचार का जोरदार विरोध करते हैं । हम यह महसूस करते हैं कि जब तक दलित वर्गों के हाथ में राजनीतिक सत्ता नहीं आती, उनकी समस्या का समाधान नहीं हो सकता । यह सत्य है और हमारे विचार में इसके अलावा और कुछ सत्य हो ही नहीं सकता कि दलित वर्गों की समस्या मुख्य रूप से एक राजनीतिक समस्या है और उसे ऐसा ही माना जाना चाहिए । हम जानते हैं कि राजनीतिक सत्ता अंग्रेजों के हाथ से निकल कर ऐसे लोगों के हाथों में

जा रही है, जिनका हमारे जीवन पर अत्यधिक आर्थिक, सामाजिक और धार्मिक प्रभुत्व है । हम चाहते हैं कि सत्ता का हस्तांतरण हो, चाहे स्वराज्य का विचार अतीत में हम पर किए गए जुल्म, अत्याचार और अन्याय की याद दिलाता है । और हो सकता है कि स्वराज्य प्राप्ति के पश्चात् हमें पुनः उन जुल्मों और अत्याचारों का शिकार होना पड़े । हम इस आशा पर यह खतरा भी उठाने के लिए तैयार हैं कि अपने देशवासियों के साथ-साथ हमें भी राजनीतिक सत्ता में पर्याप्त प्रतिनिधित्व मिलेगा । उसे हम एक ही शर्त पर स्वीकार करेंगे कि हमारी समस्याओं के समाधान में विलम्ब नहीं किया जायेगा, क्योंकि हमने किसी चमत्कार के होने की पहले ही लंबी प्रतीक्षा की है । जब-जब अंग्रेजी सरकार ने सरकार में और प्रतिनिधित्व देने के लिए कदम उठाए हैं, हर बार दलित वर्गों को जान-बूझकर छोड़ दिया गया है । राजनीतिक सत्ता में उनके दावे पर बिल्कुल ध्यान नहीं दिया गया । मैं इस बात का पुरजोर विरोध करता हूँ और अब हम इसे और सहन नहीं करेंगे । सामान्य राजनीतिक समझौते के साथ ही हमारी समस्या का समाधान किया जाना चाहिए और उसे भावी शासकों की सहानुभूति और सद्भावना की बालू पर नहीं छोड़ा जाना चाहिए । दलित वर्ग इस बात पर क्यों जोर दे रहे हैं, इसके स्पष्ट कारण है ।

यह सर्वविदित है कि जिस व्यक्ति के पास सत्ता होती है, वह उस व्यक्ति की अपेक्षा अधिक ताकतवर होता है, जिसके पास यह नहीं होती । हम भी जानते हैं कि जिनके पास सत्ता होती है, वे उनके पक्ष में यह सत्ता छोड़ने के लिए कभी तैयार नहीं होते, जो सत्ता के बाहर होते हैं । अतः हमें आशा नहीं है कि हमारी सामाजिक समस्या का समाधान होगा । आज हम जिन्हें सत्ता और सम्मान के सिंहासन पर आरूढ़ करने के लिए सहायता कर रहे हैं, उन्हें हटाने के लिए हमें एक और क्रांति करनी होगी, तभी सत्ता हमारे हाथों में आ सकेगी । अपनी सुरक्षा के लिए अत्यअधिक विश्वास कर, बरबाद हो जाने के बदले अपनी दुश्चिंताओं और आशंकाओं के कारण हमसे कोई घृणा करे, हम इसे अधिक पसंद नहीं करेंगे । इस बात पर बल देना उचित है कि हमारी समस्या के समाधान के लिए एक ऐसा अनुकूल राजनीतिक तंत्र हो, जिससे हमारा भी उस पर कुछ अधिकार हो, हम उनकी इच्छा पर निर्भर नहीं रह सकते, जो उस तंत्र पर अपना निरंकुश अधिकार जमाने के लिए जोड़-तोड़ कर रहे हैं ।

दलित वर्ग अपनी सुरक्षा एवं संरक्षण के लिए किस प्रकार का राजनीतिक तंत्र चाहते हैं, इसके बारे में मैं अधिवेशन को उचित समय पर बताऊंगा । इस

समय मैं बस इतना कहना चाहता हूँ कि यद्यपि हम एक उत्तरदायी सरकार चाहते हैं, किन्तु हम ऐसी सरकार नहीं चाहते जिसमें केवल शासक बदले जाएं। यदि कार्यपालिका को उत्तरदायित्वपूर्ण बनाना है तो विधायिका को वस्तुतः पूरी तरह एक प्रतिनिधि संस्था बनाया जाना होगा।"[20]

जबकि लेखक ने यह सिद्ध करने का प्रयास किया है कि डा० अम्बेडकर राजनैतिक सत्ता के हस्तांतरण के लिए चिंतित नहीं थे। वास्तविकता यह थी कि उनकी प्राथमिकता और चिंता सत्ता हस्तांतरण के बाद राजनैतिक सत्ता के स्वरूप को लेकर थी। उनकी चिंता इस बात को लेकर थी कि नई सरकार में प्रतिनिधियों का चयन किस आधार पर होगा, उसमें दलितों को न्यायोचित हिस्सेदारी किस प्रकार मिल पायेगी। लेखक इस तथ्य को नकारते हुए डा० अम्बेडकर पर एक रंगीन आरोप जड़ देते हैं कि यह भारत की स्वतंत्रता में ही रोड़े अटका रहे थे। पाठकों से निवेदन है कि पृष्ठ पाँच पर दिये गये अरुण शौरी के उद्धरण को प्रस्तुत उद्धरण के साथ मिलाकर पढ़ें।

जबकि लेखक ने पृष्ठ चार पर आधे-अधूरे उद्धरण के द्वारा यह सिद्ध करने का सफल प्रयास किया है कि डा० अम्बेडकर भारत की स्वतंत्रता के विरूद्ध थे।

भारतीय स्वतंत्रता आंदोलन का नेतृत्व कर रहे कांग्रेस और महात्मा गाँधी के बारे में बात करते हुए लेखक का यह कहना है कि डा० अम्बेडकर भारत की स्वतंत्रता के विरोधी थे, कितना तथ्यों एवं तर्कों से परे हैं। गाँधी के नेतृत्व में कांग्रेस द्वारा चलाये जा रहे संघर्ष के बारे में डा० अम्बेडकर के अपने निश्चित तर्क थे, जो कि तथ्यों एवं तर्कों पर आधारित थे। प्रथमतः हम 18 जनवरी 1943 को पूना के गाँधी मेमोरियल हाल में जस्टिस महादेव गोविन्द रानाडे के 101 जयंती समारोह में दिये गये भाषण का एक अंश प्रस्तुत करते है। प्रस्तावना में ही डा० अम्बेडकर ने लिखा है कि, "मेरी निंदा कांग्रेसी समाचार-पत्रों द्वारा की जाती है। मैं कांग्रेसी समाचार-पत्रों को भली-भाँति जानता हूँ। मैं उनकी आलोचना को कोई महत्व नहीं देता। उन्होंने कभी मेरे तर्कों का खण्डन नहीं किया है। वे तो केवल मेरे हर कार्य की आलोचना, भर्त्सना व निंदा करना जानते हैं। वे तो मेरी हर बात की गलत सूचना देते हैं, उसे गलत तरीके से प्रस्तुत करते हैं और उसका गलत अर्थ लगाते हैं। मेरे किसी भी कार्य से कांग्रेसी पत्र प्रसन्न नहीं होते। यदि मैं कहूं कि मेरे प्रति कांग्रेसी पत्रों का यह द्वेष व बैर-भाव अछूतों के प्रति हिंदुओं के घृणा-भाव की अभिव्यक्ति ही है, तो अनुचित नहीं होगा। उनका यह द्वेष मेरे प्रति वैयक्तिक हो गया है, यह इस तथ्य से स्पष्ट हो जाता है कि कांग्रेसी पत्रों को तब भी

कष्ट होता है, जब मैं उस जिन्ना की आलोचना करता हूँ, जो विगत अनेक वर्षों से कांग्रेस की आलोचना का विषय तथा लक्ष्य रहा है। कांग्रेसी पत्र इन गालियों की बौछार मुझ पर करते हैं। वे कितनी भी तीखी तथा गंदी क्यों न हो, मुझे अपने कर्तव्य का पालन करना है। मैं मूर्तिपूजक नहीं हूँ। मैं तो मूतिभंजक हूँ। मेरा आग्रह है कि मैं यदि श्री गाँधी तथा जिन्ना से घृणा करता हूँ तो मैं उन्हें केवल पसंद नहीं करता, मैं उनसे घृणा नहीं करता। उसका कारण यह है कि मैं भारत से अधिक प्रेम करता हूँ। यह एक राष्ट्रवादी की सच्ची निष्ठा है। मुझे आशा है कि मेरे देशवासी किसी न किसी दिन यह सीख लेगें कि देश, व्यक्ति से कहीं अधिक महान होता है। श्री गाँधी या जिन्ना की पूजा और भारत की सेवा में आकाश पाताल का अंतर है और वे परस्पर विरोधी भी हो सकती है।"[21]

महात्मा गाँधी एवं कायदे आदम जिन्ना के बारे में डा० अम्बेडकर के विचार जानने के लिए जरा इन पक्तियों पर विचार करें, "भारत के क्षितिज पर दो महापुरुष हैं और वे इतने महान हैं कि वे उन्हें बिना नाम लिए पहचाना जा सकता है। वे हैं गाँधी और जिन्ना। वे कैसे इतिहास की रचना करेंगे, इसे तो भावी पीढ़ी ही बताएगी। हमारे लिए तो इतना काफी है कि निर्विवाद रूप से वे अखबारों की सुर्खियों पर छाये हुए हैं। उनके हाथ में बागडोर है। एक हिंदुओं का नेता है, तो दूसरा मुस्लिमों का। वे आज के आदर्श पुरुष और नायक हैं। मैं उनकी तुलना रानाडे से करना चाहता हूँ। रानाडे की तुलना में वे कैसे हैं? इसके लिए यह जरूरी है कि उनके उन स्वभावों तथा तौर-तरीकों का कुछ वर्णन किया जाए, जिनके कारण हम उनसे परिचित हो गये हैं। उनके मूल्यांकन के बारे में मैं केवल अपने विचार प्रस्तुत कर सकता हूँ। सबसे पहली बात मेरे मन में यह कौंधती है कि जहां पर उनके विराट अहंभाव का संबंध है, उन जैसे अन्य दो व्यक्तियों को खोज पाना कठिन ही है। उनके लिए व्यक्तिगत प्रभुत्व ही सब कुछ है और देश-हित तो शतरंज की गोट है। उन्होंने भारतीय राजनीति को निजी मल्ल-युद्ध का अखाड़ा बना रखा है। परिणामों की उन्हें कोई परवाह नहीं। वास्तव में उन्हें उनकी सुध तभी आती है, जब वे घटित हो जाते हैं। जब वे घटित हो जाते हैं तो या तो वे उसके कारण को भुला देते हैं, या यदि वे उसे याद भी रखते हैं तो वे उसकी उपेक्षा कर देते हैं। वे आत्म-तुष्टि की ओढ़नी ओढ़ लेते हैं और वह उनके सभी पश्चातापों को हर लेती है। वे विलक्षण एकाकीपन के ऊँचे मंच पर खड़े हो जाते हैं। वे अपने बराबरी वालो से ओट खड़ी कर लेते हैं। वे अपने से

घटिया लोगों से मेलजोल पसंद करते हैं । आलोचना से वे बड़े क्षुब्ध तथा व्यग्र हो जाते हैं, पर चाटुकारों की चाटुकारिता की चाट वे बड़े प्रेम से खाते हैं । दोनों ने एक अद्‌भूत मंच तैयार किया है और वे चीजों को इस ढंग से प्रस्तुत करते हैं कि जहाँ भी वे जाते हैं, वहां सदा उनकी जय-जयकार होती है । निश्चय ही दोनों सर्वोच्च होने का दावा करते हैं । यदि सर्वोच्चता ही उनका दावा होती तो यह अधिक अचरज की बात नहीं होती । सर्वोच्चता के अलावा दोनों इस बात का दावा करते हैं कि उनसे तो कभी भूल व चूक हो ही नहीं सकती । धर्मपरायण नौवें पोप के पवित्र शासन-काल में जब अचूकत्व का अहं उफन रहा था तो उन्होंने कहा था, "पोप बनने से पूर्व मैं पोपीय अचूकत्व में विश्वास रखता था, अब मैं उसे अनुभव करता हूँ ।" यह ठीक ही रवैया इन दोनों नेताओं का है, जिन्हें विधाता ने अपने असावधानी के क्षणों में हमारे नेतृत्व के लिए नियुक्त किया है । सर्वोच्चकता तथा अचूकत्व की इस भावना का समाचार-पत्रों ने हवा दी है, यह तो कहना ही पड़ेगा । मेरे विचार में नार्थक्लिफ छाप की जिस पत्रकारिता का वर्णन के लिए गार्डिना ने जिस भाषा का प्रयोग किया है, वह भारत में पत्रकारिता की वर्तमान स्थिति पर ठीक-ठीक लागू होती है । कभी भारत में पत्रकारिता एक व्यवसाय था । अब वह व्यापार बन गया है । वह तो साबुन बनाने जैसा है, उससे अधिक कुछ भी नहीं । उसमें कोई नैतिक दायित्व नहीं हैं । वह स्वयं को जनता का जिम्मेदार सलाहकार नहीं मानता । भारत की पत्रकारिता इस बात को अपना सर्वप्रथम तथा सर्वोपरि नहीं मानती है कि वह तटस्थ भाव से निष्पक्ष समाचार दे, वह सार्वजनिक नीति के उस निश्चित पक्ष को प्रस्तुत करे जिसे वह समाज के लिए हितकारी समझे, चाहे कोई कितने भी उच्च पद पर हो, उसकी परवाह न किए बिना किसी भय के उन सभी को सीधा करें और लताड़ें, जिन्होंने गलत अथवा उजाड़ पथ का अनुसरण किया है । उसका तो प्रमुख कर्तव्य यह हो गया है कि नायकत्व को स्वीकार करें और उसकी पूजा करें । उसकी छत्रछाया में समाचार-पत्रों का स्थान सनसनी ने, विवेक-सम्मत मत का विवेकहीन भावावेश ने, उत्तरदायी लोगों के मानस के लिए अपील ने, दायित्वहीनों की भावनाओं के लिए अपील ने ले लिया । लार्ड सेलिसबरी ने नाथक्लिक पत्रकारिता के बारे में कहा है कि वह तो कार्यालय-कर्मचारियों के कार्यालय-कर्मचारियों का लेखन है । भारतीय पत्रकारिता तो उससे भी दो कदम आगे है । वह तो ऐसा लेखन है, जैसे ढिंढोरचियों ने अपने नायकों का ढींढोरा पीटा हो । नायक-पूजा के प्रचार-प्रसार के लिए कभी भी इतनी नासमझी से देशहित की बलि नहीं

चढ़ाई गई है । नायकों के प्रति ऐसी अंधभक्ति तो कभी देखने में नही आई जैसी की आज चल रही है । मुझे प्रसन्नता है कि आदर योग्य कुछ अपवाद भी हैं । लेकिन वे ऊँट के मुँह में जीरे के समान हैं और उनकी बातों को सदा अनसुना कर दिया जाता है । समाचार-पत्रों की वाहवाही का कवच धारण करके इन दोनों महानुभावों की प्रभुत्व जमाने की भावना ने तो सभी मर्यादाओं को तोड़ डाला है । अपने प्रभुत्व से उन्होंने न केवल अनुयायियों को, बल्कि भारतीय राजनीति को भी भ्रष्ट किया है । अपने प्रभुत्व से उन्होंने अपने आधे अनुयायियों को मूर्ख तथा शेष आधों को पाखंडी बना दिया है । अपनी सर्वोच्चता के दुर्ग को सुदृढ़ करने में उन्होंने 'बड़े व्यापारिक घरानों' तथा धन-कुबेरों की सहायता ली है । हमारे देश मे पहली बार पैसा संगठित शक्ति के रूप में मैदान में उतरा है । जो प्रश्न प्रेसीडेन्ट रूनवेल्ट ने अमरीकी जनता के सामने रखे थे ।, वे यहाँ भी उठेंगे, यदि वे-पहले नहीं उठे हैं : शासन कौन करेगा, पैसा या मानव? कौन नेतृत्व करेगा, पैसा या प्रतिभा? सार्वजनिक पदों पर कौन आसीन होगा, शिक्षित, स्वतंत्र, देशभक्त अथवा पूंजीवादी गुटों के सामंती दास? जो भी हो फिलहाल तो भारतीय राजनीति का हिंदू वंश अध्यात्म की ओर उन्मुख होने की बजाय नख से शिख तक अर्थ-प्रधान और धन लोलुप हो गया है । यहाँ तक कि वह भ्रष्टाचार का पर्याय बन गया है । अनेक सुसंस्कृत व्यक्ति इस मलकुंड से कतरा रहे हैं । राजनीति तो असह्य गंदगी और मलवाले गंदे नाले जैसे बन रही है । राजनीति में भाग लेने और गंदी नाली साफ करने में कोई भेद नहीं रह गया है ।

इन दो महापुरुषों के हाथों में राजनीति बेतुके कार्यों की होड़ बनकर रह गई है । यदि गाँधी जी को महात्मा गाँधी कहा जाता है, तो जिन्ना को कायदे आजम कहा जाना ही चाहिए । यदि गाँधी की कांग्रेस है, तो जिन्ना की मुस्लिम लीग होनी ही चाहिए । यदि कांग्रेसी कार्यकारणी समिति और अखिल कांग्रेस कमेटी है, तो मुस्लिम लीग की भी कार्यकारणी समिति और परिषद होनी ही चाहिए । कांग्रेस अधिवेशन के बाद लीग का अधिवेशन होना ही चाहिए । यदि कांग्रेस कोई बयान जारी करती है तो लीग को भी वैसा ही करना चाहिए । यदि कांग्रेस सत्तरह हजार शब्दों का संकल्प पारित करती है, तो मुस्लिम लीग को कम से कम अठारह हजार शब्दों का संकल्प पारित करना ही चाहिए । यदि कांग्रेस का अध्यक्ष कोई प्रेस कांफ्रेस बुलाए, तो मुस्लिम लीग का अध्यक्ष भी अवश्य ही वैसा करें । यदि कांग्रेस संयुक्त राष्ट्र से कोई अपील करें, तो मुस्लिम लीग भी पीछे क्यों रहे । कब यह सब समाप्त होगा?

कब उनके बीच कोई समझौता होगा? निकट भविष्य में तो कोई आशा नहीं है । वे केवल अनर्गल शर्तों को लेकर ही भेंट करेंगे । जिन्ना का आग्रह है कि गाँधी स्वीकार करें कि वह हिंदू हैं । गाँधी का आग्रह है कि जिन्ना स्वीकार करें कि वह भी एक मुस्लिम नेता हैं ।

कूटनीतिज्ञता का ऐसा खोखला और दयनीय दिवालियापन तो कभी देखने में नहीं आया, जैसा कि भारत में इन दोनों नेताओं के आचरण में दिख रहा है । वे वकीलों की भाँति लंबे-चौड़े अनंत भाषण दे रहे हैं । वकीलों का तो काम ही है कि वह बात-बात पर बहस करें, कुछ भी स्वीकार न करें और समय का रुख देखकर बात करें । गतिरोध को समाप्त करने के लिए उनमें से किसी को भी कोई सुझाव दे तो सदा यही उत्तर मिलेगा, 'नहीं' । उनमें से कोई भी समस्या के उस समाधान पर विचार नहीं करेगा, जो सनातन नहीं है । प्रसिद्ध वाणिज्यिक उक्ति के अनुसार उनके चक्कर में फंसकर राजनीति का 'दिवाला पिट गया है' और कोई भी राजनीतिक लेन-देन नहीं हो सकता ।''[22]

कांग्रेस के नेतृत्व में चलाये जा रहे आंदोलन के विषय में उनका विचार था कि ''कांग्रेस कोई आमूल परिवर्तनवादी पार्टी नहीं है । कांग्रेस को क्रांतिकारी संगठन होने का गौरव तो प्राप्त है । निश्चय ही कांग्रेस को यह गौरव उस आंदोलन ने दिलाया है, जो उसने कभी छेड़ा था, कि हम पूर्ण स्वराज्य लेंगे, सविनय अवज्ञा करेंगे और लगान नहीं देंगे । लेकिन बहुतेरे यह भूल जाते हैं कि यह जरूरी नहीं कि कोई क्रांतिकारी पार्टी आमूल परिवर्तनवादी पार्टी हो । कोई क्रांतिकारी पार्टी आमूल परिवर्तनवादी पार्टी भी हो या नहीं, यह निश्चय ही उन सामाजिक तथा भावनात्मक वास्तविकताओं पर निर्भर करता है, जो क्रांति की प्रेरणा देती है । 1215 में साइमन डि मैडफोर्ड के नेतृत्व में इंग्लैंड के सामंतों ने राजा जान के विरूद्ध विद्रोह किया था और राजा को महाधिकार पत्र (मैग्ना कार्टा) पर हस्ताक्षर करने पर विवश किया था । निश्चय ही उन्हें इंग्लैंड के उन किसानों जिसे क्रांतिकारी कहा जाना चाहिए, जिन्होंने 371 में वाट टाइलर के नेतृत्व में अपने मालिकों के विरुद्ध विद्रोह किया था और उन सबको विद्रोह के अपराध में फाँसी पर लटका दिया गया था । लेकिन कौन कह सकता है कि क्रांतिकारी होने के कारण सामंत आमूल परिवर्तनवादी भी थे । सामंतों ने विद्रोह किया, क्योंकि वे अपने वर्ग के अधिकारों को राजा और किसानों के विरूद्ध स्थापित करना चाहते थे । सामंतों के विद्रोह को उन लोगों की सामाजिक भावना का समर्थन मिला, जो समुचित अधिकारों से वंचित थे । किसानों के विद्रोह के पीछे उन लोगों की भावना थी,

जो दलित और भूखे थे और आजादी चाहते थे । यह कारण है कि किसान क्रांतिकारी भी थे और अमूल परिवर्तनवादी भी । कांग्रेस का विद्रोह किसानों के विद्रोह से कुछ मिलता जुलता है । श्री गाँधी के नेतृत्व में कांग्रेस उतनी ही परिवर्तनवादी है, जितने कि सामंत साइमन डि मैडफोर्ट के नेतृत्व में थे । जिस प्रकार सामंतों के विद्रोह के पीछे उन लोगों की सामाजिक भावनायें थी जो सत्ता से तंग आ चुके थे, न कि उन लोगों की भावनाएं जो पसीना बहाकर भूखे मर जा रहे थे, उसी प्रकार का विद्रोह कांग्रेस का अंग्रेजों के खिलाफ है । यह सच है कि कांग्रेस ने जनता जर्नादन का भारी समर्थन प्राप्त किया, लेकिन ऐसा उन्होंने सभी भारतीयों में व्याप्त अंग्रेज विरोधी भावना को उकसा कर किया । यह भी सच है कि ये भावनायें भूख और आजादी से वंचित लोगों की भावनाएं थी । लेकिन उनकी भावनाओं का सामाजिक रूप से उन्नत तथा धनवान वर्गों की भावनाओं से विरोध था और यह उन्नत वर्ग कांग्रेस में सदा शासक वर्ग रहा है । आम आदमी तो सदा ही छावनी का सेवक रहा है । उनकी भावनाओं ने ही कांग्रेस के स्वरूप को निर्धारित किया है । उनकी भावनाएं अधिकारों से वंचित लोगों की भावनाएं हैं । यही कारण है कि कांग्रेस केवल क्रांतिकारी संस्था रही हैं आमूल परिवर्तनवादी पार्टी नहीं । जो भी सावधानी से कांग्रेसी सरकारों के कारनामों पर विचार करेगा, वह इस सत्य को देख सकता है । जब से उन्होंने सत्ता संभाली है, तब से उनकी उपलब्धि बस यही है कि वे सस्ती चीजों का फुटकर संग्रह कर सके हैं । अंग्रेजों से भी कहीं अधिक तत्परता से उन्होंने श्रमिकों को गोलियों से भूना है और उच्च न्यायालयों द्वारा दण्डित अपराधियों को रिहा कर दिया है । रिहाई का केवल यही आधार है कि उन्हें रिहा करने का अधिकार है । मुझे आश्चर्य है कि कांग्रेस ने इतनी जल्दी यह दिखा दिया है कि वे तो इंग्लैंड के टोरियों (अनुदारवादियों) के प्रतिरूप ही हैं । कांग्रेस के शासक वर्ग की क्रांति का, पानी अंग्रेज को खदेड़ने का समूचा जोश ठंडा पड़ गया है । अब जब उन्हें जनता के शोषण का मौका मिल गया है तो वे भरपूर शोषण के लिए सत्ता और अधिकार से चिपके रहना चाहते हैं । वे नहीं चाहते है कि साम्राज्य विरोध का कोई विचार उनके काम में खलल डाले ।''[23]

इस तरह बिना डा० अम्बेडकर के विचारों को प्रस्तुत किए लेखक पृष्ठ 11 पर ऐसे तथ्यों को उद्धरित करते हैं जिसमें कि डा० अम्बेडकर की गलत तस्वीर अंग्रेजों के पिछलग्गुओं के रूप में बन जाय ।

20 जुलाई, 1942 को डा० अम्बेडकर वायसराय के कार्यसाधक कौंसिल में श्रम सदस्य के रूप में कार्यभार ग्रहण किया । 21 अक्टूबर 1942 को

उन्होंने अनुसूचित जातियों की मांगों का एक स्मरण पत्र वायसराय के सम्मुख प्रस्तुत किया । 15 अप्रैल को कैबिनेट मिशन से डा० अम्बेडकर और मास्टर तारा सिंह ने भेंट किया । डा० अम्बेडकर ने मिशन के संदर्भ में एक स्मरण पत्र भेंट किया । ध्यान देने की बात है कि डा० अम्बेडकर द्वारा अछूतों के संदर्भ में चलाये जा रहे संघर्ष से महात्मा गाँधी और कांग्रेस इतनी आतंकित हो गयी थी कि गाँधी जी ने वायसराय के कार्यसाधक कौंसिल से डा० अम्बेडकर के निष्कासन के लिए सेक्रेटरी ऑफ स्टेट को एक पत्र लिखा । इस संबंध में वायसराय लार्ड बाबेल ने अप्रैल 2, 1942 की डायरी में निम्न शब्द लिखे थे:

"सेक्रेटरी ऑफ स्टेट ने मुझे बताया कि कल मेरे साथ भेंट करने के बाद गाँधी जी ने तीन मांगें प्रस्तुत की जो इस प्रकार थी : (1) सभी बंदियों को रिहा किया जाय, (2) नमक टैक्स समाप्त किया जाय, और (3) डा० अम्बेडकर को बरखास्त किया जाय" ।[24] फिर 30 अगस्त 1947 को महात्मा गाँधी एवं कांग्रेस ने डा० अम्बेडकर को संविधान प्रारूप समिति का अध्यक्ष क्यों बनाया । क्या यह कांग्रेसियों की हृदय की विशालता थी, या उसकी अक्षमता थी? अगर यह दलितों के असंतोष को शांत करने का एक प्रयत्न था । तब लेखक को यह मानना ही पड़ेगा कि दलितों के लिए संघर्ष करने वाले अग्रणी नेता डा० अम्बेडकर को संविधान प्रारूप समिति का अध्यक्ष उनकी अपनी योग्यताओं के कारण बनाया गया न कि किसी के कृपा के कारण । राजनीति में कृपा के लिए कोई स्थान नहीं होता है । डा० अम्बेडकर ने हमेशा न्याय आधारित तर्क एवं तर्कों पर आधारित कानून का पक्ष जीवन भर लिया, इसी के लिए आजीवन संघर्ष करते रहे । वायसराय के कार्यसाधक कौंसिल का सदस्य होने के कारण उनका दलित हितों के प्रति प्रतिबद्धता कहीं से कम नहीं हो गयी थी । कार्यसाधक समिति के सदस्य के रूप में उन्होंने दलित हितों के प्रति निम्नलिखित कार्य किये :

1. 21 अक्टूबर को उन्होंने वायसराय को एक गोपनीय स्मरण पत्र पेश किया जिसमें उन्होंने दलितों के विभिन्न राजनैतिक, शैक्षणिक और अन्य समस्याओं पर विस्तार से प्रकाश डाला । दलितों के केंद्रीय विधान सभा में प्रतिनिधित्व के प्रश्न को भी उठाया । दलितों के लिए सरकारी नौकरियों में आरक्षण तथा कुछ दूसरी अन्य माँगे भी उठाई ।
2. फरवरी 1944 को डा० अम्बेडकर ने वायसराय के कार्यसाधक कौंसिल में सुझाव दिया कि मुद्रा स्फीति को रोकने के लिए अधिक

कमीशन जारी करना बंद किया जाय । उन्होंने यह भी सुझाव दिया कि भारतीय प्रशासनिक सेवा और सेना में अंग्रेजों की अपेक्षा हिंदुस्तानियों को लिया जाय ।

3. मजदूरों की स्थिति सुधारने के लिए उन्होंने एक संशोधन पेश किया जिसमें 12 महीने कारखानों में काम करने वाले औद्योगिक मजदूरों को वेतन सहित अवकाश देने का उपबंध था :

"सामाजिक सुरक्षा : मजदूरों को अति निर्दयी शर्तों और परिस्थितियों में काम करने पर विवश किया जाता था । अनेक उद्योगों में न कोई निश्चित वेतन था और न सेवा की कोई निर्धारित शर्ते थी । बाबा साहेब ने सेंट्रज असैम्बली में जनवरी 1946 में एक बिल पेश किया जो 1948 में न्यूनतम मजदूरी अधिनियम (Minimum Wages Act) बना ।

2 (ब) मजदूर संगठन : मजदूरों की समस्याओं को पेश करने वाला कोई केंद्रीय संगठन नहीं था । बाबा साहेब ने त्रिकोण (Tripatite Organization) संगठन शुरु किया । इसमें (1) प्रारंभिक सम्मेलन, (2) स्टैंडिग कमेटी, और (3) मजदूर भलाई कमेटी शामिल थे । बाबा साहेब ने ट्रेड यूनियन कानून में संशोधन करके, उन सभी यूनियनों को मान्यता देना लाजमी ठहराया जो बतौर एक पंजीकृत यूनियन के एक वर्ष की अवधि से काम कर रही हों और अपनी मान्यता के लिखित प्रार्थना पत्र पेश करें डा० अम्बेडकर के लेबर मेम्बर बनने से पूर्व यूनियनों को यह अधिकार प्राप्त नहीं था । 1946 से लेबर ब्यूरो (Labour Bureau) अर्थात् मजदूर कार्यालय स्थापित किया गया जिसका कार्य था :

(क) मजदूरों संबंधी आंकड़े तैयार करना, (ख) मजदूरों की काम करने की परिस्थितियों संबंधी जाँच पड़ताल करके यथार्थ आधार सामग्री जुटाना, (ग) विशेष समस्याओं के बारे में शोध करना ताकि नीति निर्धारित करने में सुविधा हो, (घ) मासिक मजदूर गजट का संपादन करना, और (ङ) श्रमिक के लिए एक मजदूर संहिता (Labour Code) बनाना और देश भर में मजदूर-मामलों से संबंधित एक वार्षिक पुस्तक तैयार करना । उपरोक्त समस्त प्रयत्नों का उद्देश्य यह था कि मजदूरों की दशा उनकी समस्याओं और माँगों संबंधी सामग्री एक स्थान पर उपलब्ध हो ताकि मजदूरों की अपनी वास्तविक हालत की जानकारी हो सके और समाज व सरकार मजदूर के प्रति अपनी जिम्मेदारी को निभा सके या उसे अपने कर्तव्य पालन के लिए विवश किया जा सके । बाबा

साहेब के लेबर मेम्बर बनने से पूर्व मजदूर को अपनी हालात का ज्ञान नहीं था, न उसे अपनी शक्ति का अनुभव था जहाँ तक समाज व सरकार का संबंध था और है उन्होंने मजदूर के प्रति अपनी जिम्मेवारी निभाना तो क्या उसे अभी तक पहचाना नहीं था।''[25]

3. बीमा योजना : बाबा साहेब अम्बेडकर ने मार्च 1943 में औद्योगिक मजदूरों के लिए बीमारी बीमा योजना तैयार करने के उद्देश्य से एक तीन सदस्यीय समिति नियुक्त की। प्रो० वी० पी० अदरकर इसमें विशेष अधिकारी थे। इस समिति ने 1945 में अपनी रपट पेश की। बाबा साहेब ने मजदूरों की सामाजिक सुरक्षा और उनके लिए बीमा-योजना वायसराय की कार्यसाधक कौंसिल में पेश की। डा० अम्बेडकर की इस योजना पर टिप्पणी करते हुए उस समय के वायसराय, लार्ड बेबेल ने सेक्रेट्री ऑफ स्टेट को निम्न शब्दों में लिखा था, ''डा० अम्बेडकर की मजदूरों के लिए सामाजिक सुरक्षा की योजना से मैं पूर्ण रूप से सहमत हूँ। किंतु उसने विभिन्न विभागों की अनुमति प्राप्त की है और यह भी स्पष्ट नहीं है कि क्या प्रादेशिक सरकारें डा० अम्बेडकर की योजना को विशेषकर इसके चिकित्सा सुविधाएं प्रदान करने वाले भाग को लागू करने के लिए प्रशासनिक प्रबंध कर सकेंगी? तो भी हम आगामी बजट अधिवेशन में बिल पेश करके शुरुआत कर सकते हैं। और इसे लोकमत के लिए प्रचलित कर सकते हैं।''[26]

खानों में सुधार : बाबा साहब के अधीन लेबर-डिपार्टमेंट में कोयला, अभ्रक, नमक, हीरा और स्वर्ण आदि खाने थी। इन सब में कोयला खानों के मजदूरों की दशा पशुओं से भी बुरी थी। उनकी सुरक्षा का कोई संतोषजनक प्रबंध नहीं था यहां तक कि छोटे-मोटे औजार भी इंग्लैंड से मंगवाये जाते थे। डा० अम्बेडकर ने खान-मजदूरों की भलाई, उनकी सुरक्षा और उन्हें उचित वेतन देने संबंधी कई मौलिक और प्रभावशाली कदम उठाए।

''यद्यपि खानों में स्त्री-मजदूरों के भूमिगत काम करने पर 1929 से प्रतिबंध था किंतु किसी ने लागू नहीं किया। 1 जुलाई 1937 को एक बार फिर स्त्री मजदूरों के सम्मेलन ने यह मांग की कि स्त्रियों के भूमिगत काम करने पर लगे प्रतिबंध पर कठोरता से अमल किया जाय, स्त्री सम्मेलन की मांग पर किसी ने ध्यान नहीं धरा।''[27] अंत में डा० अम्बेडकर ने यह काम किया। इस संबंध में बाबा साहब के उत्साह और चिंता का उल्लेख करते हुए सेक्रेटी ऑफ स्टेट को निम्न शब्दों में लिखा था :

"डा० अम्बेडकर कौंसिल में बार-बार इस बात पर जोर दे रहे हैं कि खानों में स्त्री-मजदूरों के भूमिगत काम करने पर प्रतिबंध लगाया जाए। कौंसिल ने यह प्रतिबंध 1 फरवरी 1946 से लगाने का निर्णय किया है। यद्यपि ऐसा करना ठीक ही हैं किंतु इससे कोयले के उत्पादन में काफी मात्रा में कमी आयेगी।"[28]

स्त्री-मजदूरों को वेतन के साथ छुट्टियों की सुविधा भी बाबा साहेब ही ने दिलाई।

सफाई मजदूर : बाबा साहेब भली-भाँति जानते थे कि सफाई मजदूर की हालत दलितों में सबसे ज्यादा खराब है। नगर पालिकाओं ने सफाई मजदूरों को गुलामी में जकड़े रखने के लिए नाना प्रकार के नियम बना रखे थे :

"सफाई मजदूर अपनी माँगे मनवाने के लिए हड़ताल करना तो एक ओर यदि वह एक सप्ताह तक काम पर न आए तो उन्हें 14 दिनों के लिए जेल भेजा जा सकता था। दिल्ली नगरपालिका में भी एक ऐसा ही नियम प्रचलित था। बाबा साहेब ने ऐसे सारे काले नियम समाप्त करायें। गाँधी जी ने गंदगी उठाने के काम को 'पुरुषार्थ' बताते हुए सफाई मजदूर को यह 'पुण्यकार्य' करते रहने का उपदेश दिया जबकि बाबा साहेब कौंसिल का लेबर मेम्बर रहते हुए भी उनको गंदे व्यवसाय छोड़ने की प्रेरणा दी। दिल्ली का सर्वप्रथम सफाई मजदूर संगठन, म्यूनिसिवल कामगार यूनियन, भी बाबा साहेब अम्बेडकर के नेतृत्व में स्थापित हुआ।"[29]

डा० अम्बेडकर ने अपने मजदूर-मुक्ति आंदोलन में रियासतों के मजदूरों को भी शामिल किया। नवाब भोपाल ने इस संबंध में 27 दिसम्बर 1945 को अपने एक वक्तव्य में कहा था कि "अंतर्राष्ट्रीय मजदूर सम्मेलन में रियासतों का प्रतिनिधि शामिल किया गया है।" (दैनिक स्टेटमैन, 27.9.1945)। रियासतों के प्रतिनिधियों को कार्यक्रम में शामिल करना इसलिए जरूरी था कि उन्हें मजदूर भलाई के आंदोलन में बाध्य किया जा सके।

डा० अम्बेडकर की मजदूर उत्थान संबंधी प्रस्तावों और योजनाओं पर अपना मत व्यक्त करते हुए लार्ड बेबल ने सेक्रेट्री ऑफ स्टेट को अपने 5 दिसम्बर, 1945 मे पत्र में निम्न प्रकार लिखा था कि डा० अम्बेडकर ने कौंसिल को 1946 के बजट सैशन में प्रस्तुत करने के लिए श्रमिक-विधान संबंधी प्रस्ताव पेश किए हैं। एक बिल में सेक्रेट्री एक्ट में संशोधन करके मजदूरों के एक सप्ताह में काम करने का समय 56 घण्टे से घटाकर 50 घण्टे करने का उपबंध है। दूसरा बिल न्यूनतम वेतन निर्धारित करने संबंधी है।

"कौंसिल ने वर्कमेन कंपैनसेशन एक्ट यानि मजदूरों को शारीरिक-हानि पहुँचने पर क्षतिपूर्ति करने संबंधी कानून को स्वीकार लिया है। कौंसिल ने एक अन्य बिल भी मंजूर कर लिया है एम्पालयमेंट बिल। इस बिल के पास होने पर बड़ी-बड़ी उद्योग संस्थाओं में मजदूरों को अपनी सेवा शर्तें मालूम हो सकेगी। कौंसिल ने ट्रेड यूनियन एक्ट के संशोधन संबंधी बिल को भी स्वीकृति दे दी है। यह बिल मालिकों द्वारा ट्रेड यूनियन को लाजमी तौर पर मान्यता देना निश्चित बनाता है।"[30]

संक्षिप्त में इस समय मजदूरों को जो कुछ राहत मिली है या सुविधाएं प्राप्त हुई है। इनकी नींव बाबा साहेब ने ही डाली थी। साथ ही अपने अधिकारों के प्रति मजदूरों में चेतना जगी।

अगस्त 1942 में भारत छोड़ो आंदोलन प्रारंभ हुआ। गाँधी जी ने 'करों या मरो' का नारा दिया। डा० अम्बेडकर ने कहा कि गाँधी जी यह आदेश गैर जिम्मेदारना और मूर्खतापूर्ण है, "उनकी राजनीतिक कूटनीतिज्ञता का दिवाला निकल जाने का वह द्योतक है। विश्वयुद्ध शुरु होने से कांग्रेस की गिरती हुई साख संभालने का वह एक प्रयास है। बर्बर लोगों के हिंदुस्तान पर आधिपत्य स्थापित करने के लिए हिंदुस्तान की सीमा के नजदीक आ जाने पर देश के कानून और व्यवस्था को कमजोर करना पागलपन है। भारतीयों के संबंध में कहा जाय तो ब्रिटिश अब अंतिम खंदक में लड़ रहें हैं। अगर लोकतंत्र की विजय हुई तो भारत की स्वतंत्रता में कोई बाधा नहीं डाल सकेगा। उन्होंने आगे कहा कि गाँधी जी वृद्ध होने से उतावलेपन से ग्रस्त हो गये हैं।"[31]

द्वितीय विश्व युद्ध के बारे में डा० अम्बेडकर ने 13 नवंबर 1942 को बम्बई आकाशवाणी से अपना मत व्यक्त किया, "यह युद्ध केवल विश्व में स्थित भू-प्रदेश का बँटवारा करने के लिए शुरु नहीं हुआ है, बल्कि मनुष्य-मनुष्य में और राष्ट्र-राष्ट्र में सहजीवन का रिश्ता कैसा हो, इस संबंध में मूलगामी परिवर्तन लाने के लिए हो रहा है। सहजीवन की शर्तों के पुर्नमूल्यांकन की माँग करने वाली यह क्रांति है। सामाजिक पुर्नरचना की यह माँग है। इसलिए अगर नाजीवाद सफल हुआ, तो नाजी समाज रचनाअंतर्गत स्वतंत्रता का गला घोट जायेगा। समता नकारी जायेगी और एक अनिष्ट मत के रूप में बंधुता पूरी तरह से समूल उखाड़ दी जायेगी। स्वतंत्रता और नयी समाज रचना, ये फल लोकतंत्र की सफलता से प्राप्त होंगे। तथापि, केवल स्वतंत्रता प्राप्त होने से सारा कार्य पूरा नहीं होता। स्वतंत्रता का मूल्य इस बात पर निर्भर है कि आप किस तरह की समाज रचना और संविधान का निर्माण करते हैं। इसलिए मजदूर अपनी सारी शक्ति इकट्ठी करके 'भारत छोड़ो' की

माँग करने की अपेक्षा नये भारत की माँग करें । हिंसा की शक्ति की शरण में प्राप्त की गयी शांति नहीं, वह खुदकुशी है, वैसा करना यानि सुखी, सुंदर और स्वास्थ्यपूर्ण जीवन व्यतीत करने के लिए जो कुछ उदात्त और जरूरी होता है, उसका विनाश करके बर्बरता और अनाचारिता की शरण में जाना है । हमला होने पर केवल लड़ने से इंकार करने पर युद्ध का उन्मूलन नहीं होगा । युद्ध के उन्मूलन करना है तो युद्ध जीतकर न्याय से संधि प्रस्थापित करनी चाहिए ।"[32]

सन् 1942 की अगस्त क्रांति एवं द्वितीय विश्व युद्ध के बारे में अरुण शौरी ने एंकागी चित्र डा० अम्बेडकर के बारे में प्रस्तुत किया है । डा० अम्बेडकर के विचारों को समग्र रूप में पाठकों के सम्मुख प्रस्तुत करके एवं उनका विश्लेषण करने के बाद ही लेखक को अपना मत प्रस्तुत करना चाहिए था । लेखक ने अपने मंतव्यों के अनुसार डा० अम्बेडकर कथित तथा अन्य व्यक्तियों के कथनों को आधार बनाते हुए कुछ अपने निष्कर्ष प्रस्तुत किए है, जो सर्वथा सारहीन हैं । सन् 1942 की अगस्त क्रांति के संदर्भ में हिंदू महासभा के अध्यक्ष वीर सावरकर ने कहा, "संघर्ष शुरु करने से पहले अगर कांग्रेस ने भारत की एकता और अखण्डता के बारे में प्रतिज्ञापूर्वक आश्वासन दिया, तो हम कांग्रेस के उस संघर्ष का समर्थन जरूर करेंगे । तथापि वीर सावरकर ने आगे कहा, "गाँधी जी की मनोवृति देखने से ऐसा लगता है कि वे एक ही नहीं, अनेक पाकिस्तानों को स्वीकृति देने के लिए राजी हो जायेंगे ।"[33]

उस समय सन् 1942 की क्रांति का विरोध हिंदू महासभावादी एवं इस्लामी जनता ने किया । डा० राधाकृष्णनन जैसे मनीषी ने भी इसके औचित्य पर प्रश्नचिंह लगाया । लेकिन लेखक को आपत्ति है तो केवल डा० अम्बेडकर पर और वह भी उनके विचारों को बिना संपूर्ण रूप से समझे । वायसराय के कार्यसाधक कौंसिल में मजदूर मंत्री होते हुए भी 'महाराष्ट्र चेम्बर ऑफ कामर्स' बम्बई नामक संस्था में भाषण दिया । वहां उन्होंने कहा, "अब विश्व, युद्ध से उब गया है । वह तीन रोगों से व्याधिग्रस्त बन गया है । पहली बीमारी यानि एक देश को दूसरे देश पर साम्राज्य । दूसरी बीमारी यानि काले-गोरों का संघर्ष । इसे किसी न किसी मार्ग से तुरंत ही दूर किया जाना चाहिए । वह समस्या हल होने से इसके आगे शांति को खतरा पैदा नहीं होगा । तीसरी बीमारी यानि दरिद्रता । राष्ट्र-राष्ट्र में समान परिस्थिति पैदा करना यानि दुर्बल राष्ट्र को सबल बनाना है । अंग्रेज और अन्य यूरोपियन राष्ट्र के प्रतिनिधि पेशवाओं के सम्मुख कैसे घुटने टेकते थे, उसकी याद दिलाकर उन्होंने आगे कहा, पश्चिमी राष्ट्र पूर्वी राष्ट्रों की ओर उद्दंडता की दृष्टि से देखते हैं ।

इसका कारण उनका आर्थिक और औद्योगिक बल है। इसलिए मेरा मत यह है कि जब भारत की आर्थिक और औद्योगिक शक्ति बढ़ जायेगी जब साम्राज्यवाद और काले-गोरे के वाद मिट जायेंगे।"[34] सितम्बर 1943 में डा० अम्बेडकर ने, "आस्ट्रेलियन कूटनीतिज्ञ कर्टिन द्वारा सूचित किये गये 'ब्रिटिश साम्राज्यविषयक विचार-विनिमय मंडल' के बारे में एक मुलाकात में अपना मत व्यक्त किया। औपनिवेशिक स्वराज्य भुगतने वाले देशों द्वारा ऐसा करना उनके ही हित का होगा कि 'औपनिवेशिक राज्य' में हिंदुस्तान स्वेच्छा से साझीदार के रूप में रहे। तथापि, डा० अम्बेडकर ने और यह जाहिर किया कि हिंदुस्तान को साम्राज्य के बारे में रत्ती भर भी आस्था नहीं रही है, क्योंकि वह साम्राज्य भारतीय लोगों को अपनी प्रजा मानता है अपने बराबरी के दर्जे के नागरिक के रूप में उन्हें मानने के लिए तैयार नहीं।"[35] जबकि अरुण शौरी ने यह निष्कर्ष निकाला है कि डा० अम्बेडकर अंग्रेजी साम्राज्यवाद के समर्थक थे। 22 सितम्बर 1944 को मद्रास नगरमहापालिका ने निपन भवन में डा० अम्बेडकर को सम्मानपत्र अर्पित किया। कांग्रेस दल के सदस्यों ने समारोह का बहिष्कार किया था। उत्तर के रूप में दिये भाषण में अम्बेडकर ने कहा, "हम स्वराज्य, राष्ट्रीय सरकार या स्वतंत्रता के खिलाफ नहीं है। इतिहास यह प्रमाणित नहीं करता कि एक बार प्रौढ़ लोगों के मत के अनुसार लोकतंत्रयुक्त सरकार स्थापित कर देने से लोगों के दु:ख दूर होंगे। जो वर्ग यह मानता है कि केवल खुद को ही शिक्षा और समृद्धि प्राप्त होनी चाहिए और दूसरे वर्ग के लोग पैदा होकर गुलामी में ही मर जाएँ, उस वर्ग के हाथ में अगर सत्ता गयी, तो राष्ट्रीय सरकार प्रचलित सरकार की अपेक्षा अच्छी नहीं है, ऐसा कहने की बारी आ जाएगी।"[36] डा० अम्बेडकर ने बार-बार अपने मतभेदों के बारे में जो कि महात्मा गाँधी और कांग्रेस के साथ था, स्पष्टीकरण दिया है। स्वतंत्रता के पूर्व ही दलितों के हितों के प्रश्न का निपटारा ब्रिटिश शासन के साथ करना चाहते थे। बार-बार उन्होंने संवैधानिक सुरक्षा की माँग की, सवर्ण हिंदुओं के नीतियों एवं विचारों से वह गहराई के साथ परिचित थे। विश्व राजनीति के बारे में उनकी दृष्टि साफ थी। सन् 1942 की 'अगस्त क्रांति' एक तरह से फांसीस्टवादियों का समर्थन कर रही थी, तोड़-फोड़ हिंसा पर आधारित थी, इसलिए लोकतंत्र एवं समाजवाद में आस्था रखने वाले डा० अम्बेडकर ने सन् 1942 की 'अगस्त क्रांति' के विरोध में मत व्यक्त किया लेकिन लेखक उनके वैचारिक पक्ष की गहराई में न जाकर बड़े सतही ढंग से चिर-परिचित निष्कर्ष निकाल दिया है कि डा० अम्बेडकर साम्राज्यवाद के

समर्थक थे । इस तरह के लेखन से यह स्पष्ट होता है कि लेखन में वैज्ञानिक दृष्टि व वस्तुनिष्ठता का पर्याप्त अभाव है ।

डा० अम्बेडकर : जीवन चरित्र ग्रंथ के अनुसार, "डा० अम्बेडकर 3 जुलाई, 1947 को बम्बई वापस लौटे । वे संविधान समिति की 'ध्वज समिति' के सदस्य थे । उस समय राष्ट्रध्वज का स्वरूप क्या हो, इस संबंध में सर्वत्र चर्चा चल रही थी । इस संबंध में कुछ महाराष्ट्रीय नेताओं और बंबई प्रांतीय हिंदू सभा के कार्यकर्ताओं ने उनसे उनके निवास स्थान पर भेंट की । उस समय ध्वज का रंग भगवा हो ऐसी सूचना करने वाले अनंतराव गद्रे, प्रबोधनकार ठाकरे और गावड़े को डा० अम्बेडकर ने यह अभिवचन दिया कि अगर प्रतिष्ठित गुट से आंदोलन होकर इस संबंध में प्रभावी लोकमत निर्माण हुआ, तो हम ध्वज का रंग भगवा हो, इस सूचना का ध्वज समिति में समर्थन करेंगे । 10 जुलाई को जब डा० अम्बेडकर दिल्ली जाने के लिए निकले, तब सांताक्रूज हवाई अड्डे पर बंबई प्रांतीय हिंदू सभा के नेताओं और कुछ मराठा नेताओ ने डा० अम्बेडकर को हवाई जहाज में बैठते समय एक भगवा ध्वज अर्पित किया । भगवा ध्वज के बारे में अगर आंदोलन हुआ, तो हम उसका समर्थन करेंगे, ऐसा उन्होंने उन्हें अभिवचन दिया । उस समय हिंदू महासभा के नेता रावबहादुर, सी० के० बोले, अनंतराव गद्रे से डा० अम्बेडकर ने विनोद से कहा, 'एक महार लड़के से संविधान समिति पर भगवा ध्वज फहराने की इच्छा आप कर रहे हैं न?

संविधान समिति ने 22 जुलाई को तय किया कि अशोकचक्रांकित तिरंगा झंडा राष्ट्रध्वज हो । यह कहते हैं कि डा० अम्बेडकर ने भगवा ध्वज की सूचना की ओर से ध्वज समिति में चार शब्द कहे । किंतु संबंधित नेताओं द्वारा भगवा ध्वज के लिए विशेष आंदोलन न करने से डा० अम्बेडकर ने अशोकचक्रांकित ध्वज स्वीकार कर लेने के लिए अपनी प्रतिष्ठा इस्तेमाल की । ध्वज समिति के अध्यक्ष डा० राजेन्द्र प्रसाद को वीर सावरकार ने साग्रह तार भेजा था कि चरखे की जगह ध्वज पर चक्र हो । राष्ट्रध्वज पर अशोकचक्र का स्वीकार और चरखे का धिक्कार हुआ देखकर महात्मा गाँधी जी को बड़ा दु:ख हुआ । उन्होंने ताव में कहा, "अगर ध्वज का मूलभूत स्वरूप बदलकर उससे खादी और चरखा गायब हो जायेंगे तो इस ध्वज को मैं प्रणाम भी नहीं करूँगा । अवतारकार्य के खत्म होते ही पराजय अटल होती है ।"[37]

संदर्भ :

1. बाबा साहेब डा० अम्बेडकर सम्पूर्ण वाड्मय, कल्याण मंत्रालय प्रकाशन भारत सरकार नई दिल्ली, खण्ड–5, 1994, पृष्ठ-16
2. बाबा साहेब डा० अम्बेडकर : राइटिंग एण्ड स्पीचेज, महाराष्ट्र सरकार पब्लिकेशन महाराष्ट्र, 19, खण्ड 8, पृष्ठ-414
3. टाइम्स ऑफ इण्डिया, फरवरी 1937
4. बाबा साहेब डा० अम्बेडकर सम्पूर्ण वाड्मय, कल्याण मंत्रालय प्रकाशन, नई दिल्ली, 1993, खण्ड–2, पृष्ठ-153
5. दुर्गादास फ्राम कर्जन टू नेहरू एण्ड आफ्टर, 1961, पृष्ठ–236
6. बाबा साहेब डा० अम्बेडकर : राइटिंग एण्ड स्पीचेज, महाराष्ट्र सरकार पब्लिकेशन महाराष्ट्र, 1979, खण्ड 1, पृष्ठ–353
7. बाबा साहेब डा० अम्बेडकर सम्पूर्ण वाड्मय, कल्याण मंत्रालय प्रकाशन भारत सरकार नई दिल्ली, 1993, खण्ड–1, पृष्ठ–251
8. हिन्दी ऑफ द फ्रीडम मूवमेन्ट इन इण्डिया, पृष्ठ–633-692
9. ट्रांसफर ऑफ पावर, खण्ड–2, पृष्ठ–614
10. वाली, एल० आर० डा० अम्बेडकर : जीवन और मिशन, सुगत प्रकाशन क० नागपुर, 1987, पृष्ठ–134
11. बाबा साहेब डा० अम्बेडकर सम्पूर्ण वाड्मय, कल्याण मंत्रालय प्रकाशन भारत सरकार नई दिल्ली, 1994, खण्ड–25, पृष्ठ–15-16
12. वही, खण्ड 1, पृष्ठ–251
13. संविधान सभा में 5 नवम्बर 1949 को दिया गया वक्तव्य
14. कांस्टीटयूशन एसेंम्बली डिबेट, 25 नवम्बर, 1949
15. कांस्टीटयूशन एसेंम्बली डिबेट, 25 नवम्बर, 1949
16. कांस्टीटयूशन एसेंम्बली 18 नवम्बर 1949 को दिया गया वक्तव्य ।
17. बाबा साहेब डा० अम्बेडकर सम्पूर्ण वाड्मय, कल्याण मंत्रालय प्रकाशन भारत सरकार नई दिल्ली, 1993, पृष्ठ–129-130
18. शिवप्रसाद धुसिया, डपोरसंख, शिवप्रसाद धुसिया वागी प्रकाशन, मेरठ, 1998, पृष्ठ–197-199
19. संविधान सभा में 5 नवम्बर 1949 को दिया गया वक्तव्य
20. बाबा साहेब डा० अम्बेडकर सम्पूर्ण वाड्मय, कल्याण मंत्रालय भारत सरकार नई दिल्ली, 1994, खण्ड–5, पृष्ठ–16-19
21. वही, खण्ड–1, पृष्ठ–250-251

22. वही, खण्ड–1, पृष्ठ–272-274
23. वही, खण्ड–10, पृष्ठ–66-67
24. विक्ट्रीस जर्नल, 2.4.1946 को प्रकाशित हुआ ।
25. वाली, एल० आर० डा० अम्बेडकर : जीवन और मिशन, सुगत प्रकाशन क० नागपुर, 1987, पृष्ठ–259-260
26. ट्रांसफर ऑफ पावर, खण्ड–6, प्रलेख संख्या–269
27. हिस्ट्री ऑफ लेगिसलेसन, पृष्ठ–97-98
28. ट्रांसफर ऑफ पावर, खण्ड–6, प्रलेख संख्या–177
29. वाली, एल० आर० डा० अम्बेडकर : जीवन और मिशन, सुगत प्रकाशन क० नागपुर, 1987, पृष्ठ–261
30. ट्रांसफर ऑफ पावर, खण्ड–6, प्रलेख संख्या–268
31. धनंजय् कीर, डा० बाबा साहेब अम्बेडकर 5 जीवन चरित्र अनुवाद गजानन सुर्वे, पॉप्लुर प्रकाशन, नई दिल्ली, 1996, पृष्ठ–336
32. वही, पृष्ठ–334-338
33. वही, पृष्ठ–336
34. वही, पृष्ठ–341-342
35. वही, पृष्ठ–342-343
36. वही, पृष्ठ–46
37. वही, पृष्ठ–374-375

अध्याय–5
वर्तमान संदर्भ में डा० अम्बेडकर की प्रासंगिकता

स्वतंत्रता के पाँच दशक बीत जाने के बाद अगर आज हम समसामयिक भारतीय सामाजिक, राजनैतिक, आर्थिक इत्यादि परिस्थितियों का विश्लेषण करें तो स्पष्ट रूप से प्रतीत होगा कि वर्तमान संदर्भों में कौन सबसे ज्यादा प्रासंगिक है गाँधी जी उनकी कांग्रेस या हिन्दुत्ववादी संगठन या डा० अम्बेडकर और उनके विचारों पर आधारित संगठन ।

डा० अम्बेडकर हमेशा इस बात पर जोर देते थे कि राष्ट्रीय स्वतंत्रता से ज्यादा महत्वपूर्ण जनता की स्वतंत्रता है । उनका यह विचार आज भी प्रासंगिक है, जबकि राष्ट्र की स्वतंत्रता के लिए संघर्षरत गाँधी और गाँधीवाद राष्ट्रीय स्वतंत्रता प्राप्ति के साथ ही अप्रासंगिक होने लगे क्योंकि उनका उद्देश्य पूरा हो चुका था । क्या यह विडम्बना नहीं है कि महात्मा गाँधी के व्यक्तिगत प्रभाव और सार्वजनिक राजनीति का प्रतिफल देश को यही मिला कि ब्राह्मणवादियों के हाथ मे दो तिहाई से अधिक शासनिक और प्रशासनिक अधिकार आ गये तथा कुछ गिने चुने व्यापारिक घरानों के हाथों में देश की सारी पूँजी इकट्ठी हो गयी और इनका दिन दुना रात चौगुना विकास हुआ । ये व्यापारिक घराने बनिया वर्ग द्वारा संचालित हैं : राजनीति के क्षेत्र में भी कांग्रेस शासित राज्यों में अधिकतर मुख्यमंत्री एवं अन्य महत्वपूर्ण पद केवल जाति विशेष के लोगों को दिया गया । बहुजन समाज की घोर उपेक्षा हुई । राजनैतिक लोकतंत्र एक मजाक बन कर रह गया । शिक्षालयों, न्यायालयों एवं अन्य ज्ञान, सत्ता एवं प्रतिष्ठा के पदों पर वर्ग विशेष के लोग ही आसीन हो गये । व्यावसायिक विषयों एवं विदेशों में भी उच्च अध्ययन के लिए सरकारी आधार पर केवल इसी वर्ग के छात्रों को अधिकतर बाहर भेजा गया । इस तरह स्वतंत्रता प्राप्ति का कोई भी सार्थक प्रभाव बहुजन समाज के जीवन पर नहीं पड़ा । आम जनता के शोषण, लूट और पतनोन्नमुख बनाने के लिए जानबूझकर भ्रष्टाचार, माफियावाद, अनैतिकता, शोषण एवं पक्षपात को बढ़ावा दिया गया । ग्रामीणों,

मजदूरों एवं किसानों, दलितों, पिछड़ों एवं अल्पसंख्यकों के मानवीय अधिकारों का निष्ठुरता पूर्वक हनन किया गया । जीवन की मूलभूत आवश्यकताओं जैसे रोटी, कपड़ा, मकान, शिक्षा और न्याय आम गरीब आदमी की पहुँच से दूर हो गये । लगता ही नहीं है कि इस देश का शासन और प्रशासन समता, स्वतंत्रता, भाईचारा और न्याय के आधार पर संचालित किया जा रहा है ।

रुढ़िवादी, कट्टरवादी, धार्मिक अंधविश्वासों को सरकारी और गैरसरकारी दोनों स्तर पर खूब बढ़ावा दिया गया है । रुढ़िवादी, कट्टरवादी धार्मिक ताकतों ने हिंदुत्व के माध्यम से राजनीति में प्रवेश कर लिया है । राजनीति में इन अंधविश्वासी धार्मिक संगठनों का उद्देश्य आम जनता की भलाई नहीं है । बल्कि परंपरागत रुढ़ियों और मान्यताओं को ही पुर्नजीवित करना और मनवाना है, जिससे कि जनता का सामाजिक, आर्थिक, धार्मिक एवं राजनैतिक शोषण होता रहे । इस तरह व्यक्तिवाद को प्रश्रय देना इन हिंदुत्ववादी संगठनों का प्रमुख लक्ष्य है, क्योंकि इससे ही इनके निहित स्वार्थों की पूति होती है । पुरोहित वर्ग अपने को ईश्वर का विशिष्ट कृपापात्र मानकर ही संतुष्ट नहीं है, बल्कि वह अपने को ईश्वर का अवतार भी घोषित करवाने लग गया है । अब तब देश में कई अवतार हो चुके हैं । इन छोटे-बड़े अवतारों की संख्या सैकड़ों के करीब पहुँच रही है । इसमें कई अवतारी धार्मिक पुरुष विभिन्न आपराधिक मामलों में जेल की यात्रा भी कर आये हैं । लेकिन जन संचार के माध्यम एवं सरकारी तंत्र और पुरोहित वर्ग इनकी स्थापना में लगा रहता है । स्वतंत्रता के पूर्व जब मध्यकाल में मुसलमान बादशाहों का शासन था तब इस देश में कोई अवतार या भगवान नहीं पैदा हुआ, उनके पास बेशुमार दौलत इकट्ठा नहीं हुई । वे तब केवल दास थे और उनकी कामना भी यही थी कि 'साई इतना दीजिए जामें कुटुम्ब समाय, मैं भी भूखा ना रहूँ, साधु न भूखा जाय' । ब्रिटिश राज्य में धार्मिक क्षेत्र में भक्तों और समाज सुधारकों का बोल-बाला था । लेकिन स्वतंत्रता के बाद अवतारवादियों ने न केवल नये-नये अवतारों एवं भगवानों को गढ़ा बल्कि नये-नये देवी-देवताओं को भी धार्मिक प्रतीकों के रूप में उत्पन्न किया । इस तरह यदि विचार किया जाय तो यह हिंदू पुरोहित वर्ग की विशिष्टता है जो दुनिया के अन्य धर्मों में नहीं पाया जाता । हिंदुत्ववादियों ने जिन देवी-देवताओं की जैसे इन्द्र, वरुण, अग्नि, सूर्य, पुषण इत्यादि कि वैदिक काल में पूजा होती थी उनके स्थान पर महाकाव्यों के काल में नये-नये महानायकों को ईश्वरत्व प्रदान किया । पौराणिक काल में तो नये-नये, देवी-देवताओं की स्तुति करने के लिए अधिष्ठान खुल गये । जब

समाज में बौद्ध धर्म का बोलबाला हुआ तो मानवीय एकता, स्वतंत्रता, करुणा, भ्रातित्व, स्नेह, प्रेत को सर्वाधिक महत्व दिया जाने लगा । उत्पादन के साधनों के समाजीकरण पर बल दिया जाने लगा तो उस समय भी हिंदुत्ववादियों ने तमाम मानवीय प्रतीकों को ईश्वरत्व प्रदान किया । समाज में अंधविश्वास पैदा किया । सबके पीछे मूल भावना यह स्थापित करना था कि कुछ व्यक्ति विशिष्ट होते हैं और कुछ सामान्य से भी निकृष्ट कोटि के भी । अर्थात् जन्म पर आधारित गैर बराबरी और असमानता को स्वाभाविक सिद्धांत सिद्ध करना इनका मुख्य उद्देश्य रहा है । क्योंकि जब तक जन्मजात असमानता को मानव समाज में एक सिद्धांत के रूप में स्वीकार नहीं किया जायेगा तब तक विशिष्ट अधिकार प्राप्त, सामान्य अधिकार प्राप्त और अधिकार से वंचित वर्ग का सृजन नहीं किया जा सकता । असमानता के सिद्धांत के आधार पर ही स्वतंत्रता की अवधारणा को भी भिन्न-भिन्न रूपों में प्रस्तुत किया जा सकता है । जब वर्गीय सिद्धान्त का सृजन होगा तो अधिकारों और कर्तव्यों की भी समान परिभाषा नहीं रह जायेगी । इस तरह संविधान के मूलभूत सिद्धान्तों पर जड़ से कुठाराघात करना इन हिंदुत्ववादियों के आर्थिक एवं राजनैतिक संगठनों का उद्देश्य रहा है । इनके धूर्तता और कुटिलता की राजनीति से डा० अम्बेडकर परिचित थे । इन विषयों पर उन्होंने गंभीर चिंतन किया था । इस तरह के प्रवृतियों के उद्भव, विकास और मंतव्य को समझते थे । इसके राजनैतिक निहितार्थ को भी इन्होंने हृदयगम किया था । इसलिए बार-बार उन्होंने समता, स्वतंत्रता, न्याय, भाईचारा, प्रेम और सहानुभूति पर बल दिया था । अनुभव और तर्कों को किसी भी तरह का निष्कर्ष निकालने का प्रमुख साधन माना था । वैज्ञानिक अभिवृति और लोकतांत्रिक राजनैतिक चेतना के विकास के दृष्टिकोण से डा० अम्बेडकर की प्रासंगिकता असंदिग्ध हैं ।

गाँधी के मरने के साथ गाँधीवाद मर गया । गाँधी जी उस समय भी अपने 'वाद' की निःसारिता को समझते थे । इसलिए उन्होंने भारत की राजनीतिक सत्ता पण्डित जवाहर लाल नेहरू के हाथों में सौंपा जिनका की गाँधीवाद में दूर-दूर तक आस्था नहीं थी । पं० नेहरू राजनीति में लोकतांत्रिक समाजवाद की बात करते थे, आर्थिक क्षेत्र में मिश्रित अर्थव्यवस्था के पक्षधर थे, जबकि व्यावहारिक क्षेत्रों में कुलीनता के पक्षधर थे । पिछले चालीस वर्षों तक इस देश के कुलीन बुद्धिवादी पं० नेहरू की आर्थिक नीतियों की प्रशंसा करते नहीं थकते थे लेकिन आठवें दशक में जब दलितों, पिछड़ों और ग्रामीणों का भारतीय राजनीति में प्रवेश हुआ । पिछड़े वर्गों के हितों के लिए मण्डल आयोग की संस्तुतियों को लागू करने की बात चलने लगी । गाँव और किसानों

के लिए ज्यादा सरकारी संसाधन जुटाने की माँग जोर पकड़ने लगी, बहुजन समाज ने राजनैतिक सत्ता के समक्ष एक गंभीर चुनौती प्रस्तुत किया तब कांग्रेसियों ने माननीय श्री नरसिम्हा रावजी के नेतृत्व में 'नयी आर्थिक नीति' चलाई। स्व० राजीव गाँधी जी ने 'नई शिक्षा नीति' की बात की और हिंदुत्ववादियों ने 'मंदिर आंदोलन चलाया' तथा सांस्कृतिक राष्ट्रवाद की जोरदार वकालत की। एक सामाजिक राजनैतिक परिदृश्य में यह घटना अकारण नहीं थी। इनके गूढ़ निहितार्थ और प्रकृति को समझने के लिए यह आवश्यक है कि समझने वाले की राजनैतिक दृष्टि परिष्कृत हो। वह मानवीय प्रज्ञा से पूर्ण हो, विवेकजनित, अनुभव सिद्ध निष्कर्षों पर विश्वास करता हो। पूर्वाग्रहों और अंधविश्वासों से मुक्त हो। लोकतंत्र को जीवन दर्शन के रूप में स्वीकारता हो। इस तरह के वैचारिक दृष्टि का अगर हम खोज करें तो पायेंगे कि डा० अम्बेडकर के वाड्मय में यह तथ्य प्रचुर मात्रा में उपलब्ध हैं। आपातकाल के पश्चात् बदलते हुए राजनैतिक परिदृश्य में जब स्व० श्री जगजीवन राम जी जैसे दलित नेता ने कांग्रेस का साथ छोड़ दिया तब इन कांग्रेसियों और हिंदुत्ववादियों ने अपने-अपने वर्चस्व को कायम रखने के लिए नये तरीके से राजनीतिक ध्रुवीकरण किया। सन् 1980 ई० के संसदीय आम चुनाव में स्व० श्रीमति इंदिरा गाँधी जी को सत्ता में ले आने के लिए अप्रत्यक्ष रूप से हिंदुत्ववादी संगठनों ने महान परिश्रम किया। यह कहा भी जाने लगा कि स्व० इंदिरा गाँधी ने आम चुनाव में हिंदू कार्ड खेला है। लेकिन ऑपरेशन ब्लू स्टार के बाद जब श्रीमति गाँधी की हत्या हो गई तो हिंदुत्ववादी संगठनों ने 'मंदिर आंदोलन' के रास्ते एक नयी धार्मिक राष्ट्रीयता को जन्म दिया, जबकि 'ताला' कांग्रेसियों के कार्यकाल में खुला था। सन् 1985 ई० के बाद राजनैतिक परिदृश्य में मुख्यत: कांग्रेसियों ने 'नई आर्थिक नीति' पर बल दिया। हिंदुत्ववादियों ने धर्मनिरपेक्षता को अभिनव ढंग से परिभाषित करने की कोशिश की। इसके फलस्वरूप सिक्ख अल्पसंख्यकों पर अमानुषिक अत्याचार किये गये। हजारों निर्दोष नागरिकों की जिस बर्बरता और क्रूरतापूर्वक हत्या कर दी गई उसका इतिहास में अन्य उदाहरण मिलना कठिन है, फिर भी हिंदुत्ववादी चितंक यह सिद्ध करते नहीं थकते हैं कि हिंदू विश्व में सबसे ज्यादा सहिष्णु हैं। बाबरी मस्जिद ढहाने के बाद कांग्रेस ने नई आर्थिक नीति को दृढ़तापूर्वक लागू किया। कुलीन अर्थशास्त्रियों ने इसके पक्ष में जमकर दलीलें देना शुरु किया। और हिंदुत्ववादियों ने हिंदुत्व के नाम पर जनता को संवेदनशील बनाने का प्रयास किया। इसी बीच पिछड़े वर्गों के लिए आरक्षण के सवाल पर 'सामाजिक

न्याय' की राजनीति जोर पकड़ती गई । अत: एक तरफ सामाजिक न्याय की पक्षधर ताकतें और दूसरी तरफ नई आर्थिक नीति और हिंदुत्ववादी ताकतों का राजनीतिक ध्रुवीकरण होता गया । इस देश के विशिष्ट वर्ग ने 'फूट डालो और राज करो' की नीति का अनुसरण करते हुए पिछड़े दलितों एवं अल्पसंख्यकों के नेताओं में इतना मतभेद पैदा कर दिया है कि वे शासन और सत्ता की राजनीति को प्रभावित नहीं कर सकते । बहुजन समाज के प्रतिरोध और प्रभाव को देखते हुए विशिष्ट वर्ग ने बहुराष्ट्रीय कंपनियों और अन्य विदेशी पूँजीपतियों से गठबंधन कर लिया है । इस प्रकार देश की आर्थिक स्वतंत्रता को विदेशियों के हाथों में गिरवी रख दिया है जिससे की कमजोर, निर्बल और बहुसंख्यक वर्ग को आर्थिक न्याय उपलब्ध न हो सके । इसी उद्देश्य की पूर्ति के लिए सार्वजनिक उद्योगों को भी बहुत कम मूल्य लेकर पूँजिपतियों को बेचा जा रहा है । इस तरह की जनविरोधी आर्थिक नीतियों को समझने के लिए एवं उनका प्रतिकार करने के दृष्टिकोण से डा० अम्बेडकर के आर्थिक विचार प्रासंगिक है । भारत एक जन कल्याणकारी राज्य है । लेकिन हिंदुत्ववादी सरकारें जन कल्याणकारी कार्यक्रमों को एक-एक करके बंद करती जा रही हैं इस तरह एक ऐसी जन विरोधी षड्यंत्र कर रही हैं कि जिससे आम जनता को आर्थिक न्याय न मिल सके । मनुष्य की मूलभूत आवश्यकताओं जैसे रोटी, कपड़ा, और मकान, शिक्षा, चिकित्सा, न्याय, बहुजन के पहुँच से निरंतर बाहर रहें । इन जन विरोधी नीतियों एवं कार्यक्रमों का पर्दाफाश डा० अम्बेडकर के आर्थिक न्याय संबंधी अवधारणाओं के आधार पर किया जा सकता है । आज श्रम पर आधारित तकनीकी के स्थान पर पूँजी पर आधारित तकनीकी को यहाँ का विशिष्ट वर्ग बढ़ावा दे रहा है इसके पीछे ब्राह्मणवादियों के तर्क और जन संचार माध्यम के साधन तथा बनिया वर्ग की पूँजी लगी हुई है । बेरोजगारी को समाप्त एवं श्रम पर आधारित उत्पादन के साधनों को अपनाने के दृष्टिकोण से जिससे कि ज्यादा से ज्यादा नौजवानों को उत्पादन के क्रियाकलापों में भागीदारी का अवसर मिल सकने की दृष्टि से डा० अम्बेडकर के आर्थिक विचारों को अपनाना ही पड़ेगा । इस देश की नंगी, भूखी, गरीब जनता की समस्याओं का निदान सामाजिक, आर्थिक नीतियों के माध्यम से हो सकता है न कि पूँजीवादी आर्थिक नीतियों एवं बाजारीकरण के माध्यम से ।

शिक्षा एक उप सामाजिक प्रणाली है और परंपरागत् समाजों में अक्सर इसका उपयोग परंपरागत समाजिक सुरक्षा के सरंक्षण एवं शासकीय वर्ग के हितों की रक्षा करने में होता है । ऐसे समाजों में यह एक रुढ़िवादी सामाजिक

संस्था के रूप में कार्य करने लगती है जिसका उद्देश्य लोकतंत्र और समाज के विकास का विरोध करना होता है। परंपरागत भारतीय समाज में शिक्षा धर्मशास्त्रों पर आधारित थी और इसमें न केवल उच्च जातियों के स्वार्थों का संरक्षण किया गया बल्कि इसने समाज को बाँटने और सामाजिक विकास को बाँधने का भी कार्य किया। परंपरागत शिक्षा प्रणाली विभिन्न वर्गों के लिए विभिन्न प्रकार के पाठ्यक्रमों की संस्तुति करती है। पाठ्यक्रम चयन का आधार योग्यता, रुचि नहीं बल्कि जाति थी। शूद्रों, स्त्रियों और दलितों के लिए शैक्षिक और संपत्ति संबंधी अधिकार नहीं थे। हम जहाँ भी बहुजन समाज शब्द का प्रयोग कर रहे हैं उससे हमारा तात्पर्य इन्हीं वंचित वर्गों, शूद्रों, स्त्रियों और दलितों से है। परंपरागत भारतीय समाज में आज भी उच्च जातियों के हित में यह नहीं है कि इस बहुजन समाज के लोगों को भी शिक्षा मिले और समृद्ध रहें। इसलिए यहाँ के ब्राह्मणवादी बनिया वर्गों ने एक कुशल राजनीति अपनायी। राष्ट्रीयता एवं राष्ट्र प्रेम के नाम पर तथा लोकतंत्र के शर्त पर ब्रिटिश शासन से भारत की स्वतंत्रता को हस्तगत किया। स्वतंत्र भारत में समता, स्वतंत्रता, न्याय एवं भाईचारे के सिद्धांत के आधार पर एक संविधान का निर्माण किया। लेकिन संविधान के विभिन्न प्रावधानों को कभी महत्वपूर्ण रूप से नहीं लागू किया और न लागू करने के प्रति दृढ़ इच्छा प्रदर्शित की। सबको ज्ञात है कि लोकतंत्र की सफलता के लिए जनता का साक्षर होना जरूरी है। जनता को साक्षर बनाने के लिए संविधान की धारा (45) के अंर्तगत 14 वर्ष तक के बच्चों को अनिवार्य एवं निःशुल्क व्यवस्था की गई है लेकिन इन शैक्षिक प्रावधानों को शासक वर्ग ने दृढ़ता के साथ लागू करने का प्रयास नहीं किया। परिणामस्वरूप स्वतंत्रता के समय जितनी देश की आबादी थी, उतने आज देश में निरक्षर हैं। विभिन्न सरकारों ने प्राथमिक शिक्षा की सर्वाधिक उपेक्षा की। लेकिन इसके पीछे एक कुटिल राजनीतिज्ञ चक्र है। ब्राह्मणवादी शक्तियाँ यह नहीं चाहती हैं कि इस देश में लोकतंत्र का विकास हो। आम जनता शिक्षित होकर सामाजिक न्याय पाने में समर्थ हो। इसलिए इस जन विरोधी शासकीय शक्तियों ने जनता के शैक्षिक विकास को बाधित कर दिया। इससे न केवल उनका सांस्कृतिक विकास ही अवरूद्ध हुआ बलिक रोजगार के अवसर भी धूमिल हुए। इससे सार्वजनिक जीवन में भागीदारी करने की उनकी निर्णायक शक्ति में कमी आयी। डा० अम्बेडकर भारतीय समाज के इन न्याय विरोधी शक्तियों को पहचानते थे। शिक्षा और सामाजिक न्याय के महत्व को पूर्णतया हृदयंगम किया था, इसलिए, उन्होंने

कहा था कि शिक्षा एक मूल आवश्यकता है और बहुत ही सस्ते ढंग से यह सबको सुलभ होना चाहिए । लेकिन आज शिक्षा को निरंतर महंगा किया जा रहा है । राष्ट्रीय शिक्षा के नीति नियामकों ने विद्यालयी शिक्षा व्यवस्था को इस तरह ध्वस्त कर दिया है कि जिसके पास पर्याप्त धन न हो वह विद्यालयी शिक्षा प्राप्त नहीं कर सकता । विभिन्न वर्गों के लिए विभिन्न प्रकार के विद्यालयों का सृजन हो रहा है । भारतीय परंपरा और संस्कृति की बात करने वाले ब्राह्मणवादी और बनिया वर्ग के बच्चे अंग्रेजी माध्यम के विद्यालयों में शिक्षा प्राप्त कर रहे हैं । सांस्कृतिक दृष्टि से भारतीय समाज में अपना विशिष्ट स्थान बनाये रखना चाहते हैं । यही वर्ग देश के विभिन्न क्षेत्रों का नेतृत्व कर रहा है, नीतियों का निर्धारण कर रहा है । उपरोक्त संदर्भ में यह स्वाभाविक प्रश्न उठाता है कि अगर जन शिक्षा प्रणाली को विकृत कर दिया जायेगा तो क्या ऐसे समाज में समता, स्वतंत्रता आ सकती है? एक तरफ लोकतांत्रिक राष्ट्र होने के कारण समता, स्वतंत्रता एवं भाईचारे जैसे मूल्यों की बात होती है और दूसरी तरफ सामाजिक, आर्थिक और शैक्षिक कारकों के आधार पर समाज में और ज्यादा जातीय विषमता पैदा की जा रही है तो क्या ऐसे समाज में आम जनता को सामाजिक न्याय मिल सकता है । इन खतरों को डा० अम्बेडकर पहचानते थे इसलिए उन्होंने 'सामाजिक न्याय प्राप्ति' के दृष्टिकोण को सर्वाधिक महत्वपूर्ण बताया, और नारा दिया कि 'शिक्षित बनो, संघर्ष करो, और संगठित बनो ।' डा० अम्बेडकर का यह नारा तत्कालीन समाज में प्रासंगिक था और वर्तमान समय में भी प्रासंगिक है । अशिक्षित और निरक्षर सामाजिक वर्गों की सांस्कृतिक पहचान मिट जाती है, और संस्कृति विहीन गरीब जनता को आसानी से श्रेष्ठता का आतंक फैलाकर विभिन्न प्रकार की गुलामी की जंजीरे पहनाई जा सकती है उनका दैहिक और राजनैतिक शोषण किया जा सकता है और यही आज का समसामयिक सामाजिक, धार्मिक, राजनैतिक परिदृश्य है । बहुजन समाज के लोगों की अज्ञानता का लाभ उठाकर विशिष्ट वर्ग और उच्च जाति के राजनेताओं ने समाजवाद और साम्यवाद का नारा दिया । इस तरह विदेशों से आयातित राजनैतिक सिद्धांतों को खेतिहर मजदूर, किसान, ग्रामीण, निरक्षर बहुजन समाज की जनता को एक राजनैतिक भुल-भुलैया में डालने के लिए इन दलों के राष्ट्रीय नेतृत्व ने ग्रहण कर लिया है । भारतीय समाजवादी और साम्यवादी आंदोलन प्रारंभ से ही उच्च जातियों के हाथों में था । परिणामस्वरूप कभी भी समाजवाद और साम्यवाद के सिद्धांतों को इन दलों द्वारा लागू नहीं किया गया । व्यक्तिगत निहित स्वार्थों एवं अहंकारों के कारण

बार-बार इन दलों में विघटन हुआ। जिसका लाभ विशिष्ट वर्ग को यह मिला कि आम जनता की समाजवाद, साम्यवाद से अरुचि पैदा हो गई। इस तरह इस देश में ब्राह्मणवादी, बनियावादी ताकतों ने समाजवादी और साम्यवादी शक्तियों के बढ़ते हुए खतरों से मुक्ति प्राप्त कर लिया। सामाजिक न्याय की ताकतों के निरंतर कमजोर होने से शूद्र, दलित, महिला और अल्पसंख्यक वर्ग की जनता के पास कोई भी ऐसा विश्वसनीय राजनीतिक दर्शन नहीं बचता जिसके आधार पर समता, स्वतंत्रता, भ्रातृत्व और सामाजिक न्याय की लड़ाई, लड़ी जा सके। आम नागरिकों को लोकतांत्रिक अधिकारों से युक्त किया जा सके। फिर भी अगर गहराई से चिंतन किया जाय तो प्रतीत होगा कि भारतीय सामाजिक परिवेश में डा० अम्बेडकर के ही सामाजिक राजनैतिक विचार सर्वाधिक प्रासंगिक है। इन्हीं विचारों को हथियार बनाकर आम जनता, गरीब जनता, ग्रामीण जनता अपने सामाजिक, सांस्कृतिक एवं आर्थिक मुक्ति का संघर्ष जारी रख सकती है।

प्रतिगामी, प्रतिक्रियावादी, रुढ़िवादी, हिंदुत्ववादी राजनैतिक ताकतों ने डा० अम्बेडकर के वैचारिक दर्शन की तीक्ष्णता को गहराई से जाना, पहचाना एवं महसूस किया। सातवें दशक के पश्चात् सामाजिक न्याय के आंदोलनों से डा० अम्बेडकर के वैचारिक दर्शन को बल मिलने लगा, तब इससे घबड़ाकर उन विशिष्ट वर्ग के बुद्धिजीवियों ने डा० अम्बेडकर के व्यक्तित्व की गरिमा, महिमा एवं सच्चाई को ही खण्डित करने का प्रयास किया। उनके वैचारिक दर्शन की काट तो इन वर्गों के बुद्धिजीवियों के पास है नहीं, इसलिए पेशेवर भाषा के तस्करी संकेतों एवं लाक्षणिक वाक्यों के द्वारा बिना संपूर्ण पृष्ठभूमि को प्रस्तुत किये केवल उनके व्यक्तित्व को संदेहास्पद बनाने के दृष्टिकोण से अरुण शौरी की पुस्तक ''वाशिपिंग फाल्स गॉड'' प्रकाशित हो गई। इन वर्गों द्वारा संचालित समाचार पत्रों में इस तरह का प्रचार किया गया कि मानो अरुण शौरी ने डा० अम्बेडकर के व्यक्तित्व के बारे में नये तथ्यों का पता लगाया है, उनके कृतित्व का भण्डाफोड़ किया है और उनके वैचारिक दर्शन के खोखलेपन को स्पष्ट किया है।

डा० अम्बेडकर के व्यक्तित्व, कृतित्व एवं वैचारिक दर्शन के संपूर्ण परिशीलन से स्पष्ट है कि स्वतंत्रता संग्राम के तमाम नेताओं की प्रासंगिकता समाप्त हो गई है, जैसे कि बालगंगाधर तिलक, महात्मा गाँधी, पं० जवाहर लाल नेहरू, सुभाष चन्द्र बोस आदि। लेकिन डा० अम्बेडकर की प्रासंगिकता दिन प्रतिदिन बढ़ती जा रही है, क्योंकि उनके त्रिपदीय संदेशों, समता, स्वतंत्रता,

भाईचारा; शिक्षित बनो, संघर्ष करो, संगठित हो; बुद्ध, धम्म, एवं संघ की प्रासंगिकता तब तक भारतीय समाज में बनी रहेगी जब तक की यह जन्म एवं जाति के आधार पर ऊँच-नीच की भावना बनी रहेगी । धर्म के नाम पर जनता का शोषण एवं भयादोहन होगा । अंधविश्वासों को सार्वजनिक मान्यता प्रदान की जायेगी । बेरोजगारी रहेगी, अन्याय रहेगा । डा० अम्बेडकर उन सभी देश और काल में प्रासंगिक बने रहेंगे जहाँ सामाजिक, आर्थिक, गैरबराबरी रहेगी, अन्याय होगा, शोषण और अत्याचार होगा ।

इस संदर्भ में डा० अम्बेडकर ने आम जनता के सामाजिक मुक्ति के लिए एक नारा दिया था बुद्ध, धम्म एवं संघ । उससे ज्यादा प्रासंगिक कोई अन्य सिद्धांत सामाजिक मुक्ति के लिए दिखाई नहीं पड़ता । बुद्ध से डा० अम्बेडकर का तात्पर्य 'ज्ञान', धम्म से उनका तात्पर्य 'नैतिकता' और संघ से उनका तात्पर्य 'संगठन' से था । अत: भारत के बहुसंख्यक शूद्र, दलित, अल्पसंख्यक जनता अगर भारतीय समाज को एक स्वतंत्र समाज के रूप में बदलना चाहती है, तो समाज को समता, स्वतंत्रता, भाईचारा, एवं सामाजिक न्याय के आधार पर खड़ा करना चाहती है तो उसे शिक्षा, नैतिकता, संगठन को ही अपना हथियार बनाना पड़ेगा । यही डा० अम्बेडकर के मूल विचार है, जिनके आधार पर दलितों, शूद्रों, अल्पसंख्यकों को सामाजिक एवं आर्थिक अधिकार मिल सकता है, लोकतांत्रिक अधिकार प्राप्त हो सकते हैं और उनके लिए सामाजिक मुक्ति का मार्ग सुलभ हो सकता है ।

इस दृष्टिकोण से देखा जाय तो डा० अम्बेडकर की प्रासंगिकता आने वाले दिनों में और बढ़ेगी क्योंकि प्रमुख जातियों के मन में छिपी हुई जातीय श्रेष्ठता का अहंकार और नग्नता एवं क्रूरता पूर्वक सामूहिक हिंसा के रूप में सामने आयेगी । शोषण और अत्याचार बढ़ेंगे । न्याय की भावना समाज और शासन से दिनों दिन तिरोहित होती जायेगी । नई आर्थिक नीतियों के कारण गरीबी और बेरोजगारी और बढ़ेगी । रोजगार के अवसर दिनों दिन कम होते जायेंगे । राजनीति में व्यक्तिवाद और परिवारवाद को बढ़ावा मिलेगा । व्यक्ति का ज्ञान एवं चरित्र नहीं उसकी जाति ही उसकी पहचान बनेगी । देश की आर्थिक, राजनैतिक, शैक्षणिक और सामाजिक स्वतंत्रता दिन-प्रतिदिन कम होती जायेगी । एक नई तरह की गुलामी की जंजीरों में समाज जकड़ता जायेगा । इन गुलामी की जंजीरों को काटने एवं भविष्य में देश के समक्ष आने वाले खतरों का सामना डा० अम्बेडकर के दर्शन से ही हो सकता है । डा० अम्बेडकर वर्तमान में ही नहीं बल्कि भविष्य में भी प्रासंगिक बने रहेंगे ।